Über die Autorin:

Claire Sylvia, Tänzerin und Choreographin, wurde 1940 geboren. Mit 48 Jahren bekam sie ein neues Herz und eine neue Lunge. Nach ihrer Operation gründete sie eine Selbsthilfegruppe für Transplantierte und hält weltweit Vorträge über das Thema. Sie hat eine Tochter und lebt in Neuengland.

Claire Sylvia
und William Novak

HERZENSFREMD

Aus dem Amerikanischen von
Almuth Dittmar-Kolb

BASTEI
LÜBBE

BASTEI-LÜBBE-TASCHENBUCH
Band 61439

Erste Auflage: Oktober 1999

Für Amara, Freude meines Lebens,
und in liebevollem Gedenken an Tim

Sie finden uns im Internet unter
http://www.luebbe.de

Der Preis dieses Bandes versteht sich einschließlich
der gesetzlichen Mehrwertsteuer.

Inhalt

Hinweis

Zum Schutz der Privatsphäre habe ich die Namen der in diesem Buch erwähnten Personen zum Teil verändert. Dazu gehören auch die Familienangehörigen meines Herzspenders und die hier zitierten oder erwähnten Organempfänger.

Danksagung

William Novak und ich möchten einigen der vielen Leute, die uns bei der Arbeit geholfen haben, unsere Anerkennung aussprechen. Es sind Mary Ansaldo, John Brinduse, Isabella Clemente, Maureen Dezell, Larry Dossey, Gail Eddy, Brendan Farrington, Patricia Garfield, Jim Gleason, Myrna Goldstein, Rick Ingrasci, Bob und Barbara Katz, Marilyn Kurtz, Ruth Levy, Mike Mattil, Marilyn Mazza, Taren Metson, Nancy Mulvehill, Pam Newton, Peter Ogden, Paul Pearsall, Elaine Rogers, Linda Russek, Terry Schraeder, Gary Schwartz, Rupert Sheldrake, Bernie Siegel, Walillian Tyson, Claire und George Vasios und besonders Sheila Weiser.

Wir möchten uns ganz besonders bei dem Agenten Ike Williams bedanken, dessen frühe Unterstützung und kluge Ratschläge dieses Buch ermöglicht haben, sowie bei Robert Bosnak, der viele wertvolle Stunden und Einsichten beisteuerte, und schließlich bei unserem Lektor William Phillips, dessen klare, durchgängige Vorstellung uns Umwege ersparte.

Ich möchte auch meinen Freunden und Angehörigen danken, die für mich da waren, als ich sie brauchte; Dr. John Baldwin und dem wunderbaren Team am Yale-New Haven Hospital, und (noch einmal!) Gail Eddy; den anderen Transplantatempfängern, die über ihre Erfahrungen sprachen; Bill und Linda Novak, die mir ihre Herzen und ihre Haustür öffneten, sowie Jerry Mulcahy, der während dieses langen, aufregenden Projekts an meiner Seite ausharrte.

Schließlich bin ich Tim Lasalles Familie zu tiefem Dank verpflichtet, die mich willkommen hieß, meine Fragen beantwortete und – nicht zuletzt – mein Leben rettete.

Vorwort

von Dr. med. Bernie Siegel

Ich weiß, daß Claire Sylvias ungewöhnliche Geschichte wahr ist. Wir lernten uns kurz nach ihrer Transplantation im Krankenhaus kennen und sind von da an in Verbindung geblieben.

Die erstaunlichen Dinge, die Claire erlebt hat, kann ich zwar nicht unbedingt erklären, aber es fällt mir überhaupt nicht schwer, sie zu glauben. Und zwar aus denselben Gründen, aus denen ich auch gern mit Astronomen und Quantenphysikern rede, die ständig mit mysteriösen, ungeklärten Ereignissen zu tun haben. Ich freue mich auf den Tag, an dem auch Ärzte kein Problem mehr damit haben, die Existenz der vielen Geheimnisse rund um uns herum zur Kenntnis zu nehmen und sie zu akzeptieren.

Dieser Tag kommt immer näher, die Zeichen dafür häufen sich bereits. Menschen wie Candace Pert und Joan Borysenko und viele andere mehr erforschen den Zusammenhang von Geist und Körper. In neuen Zeitschriften wie *Advances* und *Alternative Therapies* lassen uns Gelehrte und Denker an den neugefundenen Wegen teilhaben, um die Wunder des Gesundwerdens zu verstehen.

In San Francisco führte ein Kardiologe namens Randolph Byrd an 393 Patienten der kardiologischen Station eine Untersuchung über die Wirkung von Gebeten durch. Die Gruppe wurde nach dem Zufallsprinzip in zwei Teile geteilt, wobei für die eine Hälfte gebetet werden sollte, während die andere ohne Fürbitte blieb. Weder die Patienten noch die Leitung erfuhr, wer welcher Gruppe angehörte. Nach Abschluß der Studie ging es den Patienten, für die gebetet worden war, statistisch besser. Bis es zur Veröffentlichung dieser Studie kam, war sie bereits von zwei bedeutenden medizinischen Fachzeitschriften abgelehnt worden. Das ist sehr bedauerlich, denn wir müssen allen Möglichkeiten gegenüber aufgeschlossen sein. Wäre es in Dr. Byrds Aufsatz um ein neues Medikament gegangen, das derartige Resultate hervorruft, wäre er umgehend veröffentlicht worden.

Ärzte neigen dazu, vor allem Metaphysischen zurückzuschrecken, doch Naturwissenschaft und Spiritualität müssen nicht im Streit liegen. »Das schönste Erlebnis, das wir haben können«, schrieb Einstein, »ist das rätselhafte. Es ist die fundamentale Empfindung, die an der Wiege wahrer Kunst und wahrer Wissenschaft steht.«

Ich habe schon lange vor der Bekanntschaft mit Claire angefangen, mit schwerkranken Menschen zu arbeiten. Dabei stellte ich fest, daß etwa 15 bis 20 Prozent dieser Patienten, bewußt oder unbewußt, sterben wollten. Eine weitere, sehr viel größere Gruppe schien vor allem daran interessiert zu sein, es dem Arzt recht zu machen. Diese Patienten nahmen gewissenhaft ihre Tabletten, gingen regelmäßig zu den Untersuchungen und befolgten im allgemeinen alles, wozu ihnen die Ärzte rieten – ausgenommen, der Rat lautete, daß sie ihre Lebensweise grundlegend ändern sollten.

Die dritte Gruppe, wieder etwa 15 bis 20 Prozent, bestand aus Patienten, die ich als »außergewöhnlich« bezeichne. Diese Menschen weigern sich, Opfer zu sein. Sie sammeln selbständig Informationen und entwickeln sich zu Fachleuten für ihre eigene Behandlung. Sie haben keine Bedenken, ihre Ärzte anzuzweifeln, die sie als Partner statt als Autoritätsperson betrachten. Das Entscheidende an den Ausnahmepatienten ist, daß sie ihre Handlungsvollmacht behalten.

Wie Sie sehen werden, war Claire Sylvia eine »außergewöhnliche« Patientin – obwohl in ihrem Fall »*patient*« (engl. geduldig) vielleicht nicht das richtige Wort ist. Bei »*patient*«

schwingt schließlich die Vorstellung des unterwürfigen Dulders mit, der bereit ist, alles Notwendige über sich ergehen zu lassen, ohne etwas dagegen einzuwenden oder etwa einen mittelschweren Aufstand zu machen.

Außergewöhnliche Patienten verhalten sich anders. Sie lernen von anderen, doch sie treffen ihre eigenen Entscheidungen. Sie bemühen sich selbst und riskieren etwas, und wenn eine Behandlungsmethode nicht funktioniert, hören sie damit auf und versuchen es mit etwas anderem.

Claire wußte intuitiv, was viele Ärzte gerade erst zu verstehen beginnen – daß die Wiederherstellung der körperlichen Gesundheit erheblich gefördert werden kann, wenn wir die Kommunikationswege zwischen Geist und Körper öffnen. Zum einen läßt sich das mit Hilfe unserer Gefühle bewerkstelligen, indem wir uns durch negative Emotionen wie Haß und Neid durcharbeiten und uns positive Gefühle wie Liebe, Annahme und Vergebung zu eigen machen. Eine andere Methode ist die Visualisierung des in unserem Körper stattfindenden Gesundungsprozesses. Und auch das tat Claire.

Unser Geist und unser Körper kommunizieren ständig miteinander, doch der größte Teil dieses Austausches vollzieht sich auf der Ebene des Unbewußten. Aus diesem Grund rate ich Kranken oft, ihre Träume aufzuschreiben, denn da der Körper nicht sprechen kann, drückt er sich in Symbolen aus. Träume zu verstehen kann schwierig sein, doch Claire zeigt, welche bedeutende Rolle sie spielen können, wenn wir an lebenswichtige Informationen herankommen wollen, die vielleicht auf keine andere Weise zu erreichen sind.

Eine weitere Art der Kommunikation mit dem inneren Ich ist die Meditation. Jemand hat einmal gesagt, Beten bedeute reden, Meditieren dagegen zuhören. Genaugenommen ist die Meditation eine Methode, um zeitweilig damit aufzuhören, auf die Zwänge und Ablenkungen des Alltags zu hören, so daß wir statt dessen den tief in uns verborgenen Gedanken und Gefühlen Aufmerksamkeit schenken können. Die wohltuenden Auswirkungen der Meditation auf den Körper sind bereits durch viele Forscher dokumentiert worden, unter anderem auch von Dr. Herbert Benson, der Claire und vielen anderen zeigte, wie man meditiert.

Mehr als die meisten von uns ist Claire dem Geheimnisvollen begegnet. Im Laufe ihres außergewöhnlichen Lebensweges war sie bereit, ihre Psyche zu erforschen und sich Gefühlen zu stellen, die viele von uns unterdrücken. Ich hoffe, Sie werden Ihren Geist und Ihr Herz Claires ungewöhnlicher Lebensgeschichte öffnen.

1

Der tiefste Atemzug

Vor einigen Jahren litt ich an einer seltenen, tödlichen Krankheit, und als ich schon im Sterben lag, sägte man mir den Brustkorb auf und schnitt mir das Herz und die Lunge heraus. In einem letzten Versuch, mir das Leben zu retten, verpflanzten die Ärzte in diesen ausgeweideten, hohlen Raum das Herz und die Lunge eines jungen Mannes, der kurz zuvor bei einem Motorradunfall umgekommen war. Seine Angehörigen hatten in einer Geste außerordentlicher Großmut eingewilligt, einem völlig fremden Menschen dieses kostbare und einzigartige Geschenk zu machen.

Nur wenige Stunden nach dieser Entscheidung strömte mein Atem durch die Lunge dieses jungen Mannes, und sein Herz pumpte mein Blut mit nie gekannter Geschwindigkeit und Vitalität durch meinen Körper. Als ich nach der Operation aufwachte und ins Leben zurückkehrte, nahm ich an, daß ich endlich am Ziel meines Weges angelangt sei.

In Wirklichkeit aber war dies erst der Anfang.

Es dauerte nicht lange, und ich hatte das Gefühl, daß ich mehr erhalten hatte als einfach nur neue Körperteile. Ich begann mich zu fragen, ob das Herz und die Lunge so etwas wie ihre eigenen Vorlieben und Erinnerungen mitgebracht hatten. Ich hatte Träume und erlebte Veränderungen, die darauf hinzudeuten schienen, daß einige Wesenszüge und Charaktereigenschaften des Spenders nun in mir weiterexistierten.

Mein Leben lang hat man mir gesagt, daß das menschliche Herz – allen Beteuerungen der Dichter und dem Raunen der Mystiker zum Trotz – nur eine Pumpe sei. Eine unglaublich wichtige Pumpe, aber eben bloß eine Pumpe, eine monotone, notwendige Maschine. Nach dieser Auffassung, die in der heutigen westlichen Medizin die einzig anerkannte ist, birgt das Herz keine Gefühle und ist weder mit Weisheit noch mit Wissen oder Erinnerungen behaftet. Und wenn das Herz eines Menschen zuvor im Körper eines anderen gewohnt hat, so hat auch diese Tatsache keine besondere Bedeutung oder Auswirkung.

Ich habe das früher auch geglaubt, aber heute sehe ich es anders. Vielleicht gibt es doch noch weiterreichende Möglichkeiten, das Wesen des Herzens zu erfassen. Vielleicht sind einige der Eigenschaften, die man dem Herzen im Laufe der Jahrhunderte zugeschrieben hat, doch nicht nur metaphorisch gemeint. Selbst heutzutage, in unserer aufgeklärten, wissenschaftlichen Zeit, beziehen wir uns immer noch auf das Herz, wenn wir über unsere Gefühle und Wertvorstellungen reden. Wenn die Liebe stirbt oder der Tod zuschlägt, sprechen wir von gebrochenen Herzen. Ständig fassen wir uns ein Herz oder verlieren unser Herz. Wenn wir Gefühle zeigen wollen, tragen wir das Herz auf der Zunge; wenn ein Mensch roh ist, nennen wir ihn herzlos. Ein reines Herz, ein blutendes, ein weiches, tapferes, edles, ein gutes, ein mitleidiges Herz – damit ist die Liste noch lange nicht zu Ende.

Könnte man diese Ausdrücke und Redewendungen womöglich wörtlich nehmen? Selbst der konservativste Kardiologe gibt zu, daß die Gesundheit und Funktion des Herzens durch bestimmte reale Emotionen beeinflußt wird, wie zum Beispiel Einsamkeit, Depression oder das Gefühl der Entwurzelung. Und obwohl es als anerkannte Tatsache gilt, daß eine tiefgreifende Verbindung zwischen Geist und Körper besteht, verfügen wir doch kaum über ebenso viele Sprachbilder oder Redensarten, die sich – beispielsweise – auf die Leber, die Bauchspeicheldrüse oder das Gehirn beziehen.

Als ich ein neues Herz bekam, bekam ich auch einen neuen Rhythmus, neue Impulse, neues Wissen und neue Fragen. Unverhofft und unvorbereitet fand ich mich unterwegs auf einer faszinierenden, geheimnisvollen Reise, die mich gelegentlich in Schrecken versetzte und manchmal euphorisch stimmte. Diese abenteuerliche Entdeckungsfahrt, die auch eine Reise ins eigene Ich war, hat mich dazu gezwungen, die Geheimnisse des Lebens mit völlig neuen Augen zu sehen.

Meine Reise begann mit der Transplantation, vielleicht aber auch schon vorher. Aber daß ich unterwegs war, wurde mir erst fünf Monate nach der Operation wirklich bewußt, als ich einen ungewöhnlich lebhaften Traum hatte:

Es ist ein warmer Sommertag. Ich stehe im Freien, irgendwo weit draußen, auf einer grasbestandenen Weide. Bei mir ist ein junger Mann mit rotblondem Haar; er ist groß, mager und drahtig. Er heißt Tim, und ich meine, daß sein Nachname vielleicht Leighton ist, aber ich bin mir nicht sicher. Ich nenne ihn innerlich Tim L. Wir necken uns und sind gute Freunde.

Für mich ist es Zeit, ihn zu verlassen, um bei einer Gruppe von turnenden Akrobaten mitzumachen. Ich beginne einen schmalen Pfad hinabzugehen, fort von Tim. Plötzlich drehe ich mich um, weil ich fühle, daß zwischen uns noch etwas Unerledigtes ist. Ich kehre um, um ihm Lebewohl zu sagen. Tim sieht mich an, während ich auf ihn zugehe, und es scheint ihn zu freuen, daß ich wieder zu ihm zurückkomme.

Wir küssen uns – und während wir dies tun, atme ich ihn in mich ein. Es fühlt sich an wie der tiefste Atemzug, den ich jemals getan habe. Und ich weiß im selben Moment, daß wir beide, Tim und ich, für immer vereint sein werden.

Als ich aus dem Traum erwachte, war ich in einer großartigen Stimmung, belebt und erfrischt, als hätte ich tatsächlich eben den tiefsten Atemzug meines Lebens getan. Außerdem spürte ich, daß mein neues Herz und die Lunge nun wirklich zu mir gehörten.

Lebhafte Träume sind für mich nichts Neues. Ich achte auf die Bilder, die mich heimsuchen, und notiere sie regelmäßig in meinem Tagebuch. Manche meiner Träume sind rätselhaft, undeutliche, komplizierte Puzzles, über die ich später noch lange nachgrübeln muß. Doch dieser gehört nicht dazu. Bis dahin hatte ich mein Herz und meine Lunge für etwas gehalten, das von einem anonymen Unbekannten stammte, einem fremden jungen Mann, über den ich nicht viel nachgedacht hatte. Aber nach diesem Traum hatte sich irgend etwas geändert. Ich wachte auf und wußte – es war ein wirkliches *Wissen* –, daß Tim L. mein Organspender war und daß jetzt etwas von seinem Geist und seiner Persönlichkeit in mir wohnte.

Ich wollte unbedingt wissen, ob mein Traum der Wirklichkeit entsprach. Doch wie sollte das gehen? In dem Transplantationsprogramm am Yale-New Haven Hospital, wo ich mein Herz und meine Lunge erhalten hatte, befolgte man einen strengen Geheimhaltungskodex. Die Verantwortlichen des Krankenhauses hatten die eiserne Regel, daß die Identität des Organspenders niemals dem Empfänger preisgegeben werden durfte. Das galt auch andersherum: Die Angehörigen der Spenders durften nie genau erfahren, wer die verschiedenen Organe erhielt, die sie freigegeben hatten. Genaugenommen durfte ich nicht einmal das wenige, was mir bekannt war, wissen – daß mein Spender nämlich ein Achtzehnjähriger war, der im Bundesstaat Maine gelebt hatte und bei einem Motorradunfall gestorben war. Ich hatte dies kurz nach der Operation von einer Krankenschwester erfahren.

Am Tag nach meinem Traum rief ich Gail Eddy an, die die Transplantationen in Yale-New Haven koordinierte und mir vor, während und nach der Transplantation eine ungeheure Hilfe gewesen war. Ich wußte, daß Gail mir nicht sagen durfte, wer mein Spender war, aber vielleicht wäre sie ja bereit, den Namen Tim L. aus meinem Traum zu bestätigen. Vorausgesetzt natürlich, daß mein Wissen den Tatsachen entsprach.

Und zu Anfang glaubte ich auch, dies sei der Fall. Als ich Gail von dem Traum erzählte und fragte, ob mein Spender den Namen Tim L. hätte, trat eine kurze Pause ein.

»Nein, nein, es ist unmöglich, daß Sie das wissen, das dürfen Sie nicht wissen«, sagte Gail schließlich. »Ich darf mit Ihnen nicht darüber sprechen. Bitte, Claire, lassen Sie's gut sein. Selbst wenn es Ihnen gelingen sollte, die Familie ausfindig zu machen, hieße das, die Büchse der Pandora zu öffnen.«

»Wie meinen Sie das?«

»Es ist völlig unvorhersehbar, wie die Angehörigen des Spenders darauf reagieren. In so einer Situation können die Menschen alle möglichen Reaktionen zeigen, mit denen keiner rechnet. Ich kann Ihnen nicht verdenken, daß Sie neugierig auf den Spender sind; ich wäre es auch. Aber lassen Sie's bitte gut sein. Das ganze Thema ist viel zu gefühlsbeladen und brisant.«

Ich war von Gails Reaktion enttäuscht und auch ein bißchen überrascht. Aber ich respektierte ihr Urteil und versicherte ihr, daß ich die Sache auf sich beruhen lassen würde.

Doch die Sache ließ mir keine Ruhe.

Nach und nach sollte ich noch viel mehr über meinen Spender erfahren. Und schließlich sollte ich entdecken, daß mein erstaunlicher Traum von Tim L. mehr Wahrheit enthielt, als ich mir je vorgestellt hatte.

2

Erste Position

Ich bin mit einem ganz anderen Lebensgefühl aufgewachsen als das, was ich heute habe. Als kleines Kind gehörte ich zu einer großen, meist glücklichen Familie, die eng zusammenhielt. Mein Vater war Arzt, und als er im Zweiten Weltkrieg mit der Armee in Europa war, zogen wir drei – meine Mutter, meine ältere Schwester Marilyn und ich – zu den Eltern meiner Mutter in die Bronx.

Meine Großeltern waren arm und ihre Wohnung winzig, und wenn sie uns nicht mit offenen Armen aufgenommen hätten, wäre die drangvolle Enge nicht zu ertragen gewesen. Mutter, Großmutter und ich schliefen im selben Bett, Kopf an Fuß. Marilyn schlief auf einer Liege, und mein Großvater verbrachte die Nacht auf der Wohnzimmercouch. Es war ein traditionsgebundener jüdischer Haushalt voller Herzlichkeit, wo es Essen und gute Laune im Überfluß gab und der Sabbat am Freitagabend mit vielen Verwandten gefeiert wurde, die sich um den gedeckten Tisch drängten. Auch wenn diese Erinnerungen heute so wirken, als entstammten sie einem fernen früheren Leben, so erwecken sie in mir noch immer ein Gefühl von Verläßlichkeit, Anteilnahme und warmer Geborgenheit.

Meine Großeltern, Chana und Sholom, hatten sich nicht immer eines so friedlichen Lebens erfreut. Sie waren 1913 mit meiner damals dreijährigen Mutter aus dem zaristischen Rußland geflohen; in New York bekamen sie dann noch zwei Söhne, meine Onkel Hy und Lou. Meine Großeltern sprachen selten von ihrem früheren Leben, doch wußte ich, daß sie mehrere Pogrome überlebt hatten und meine Großmutter einer besonders wütenden Hetzjagd nur entkommen war, weil sie sich in einem Faß versteckt hatte. Als kleines Mädchen stand es mir als lebhaftes Bild vor Augen, wie die beiden Erwachsenen mit ihrem kleinen Kind, von blutrünstigen berittenen Kosaken verfolgt, buchstäblich zu Fuß zu dem Schiff liefen, das sie nach Amerika bringen sollte. Vielleicht war es in Wirklichkeit etwas anders, doch selbst heute noch sind die Erinnerungen an meine Großeltern mit einer Reihe von gefahrvollen Ereignissen verbunden, bei denen sie gerade noch mit dem Leben davonkamen.

Auch wenn meine Großeltern noch soviel Kummer und Leid durchgemacht hatten, waren sie doch freundlich, mitfühlend und unglaublich optimistisch. »Geld konnten sie mir nicht geben«, sagte mein Onkel Lou viele Jahre später, »aber Hoffnung, die hatten sie reichlich!« Oma schärfte uns beständig ein, daß die Sorgen von heute schon bald verflogen wären. »Morgen wird's besser«, war ihre ständige Redensart, die sie sicher schon tausendmal gesagt hatte.

Sie war eine winzig kleine Frau, Grandpa dagegen, der seinen Lebensunterhalt als Tapezierer bestritt, war ein großer, kahlköpfiger Mann, der funkelte und sprühte und wie ein jüdischer Meister Proper aussah. Er hatte viel Sinn für Humor, besonders in bezug auf seine Finanzprobleme. »Weißt du, Claire«, pflegte er mit seinem starken jiddischen Akzent zu sagen, »eigentlich bin ich äußerst erfolgreich. Als ich hierherkam, war ich fest entschlossen, ein armer Mann zu sein, und wie du siehst, ist mir das auch bestens gelungen.«

Anders als viele Ehepaare aus ihrer Generation waren meine Großeltern nicht nur lebenslang miteinander verbunden, sondern auch echte Freunde. Sie führten lange Gespräche auf jiddisch miteinander, und obwohl sie mit ihren Enkeln Englisch sprachen, nahmen sowohl sie als auch meine Eltern Zuflucht zum Jiddischen, sobald das Gesprächsthema nicht für Kinderohren geeignet schien. Natürlich lernten Marilyn und ich dank dieses starken Anreizes sehr viele jiddische Redensarten.

Zu Hause bei meinen Großeltern waren Träume ein ganz normaler und ständig wiederkehrender Gesprächsstoff. Das war bei russisch-jüdischen Einwanderern ganz allgemein so. Wenn jemand in der Nacht geträumt hatte, erzählte er den Traum am nächsten Morgen. Die Erwachsenen unterhielten sich dann darüber, wie er zu deuten war, doch ganz ohne psychologische Komponente. Es gab anerkannte Symbole: Wenn du von X träumtest, bedeutete es Y. Ein Sprichwort im Talmud besagt, daß ein Traum, der nicht ausgelegt wird, wie ein ungeöffneter Brief ist; von unserer Familie kann ich nur sagen, daß wir unsere Post immer gelesen haben.

Wenn es um Träume ging, wandte sich jeder an meine Großmutter. Sie hatte den Ruf, so etwas wie eine Zigeunerin zu sein, denn abgesehen von ihrer Vorliebe für Träume las sie manchmal auch die Zukunft aus den Karten. Auch manche ihrer Träume deuteten auf zukünftige Ereignisse oder Möglichkeiten, andere wiederum waren ganz alltäglich oder sogar praktischer Natur. Wenn ihr nachts eine Zahl im Traum erschien, ging sie am nächsten Tag zum Süßwarenladen hinunter und setzte darauf zwei oder fünf Cents im Zahlenlotto. Manchmal träumte sie auch von ihrer Kindheit in Rußland, doch über dieses schmerzliche Thema schwieg sie sich meistens aus.

Selbst ihre Gesundheit hing mit Träumen zusammen. Grandma wäre fast an der Grippeepidemie von 1918 gestorben; sie war so geschwächt, daß meine Mutter und ihr Bruder Hy ein Jahr in einem lieblosen, rattenverseuchten Waisenhaus verbringen mußten. Als es ihr besser ging, träumte Grandma von einem geheimnisvollen bärtigen Fremden, der einen Stab über ihren Kopf hielt und versprach, daß sie nun niemals mehr krank sein würde. »Niemals« ist eine lange Zeit, aber zumindest in den nächsten fünfzehn Jahren war sie ein Ausbund an Gesundheit.

Als ich älter wurde, begann ich auf meine eigenen Träume zu achten und sie zumindest gelegentlich für wahr oder wahrscheinlich zu halten. Das galt nicht nur für nächtliche Träume, sondern auch für Tagträume, Hoffnungen, Wünsche und all die anderen Ausdrucksformen von Phantasie und Sehnsucht. Und war ein Traum zum Zeitpunkt, da man ihn träumte, nicht wirklich wahr, so blieb einem immer noch die Möglichkeit, sich so anzustrengen, daß er vielleicht doch noch wahr wurde. Ich lernte Träume als eine Antriebskraft zu betrachten, deren Wirkung so stark ist, daß sich die größten Hindernisse überwinden lassen. Und – wie meine Großmutter hier eingeworfen hätte – ein bißchen Glück schadet natürlich auch nicht.

Ich war nicht gerade ein Glückspilz auf diesem Gebiet, doch immerhin hatte ich eine Reihe von Erlebnissen, die man vielleicht als übersinnlich bezeichnen könnte. Als eine Frau aus der Nachbarschaft schwanger wurde, wußte ich das, bevor sie es irgend jemandem erzählt hatte. Wie oder woher dies Wissen kam, weiß ich nicht; ich wußte es eben. Wenn etwas verlorengegangen war, fand ich es sehr oft wieder. Wenn ich mit meinen Freunden Rollschuh lief, gab es ein beliebtes Spiel, bei dem es darum ging, daß man in einer bestimmten Ecke der Rollschuhbahn sein mußte, wenn die Musik aufhörte; häufig wußte ich einfach, um welche Ecke es ging, und sogar, wann die Musik aufhören würde. Solche Sachen passieren den meisten Leuten hin und wieder; mir schienen sie ziemlich oft zu passieren.

Lange bevor ich von Jung und seinem Erkenntnisprinzip der Synchronizität hörte, war ich zu dem Schluß gekommen, daß Zufälle nicht unbedingt zufällig geschehen und daß hinter Dingen, die »aus Versehen« passieren, manchmal eine Absicht steckt. Viele Dinge geschehen aus einem bestimmten Grund, auch wenn dieser nicht immer ersichtlich ist. Im Universum sind geheimnisvolle Kräfte am Werk, die sich auf eine Art auf unser Leben auswirken, die wir nicht immer verstehen.

In meiner Kindheit hatte ich oft das Gefühl, Dinge zu wissen, die anderen Leuten nicht unbedingt klar waren, obwohl ich damals annahm, sie seien es. Zum Beispiel fühlte ich mich unbehaglich, wenn jemand aus der Familie oder aus der Nachbarschaft eine herabsetzende Bemerkung über andere ethnische oder religiöse Gruppen machte. Es war nicht nur die Borniertheit, die mich daran störte; solche Kommentare waren mir einfach ein Rätsel. Als Kind war mir nicht nur völlig klar, daß alle ein und derselben menschlichen Familie angehören, sondern auch, daß jeder von uns Anteile und Elemente anderer Menschen in sich trägt. Ich wußte auch, daß wir alle schon in früheren Inkarnationen gelebt hatten. Ich war zum Beispiel ganz sicher, daß meine Mutter vor nicht allzu langer Zeit katholisch gewesen war – vielleicht sogar eine Katholikin, die Juden ablehnte. Diese Sicht der Welt erschien mir so selbstverständlich, daß ich nicht glauben konnte, daß dies nicht alle Menschen wußten. Doch so offen und empfänglich Kinder für solche Vorstellungen sind, mit zunehmendem Alter passen sie sich der Gesellschaft der Erwachsenen an, deren Grundprinzipien, zumindest heutzutage, wenig Raum für metaphysische Gedanken lassen.

Wie meine Großmutter habe ich mein Leben lang ausdrucksstarke, ungewöhnliche Träume gehabt, und ein bestimmter Traum verfolgt mich selbst jetzt noch, Jahrzehnte später. Ein paar Wochen, nachdem mein erster Mann, Ira, und ich geheiratet hatten, starb Iras Vater. Artie wurde eingeäschert, und nach der Trauerfeier versammelten wir uns alle in seinem Haus in Westchester. Die Asche befand sich im Wagen, und Ira und seine Brüder hatten vor, sie am folgenden Tag an einem der Lieblingsplätze ihres Vaters zu verstreuen. Von der Beerdigung erschöpft, legte ich mich früh in Iras altem Kinderzimmer schlafen, wo das Mondlicht durch das Fenster schien. Dann hatte ich den Traum.

Die Türglocke läutet, und als ich die Treppe hinunter-
renne, um zu öffnen, sehe ich Arties Geist. Ich bin er-
schrocken, weil ich weiß, daß er zurückgekehrt ist, um
jemanden auszusuchen, der mit ihm geht. Ich bin
zwar nicht sicher, was dies bedeutet, doch die Vorstel-
lung, mit Artie zu diesem unbekannten Ort zu gehen,
erfüllt mich mit Entsetzen.

Jetzt befinde ich mich draußen vor dem Haus. Vor
meinen Augen springen Iras zwei Brüder aus dem
Fenster und verschwinden. Dann öffnet sich die Haus-
tür, und Ira kommt heraus; er entfernt sich, und ich
folge ihm.

Als ich aus diesem Traum erwachte, zitterte ich buchstäblich vor Angst, denn ich glaubte, Ira und ich müßten sterben. In dem Moment stürzte Ira ins Zimmer. Bevor ich etwas sagen konnte, rief er: »Ich möchte nicht bis morgen
warten. Ich muß die Asche jetzt sofort verstreuen.«

»Einverstanden«, sagte ich, »ich komme mit. Ich muß mir
nur etwas anziehen, dann holen wir sie aus dem Auto.«

»Die Asche ist nicht im Auto«, sagte er. »Ich habe sie nach
oben gebracht und hierhergestellt, unter das Bett.«

Gott im Himmel! Ich konnte es einfach nicht glauben.

Ira und ich gingen mit Arties Asche aus dem Haus. Also
das sollte der Traum bedeuten, dachte ich. Wir sollten tatsächlich mit Artie fortgehen, doch hieß das nicht, daß wir
sterben mußten. Während wir seine Asche verstreuten, ging
mein Atem leichter. Aber es war schon ein erstaunlicher
Traum!

Ich kam zu dem Schluß, daß Arties Geist mir eine Botschaft geschickt hatte und daß Ira offensichtlich genau zur
selben Zeit auf einem anderen Weg eine ähnliche Botschaft
erhalten hatte. Ein Traum ist oft das Medium, durch das etwas vermittelt wird, doch gibt es sicher noch andere Kanäle,
auch wenn wir sie noch nicht begreifen.

Leider ging die von Herzlichkeit und Geborgenheit geprägte Zeit in der Wohnung meiner Großeltern bald zu Ende. 1945, als ich fünf Jahre alt war, kam mein Vater aus dem Krieg zurück, und wir vier zogen in eine eigene Wohnung. Doch der Rückhalt und die liebevolle Atmosphäre, die uns die Großeltern geboten hatten, fehlten uns, und die Beziehungen innerhalb der Familie veränderten sich sehr.

Meine Mutter war eine schwierige Frau, die oft unberechenbar und manchmal sogar bösartig war. Das Zusammenleben mit ihr rief starke Ängste hervor, und ich wunderte mich manchmal darüber, warum die einzige Tochter meiner warmherzigen, verläßlichen Großeltern ausgerechnet so geworden war. Sie war oft griesgrämig und eifersüchtig und ging bei der geringsten Provokation heftig auf uns los – meistens war es meine Schwester, die als die Ältere das meiste von diesen scheinbar willkürlichen Ausbrüchen abbekam.

Ich habe keine richtige Erklärung für die Unausgeglichenheit meiner Mutter. Möglicherweise war einer der Gründe eine überwältigende Frustration, weil sie ihren Traum, ihr Leben der Kunst zu widmen, nie in die Tat umsetzen konnte. Sie spielte Klavier und erzählte stolzgeschwellt davon, wie sie in der High-School Theater gespielt hatte. Später, als ich Tänzerin wurde, fragte ich mich manchmal angesichts der Intensität ihrer Unterstützung und des Eifers, mit dem sie meine Karriere förderte, ob ich eine Art Stellvertreterrolle für sie spielte.

Erst als ich erwachsen war, gelang es meiner Mutter und mir schließlich, gut miteinander auszukommen. Und noch später, als sie im Sterben lag, wollte sie mich bei sich haben. Mutter, dachte ich, du hast mich auf die Welt gebracht, und ich bleibe bei dir, um dich hinauszubegleiten. Als ich an ihrem Sterbelager ein Gebet für sie sprach, war dies zugleich ein Gebet für mich – ich bat darum, ihre negativen Eigenschaften loslassen zu können, die ja auch zu mir gehörten.

Als Kind betete ich oft darum, eine andere Mutter zu bekommen – eine warmherzige, zärtliche Frau, die den Müttern meiner Freundinnen ähnelte. Diese Mütter hatten nämlich – zumindest in meiner Phantasie – ein inniges Verhältnis zu ihren Töchtern und konnten ihre Liebe offen zeigen und dachten nicht im Traum daran, sie grundlos anzuschreien. Ich sehnte mich nach einer engen, warmherzigen Gemeinschaft wie bei meinen Großeltern, und ich sehnte mich nach der bedingungslosen Liebe, die meine Mutter anscheinend nicht geben konnte.

Aber zur gleichen Zeit bewunderte ich sie auch. Um ihre ärmliche Kindheit hinter sich zu lassen, war sie eine sehr fleißige Schülerin gewesen, hatte später, obwohl ihre eigene Mutter nicht lesen und schreiben konnte, das College besucht und war Englischlehrerin an der High-School geworden. Sie war intelligent und sehr tüchtig, und gelegentlich blitzten auch Güte und Großzügigkeit auf. Sie hatte einen exzellenten Geschmack und schätzte Antiquitäten und schöne Dinge. Sie war sehr beliebt und eine schöne und gesellige Gastgeberin bei den Partys, die sie so gern gab. Und wie ihr Vater hatte sie einen wunderbaren Sinn für Humor.

Wie viele schwierige Menschen hatte meine Mutter eine Art, direkt zum Kern einer Sache vorzudringen. Ihre Lebenskenntnis war groß, und obwohl ihre Einsichten oft von ihrer negativen Einstellung getrübt wurden, hatte sie meist recht. Ich zweifle nicht daran, daß sie Marilyn und mich liebte, doch traurigerweise, für sie und für uns, fiel es ihr sehr viel leichter, ihre Wut herauszulassen, als ihre Zuneigung zu zeigen.

Glücklicherweise bot mein Vater ein gewisses Gegengewicht; er war ausgeglichen und fürsorglich, und er unterstützte uns. Doch obwohl er ständig bemüht war, unsere Mutter zu besänftigen, war er nicht stark genug, um ihr Einhalt zu gebieten, und es gelang ihm nie, ihr die Hilfe zu geben, die sie offensichtlich brauchte. Marilyn und ich waren dankbar für seine Zuwendung, doch selbst das führte zu Problemen, weil meine Mutter ihm sein relativ unkompliziertes Verhältnis zu uns neidete.

Was das Leben erträglich machte, war unser kleines Ferienhaus am Swan Lake in den Catskill-Bergen, wo wir jeden Sommer mit unseren Großeltern waren. Dad war der einzige Arzt der Stadt, und es passierte mehr als einmal, daß die Familie beim Abendessen gestört wurde, weil ein unglückseliger Fischer zu uns kam, dem ein Angelhaken in der Hand steckengeblieben war. Zu den Mahlzeiten kamen ständig Verwandte vorbei, um an unserem ovalen Tisch mit der roten Kunststoffplatte und der dazu passenden roten Sitzbank mitzuessen, und so gelang uns jedes Jahr einige Wochen lang die Rückkehr zu glücklicheren Zeiten. Selbst meine Mutter war in Swan Lake relativ entspannt, doch da sie mit unseren direkten Nachbarn im Streit lag, durften wir nicht mit deren Kindern spielen. Aber alles ist relativ, und in Swan Lake war es weit besser als zu Hause. Ich liebte den Ort und fuhr auch noch regelmäßig dorthin, als ich schon weit über zwanzig war. Das Haus wurde schließlich verkauft, doch bis heute kehre ich in meinen Träumen dorthin zurück.

Als Reaktion auf die Unbeherrschtheit meiner Mutter schaltete ich innerlich ab. Beim Abendessen saß ich still da und wartete auf den unvermeidlichen Ausbruch. Sobald das Gekeife begann, ließ ich innerlich die Jalousien herunter und igelte mich ein, und so erschuf ich mir einen privaten, geheimen Ort, durch dessen Mauern die Wut meiner Mutter nicht hindurchdrang. Als ich später im College war, genoß ich vor allem die täglichen Mahlzeiten in der Cafeteria. Das lag nicht am Essen, sondern an der erstaunlichen Entdeckung, daß eine Mahlzeit angenehm und vorhersehbar verlaufen konnte.

Wenn es zu Hause laut wurde, stellte ich mir vor, daß ich zu einer anderen Familie gehörte. Ich dachte ständig daran, daß ich bald groß genug wäre, um auszuziehen, möglichst weit weg von all dem Geschimpfe und den Streitereien. Ob zu Hause oder in der Öffentlichkeit, meine Mutter war immer gleich angriffslustig und demütigte meine Schwester und mich vor unseren Spielkameraden. Als Teenager hatten meine Freunde Angst, mich zu Hause abzuholen, wenn sie mit mir ausgehen wollten.

Ich ging meiner Wege, ohne meine Aufmüpfigkeit äußerlich zu zeigen. Ich lächelte und sagte zu allem ja und amen, doch ich tat, was ich wollte. Dank Marilyn, die als Blitzableiter für den Zorn meiner Mutter fungierte, kam ich meistens glimpflich davon. Meine Schwester deckte mich, und manchmal nahm sie sogar die Schuld für meine Untaten auf sich.

Als ich schon meine eigene Wohnung hatte, teilte ich meiner Mutter telefonisch mit, daß ich heiraten wollte. Von der Familie hatte noch keiner Ira kennengelernt, und später erfuhr ich, daß meine Mutter zu ihren Freundinnen gesagt hatte, sie wüßte nicht einmal, ob mein zukünftiger Ehemann ein Weißer sei. Die Tatsache, daß sich meine Mutter diese Frage tatsächlich stellte, sagt einiges darüber aus, wie sie über mich dachte. Obwohl damals Ehen zwischen Angehörigen verschiedener Rassen extrem selten waren, hielt sie mich durchaus einer derart rebellischen Handlungsweise für fähig, die zu der Zeit eine echte Herausforderung der Gesellschaft darstellte. Ira war zwar ein Weißer, doch mit ihrer Beurteilung meiner Person hatte meine Mutter recht.

Kinder, die zu Hause unglücklich sind, finden manchmal ihre Erlösung in der Schule, aber bei mir war das nicht der Fall. Ich konnte in keinem Fach gut sein, dessen Sinn ich nicht einsah oder das ich nicht wenigstens interessant fand. Da Marilyn eine ausgezeichnete Schülerin war, drückte man uns schnell das Klischee von der Klugen und der Schönen auf. Erst nach Jahren wurde mir klar, daß auch ich Grips hatte und daß Marilyn gut aussah. Vorher war mein Selbstwertgefühl ziemlich gering.

Ich empfand es auch als schwierig, die üblichen logischen Verknüpfungen zu machen, die für meine Mitschüler selbstverständlich zu sein schienen. Vielleicht war es ja eine Reaktion auf die emotionale Unsicherheit meines Elternhauses, jedenfalls überraschte es mich jedes Jahr von neuem, wenn plötzlich die Weihnachtsferien anfingen. Ich rechnete nie damit und konnte anscheinend nicht begreifen, daß bestimmte Ereignisse zu regelmäßig vorhersehbaren Zeitpunkten im Laufe des Jahres eintreten. In meinem Leben gab es keine geschlossene Kontinuität.

Was mich aber wirklich zur Außenseiterin machte, waren meine gesundheitlichen Probleme. Als ich drei Jahre alt war, stellte man bei mir ein angeborenes Herzgeräusch fest, mit dem ich voraussichtlich mein Leben lang zu tun haben würde. »Egal, was Claire macht«, warnte der Arzt meine Eltern, »achten Sie darauf, daß es nicht zu anstrengend wird.« Obwohl ich ein unternehmungslustiges Kind war, machten sich meine Eltern Sorgen um meine Gesundheit und behandelten mich, als sei ich hinfällig. Ich selbst fühlte mich bestimmt nicht so, obwohl ich einen niedrigen Blutzuckerspiegel hatte. Auf Rat meines Vaters hatte ich immer ein paar Bonbons bei mir für den Fall, daß ich plötzlich einen Anfall von Verwirrung bekäme. Mein Leiden war eine Vorform des Diabetes, die in unserer Familie erblich war.

Außerdem litt ich an feuchtheißen Tagen an Atembeschwerden. Meinem Körper wurde dann das Wasser entzogen, und ich konnte geradezu fühlen, wie ich an Gewicht verlor. Kurz nach unserer Hochzeit machten Ira und ich eine Reise durch Afrika, auf der ich in Dakar beinahe gestorben wäre. Es sah nach Malaria aus, doch was mich wirklich zu Fall brachte, war die unglaubliche Hitze.

Als Kind litt ich ständig an Erkältungen und Halsschmerzen, die sich zu einer Bronchitis oder Grippe auswuchsen. Ich betrachtete mich selbst zwar nicht als kränklich, aber vollständig gesund fühlte ich mich auch nicht. Und selbst wenn es mir gutging, war ich mir immer bewußt, daß mir im Kern meines Wesens ernstlich etwas fehlte.

Wegen meines Herzens durfte ich nicht an Wettrennen teilnehmen oder bei irgendwelchen anstrengenden Aktivitäten mitmachen. Marilyn wurde die schwierige Aufgabe übertragen, auf mich aufzupassen, was wegen meiner Wildheit und Widerspenstigkeit oft eine schwere und unfaire Belastung für sie war.

Marilyn wußte zwar, daß ich wirklich einen Herzfehler hatte, doch sie hegte immer den Verdacht, daß meine vielen kleineren Beschwerden vielleicht mit meinem Wunsch nach Beachtung zusammenhingen. Solche Andeutungen machten mich wütend, doch heute glaube ich, daß meine Schwester wenigstens teilweise recht hatte. Ich spielte zwar nicht unbedingt Theater, doch zog ich mit Sicherheit einen gewissen Gewinn aus dem Kranksein. Ich freute mich, wenn ich nicht zur Schule mußte, aber ein noch wichtigerer Gesichtspunkt war, daß meine normalerweise unberechenbare Mutter sich mir liebevoll widmete, wenn ich krank war, und mir gebackene Kartoffeln mit Butter und saurer Sahne ans Bett brachte. (Später machte ich es mit meiner eigenen Tochter ebenso.) Selbst als ich schon verheiratet war, besuchte meine Mutter mich oder schickte meinen Vater zu mir, sobald ich krank war.

Während dieser größtenteils unglücklichen Kindheit war das Tanzen meine Erlösung, meine Rettung, mein Gegengift gegen Depressionen. Ich fing mit acht Jahren an, und sobald ich meine Berufung entdeckt hatte, zog sie mich für immer in ihren Bann. Ich glaubte fest daran, daß ich zum Tanzen geboren sei, und kann mich noch gut daran erinnern, wie ich auf dem Heizkörper in meinem Schlafzimmer saß und aus dem Fenster in den nächtlichen Himmel blickte: Ich suchte mir einen Stern aus und wünschte mir, eine berühmte Ballerina zu werden. Außerdem schwor ich mir, daß das Tanzen, auf irgendeine Weise, immer zu meinem Leben gehören würde. Und so ist es auch gekommen – während vieler Jahrzehnte, in gesunden und kranken Tagen.

Während meiner gesamten Kindheit und Jugend, an der High-School und im College, war das Tanzen ein Ausweg aus meinem Unglück, eine starke und spirituelle Alternative zu unserem stürmischen Familienleben. Ganz gleich, was zu Hause los war – sobald die Musik einsetzte, konnte ich alles hinter mir lassen. Manche Tänzer meinen, sie würden ein anderer Mensch beim Tanzen, aber ich hatte immer das Gefühl, daß ich dabei die besten Seiten meiner Persönlichkeit ausdrückte – mein wahres, schöpferisches Ich, den Menschen, der aus mir einmal werden sollte. Oft verlor ich mich völlig in der Musik, oder vielleicht wäre es noch richtiger zu sagen, daß ich verloren war, *bevor* die Musik begann, und daß das Tanzen mehr einem Sichfinden ähnelte.

Mit zehn Jahren wurde ich von der Tanzlehrerin im Ferienlager für die Hauptrolle in *Schneewittchen* ausgewählt, woraufhin ich meinen Eltern verkündete, daß ich Ballerina werden wollte. Völlig ausgeschlossen, sagten sie. Ein Mädchen mit einem Herzfehler kann keine Tänzerin werden! Aber ich hatte Blut geleckt, und ihre Befürchtungen wegen meiner Gesundheit bestärkten mich nur in meinem Entschluß. Jetzt hatte das Tanzen zusätzlich noch den Glanz der verbotenen Frucht angenommen und wurde zu einem Teil meiner Aufsässigkeit. Schließlich, nachdem ich lange gebettelt und gebeten hatte, erlaubten sie mir, sonnabends Ballettstunden zu nehmen. Ein Kurs führte zum nächsten, und bald war ersichtlich, daß ich eine Passion hatte und möglicherweise auch ein Talent.

Als ich elf war, nahm mich meine Ballettlehrerin zu einer Aufführung von *Giselle* mit, dem Inbegriff des romantischen Balletts. *Giselle* ist die Geschichte eines jungen Mädchens, das unbedingt tanzen will, dessen Mutter es aber an der Erfüllung seines Traums zu hindern versucht, weil Giselle ein schwaches Herz hat.

So verstand ich jedenfalls damals die Handlung. Viel später, als ich das Ballett als Erwachsene wiedersah, wurde mir klar, daß ich jahrelang eine völlig verdrehte Version der Geschichte mit mir herumgetragen hatte, denn in Wirklichkeit ist Giselles Herzleiden nur ein kleines Detail einer langen, kunstvoll aufgebauten Handlung. Wenn man das Ballett als den Kampf eines jungen Mädchens ansieht, das trotz ihres Herzleidens tanzen will, dann ist das in etwa so, als wollte man *Hamlet* als die Geschichte eines jungen Mannes ansehen, der den redseligen Vater seiner Freundin tötet: Es stimmt zwar, aber es ist nicht wirklich richtig. Offenbar hatte ich es nötig, in *Giselle* die Umsetzung meiner eigenen Geschichte zu sehen.

Ein paar Monate darauf nahmen mich meine Eltern mit ins Kino, wo ich einen Film sah, der den ungeheuren Eindruck von *Giselle* noch verstärkte, nämlich *Rampenlicht*, einer der letzten Filme von Charlie Chaplin. Er erzählt eine nicht sehr wahrscheinliche Liebesgeschichte zwischen einem alternden Clown (Chaplin) und einer wunderschönen jungen Ballerina (Claire Bloom). Der Film beginnt damit, daß die Tänzerin soeben versucht hat, sich das Leben zu nehmen. Und was hat sie derart zur Verzweiflung getrieben? Sie hatte eine schwere Krankheit durchgemacht, die sie am Tanzen hinderte! *Rampenlicht* ist ein außerordentlich rührender Film, und als er vorbei war, brach ich in Tränen aus. Bis heute kann ich ihn nicht sehen, ohne zu weinen.

Obwohl es mir damals nicht bewußt war, waren *Giselle* und *Rampenlicht* natürlich Varianten desselben Themas: die Todesnähe und darauffolgende Auferstehung einer jungen dunkelhaarigen Tänzerin. Diese Idee senkte sich mir tief ins Herz, ich sah sie als meine Geschichte und mein Schicksal an. Wie das Leben so spielt, war es tatsächlich meine Geschichte, obwohl es damals völlig außerhalb meiner Vorstellung lag, daß ich viele Jahre später, nachdem ich fast gestorben war, sozusagen zu neuem Leben erwachte und danach auch wirklich wieder tanzen konnte. In meiner Jugend nahm ich an, daß mein Herzgeräusch die schwerste Hürde wäre, vor der ich jemals stehen würde. Ich hatte ja keine Ahnung!

Je länger ich Tanzunterricht bekam, ohne daß sich dies

abträglich auf meine Gesundheit auswirkte, desto nachgiebiger wurden meine Eltern. Sie waren stolz auf meine Erfolge, und ihre Befürchtungen wegen meines Herzens verblaßten im Laufe der Zeit. Ich tat das meine dazu, indem ich mich immer ein bißchen zurückhielt und mich nicht völlig verausgabte. Ich war dankbar, daß ich überhaupt tanzen durfte, und wollte keine weitere Schädigung meines Herzens riskieren.

Als Teenager stand ich dann wieder vor einer Hürde, denn ich schoß in kurzer Zeit zu meiner jetzigen Größe von 1,68 m empor. Heute wäre dies kein Problem mehr, doch in den fünfziger Jahren war ich damit etwas zu groß für das Ballett. Ich war am Boden zerstört, doch als eine meiner Freundinnen vorschlug, ich solle es doch einmal mit Modern Dance (Ausdruckstanz) versuchen, befolgte ich ihren Rat. Zu meiner eigenen Überraschung war ich schon bald für diesen so ganz anderen Tanzstil Feuer und Flamme, der mir nicht so gezwungen, dafür expressiver und emotional befriedigender als das Ballett vorkam. Und obwohl ich den klassischen Tanz stets geschätzt habe, wurde mir bald klar, daß der Ausdruckstanz für mich mit meinem künstlerischen Elan und Widerspruchsgeist die bessere Alternative war.

Während der High-School nahm ich Unterricht an der Julliard School of Music bei Pearl Lang, einer Martha-Graham-Schülerin, und sie bot mir an, in ihrer Truppe bei einer Aufführung zum Chanukkafest im Madison Square Garden mitzutanzen. Ich konnte es kaum glauben, daß ich mit echten Tänzern in einer professionellen Truppe arbeitete! Ich erhielt sogar einen bescheidenen Scheck, und das bedeutete, daß ich mich jetzt auch zu den Profis zählen durfte.

Ich setzte mich voll ein und gewann ein Stipendium, das ich für ein Sommerseminar am Connecticut College for Women nutzte. Dort hatte ich das Glück, von einigen der führenden Persönlichkeiten des Modern Dance unterrichtet zu werden wie zum Beispiel José Limón, Lucas Hoving und Alwin Nikolais. Ich besuchte sogar einen Kurs bei Martha

Graham, und eines Morgens hatte ich das denkwürdige Erlebnis, daß sie meine Hüfte mit einem Klaps in die richtige Stellung brachte, als sie einen Bewegungsablauf demonstrierte. Das war etwas ganz Großes. Martha Graham hatte den Status einer Göttin, und es galt als große Ehre, von ihr berührt zu werden.

Nach Abschluß der High-School wurde ich am Adelphi College (heute Adelphi University) auf Long Island aufgenommen, einer der wenigen Hochschulen, die in den fünfziger Jahren Tanz als Hauptfach anboten. Die Entfernung zwischen Adelphi und Manhattan war kurz genug, daß die Studenten zu Broadway-Shows, Tanzklassen und zum Vortanzen gehen konnten. Ich bewarb mich zum ersten Mal, als die Besetzung für die Verfilmung der *West Side Story* gesucht wurde, und Jerome Robbins traf die Auswahl höchstpersönlich. Hunderte von Tänzern wetteiferten um zwei Plätze, und Mr. Robbins ließ mich den ganzen Tag vortanzen. Als schließlich nur noch vier von uns übrig waren, schickte er mich sehr freundlich nach Hause.

Ich war zutiefst niedergeschlagen, daß man mich nicht genommen hatte, nachdem ich so nahe daran gewesen war, doch im Zug zurück zum College gelang es mir, die Sache in den richtigen Proportionen zu sehen. Nimm's nicht so schwer, sagte ich mir. Du hast toll abgeschnitten, und das war erst das erste Mal. Du wirst noch viele Male vortanzen.

Doch es kam anders. Im Frühling meines letzten Studienjahres schwollen meine Füße plötzlich ohne ersichtlichen Grund an. Man diagnostizierte Glomerulonephritis, eine Nierenkrankheit. Obwohl ich keine Schmerzen hatte, mußte ich einen Monat im Mt. Sinai-Hospital bleiben und durfte es nur zum Abschlußball und zur Examensfeier verlassen. Bei meiner Entlassung nahm mich der Arzt beiseite und machte mir eine schreckliche Eröffnung. Ich würde nie wieder tanzen können. Und als ob dies noch nicht schlimm genug war, fügte er hinzu, es sei für mich gefährlich, Kinder zu bekommen.

Ich war nur noch ein Häufchen Elend. Einige Wochen später, als ich Glomerulonephritis in einem Medizinlexikon nachschlug, mußte ich geschockt feststellen, daß die Krankheit in vielen Fällen tödlich verlief. Meine Eltern, die schließlich ihre Ängste wegen meines Herzfehlers überwunden hatten, bestanden nun darauf, daß ich nach dem Collegeabschluß wieder nach Hause kommen sollte, damit sie sich um mich kümmern konnten. Aber ich wollte nichts davon wissen. Jetzt, wo mein Leben sowieso schon so gut wie ruiniert war, wollte ich auf keinen Fall wieder nach Hause zurückkehren. Statt dessen mietete ich mir zusammen mit einer Freundin ein Apartment auf der Upper West Side von Manhattan und versicherte meinen Eltern, ich würde nicht tanzen.

Es fiel mir entsetzlich schwer, aber ich hörte wirklich damit auf. Meinen Traum aufzugeben war grauenhaft, aber trotz meiner Aufmüpfigkeit hielt ich die Ärzte damals noch für halbe Götter. Es kam mir überhaupt nicht in den Sinn, ihre Weisheit in Frage zu stellen.

Nicht mehr zu tanzen war für mich außerordentlich schmerzlich, und ich merkte bald, daß es genauso schlimm war, anderen Tänzern zuzusehen. Ich konnte mich nur zu gut daran erinnern, wie sich jeder Schritt und jede Bewegung anfühlten, und bei einer Aufführung zuzusehen, ohne selbst mitmachen zu können, war mehr, als ich ertragen konnte. Wie ein Alkoholiker auf Entzug entschied ich mich dafür, lieber ganz auf meine bisherige Wonne zu verzichten: Ich besuchte keine Tanzabende mehr und mied jede Art von Musik, die mich ans Tanzen erinnerte. Mein Lebenstraum hatte sich in Luft aufgelöst, und es war mit allem, was ich mir gewünscht hatte, vorbei.

Was sollte aus mir werden, nun, da mein Körper und meine Seele nicht tanzten? Ich wußte es nicht genau, außer daß dieses neue Ich weder Selbstdisziplin noch ein Ziel, eine Berufung, einen Lebensplan oder einen Traum hatte. Ich lebte nur noch für den Augenblick: Ich trank, rauchte und aß ohne Maß. Nach tänzerischen Maßstäben war ich bald dick und außer Form. Jahrelang war es mein Körper gewesen, der meinen Lebenstraum geprägt und ihn verwirklicht hatte; ich erkannte nicht, daß mein innerstes Wesen, der Teil, den ich im Tanz ausgedrückt hatte, immer da sein würde. Als ich mit dem Tanzen aufhörte, glaubte ich, alles sei auf ewig verloren.

Doch so enttäuscht ich auch war, ich überließ mich nicht gänzlich der Hoffnungslosigkeit und verzweifelte nicht am Leben. Ich entschloß mich, meinen eigenen Weg zu finden, wie immer er sein mochte, und ich fand es großartig, auf eigenen Füßen zu stehen und in Manhattan zu leben. Die meisten meiner Freunde vom College, die alle Tänzer waren, verlor ich zwar schnell aus den Augen, doch lernte ich neue Leute kennen, die in der Wirtschaft, der Werbung oder am Theater arbeiteten.

Ich ließ mich planlos von Job zu Job treiben, arbeitete unter anderem als Sekretärin und als Hosteß in einem Restaurant. Da ich im College auch Englisch belegt hatte, konnte ich schließlich eine Stelle im Verlagswesen finden – oder so ähnlich. Zugegeben, das *Hairdo Magazine*, eine Friseurzeitschrift, war nicht gerade der Alfred A. Knopf Verlag, doch manchmal kann selbst ein falscher Beruf zu etwas Gutem führen. Eines Tages wurde eine neue Mitarbeiterin eingestellt, die für Musik und Tanz schwärmte und einen Freund hatte, der in der Alvin Ailey Dance Company als Musiker arbeitete. Maureen Meloy lebte nur einen Block von mir entfernt, und als ich ihr von meinem früheren Leben erzählte, redete sie mir zu, in einen Fitneßclub einzutreten und wieder zu trainieren, und sie ließ nicht locker, bis ich es wirklich tat. Schon bald hielt sie mir ständig die neueste Nummer der *Variety* unter die Nase und drängte mich, wieder mit dem Tanzen zu beginnen.

»Aber das geht doch nicht«, erklärte ich ihr zum x-ten Male. »Ich bin krank, das weißt du doch!«

»Das ist lange her«, sagte sie. »Vielleicht hat sich doch etwas geändert.« Sie gab mir einen Zeitungsausschnitt und sagte: »Lies das mal!«

Helen Tamiris und Daniel Nagrin, zwei bekannte Figuren in der kleinen Welt des Modern Dance, suchten ein neues Mitglied für ihre Truppe. Ich hatte am Vortanztermin keine Zeit, doch Maureen bestand darauf, daß ich anrufen und fragen sollte, ob ich an einem anderen Tag kommen könnte.

Ganz schön unverschämt, dachte ich, aber Maureen war so überzeugend, daß ich den Anruf machte. Zu meiner Überraschung vereinbarten Tamiris und Nagrin ein privates Vortanzen in ihrem Apartment und Studio an der West 72nd Street. Nervös, übergewichtig und immer noch Raucherin, tanzte ich ihnen vor und gab ihnen meine Bewerbungsunterlagen. Glücklicherweise gehörte zum Vortanzen viel Improvisation, und das war schon immer meine Stärke gewesen. Trotzdem verließ ich das Studio, ohne mir große Hoffnungen zu machen. »Wir lassen von uns hören«, beschied man mir. Aber sicher, dachte ich.

Zwei Wochen später, als ich die Sache schon so gut wie aufgegeben hatte, rief Daniel Nagrin an und bot mir den Job an. Es war einfach unglaublich! Als ich am nächsten Morgen zur Arbeit kam, umarmte ich Maureen überschwenglich. Wir haben uns dann bald aus den Augen verloren, aber ich mache mir immer noch Gedanken über diese Frau, die aus dem Nichts auftauchte und mein Leben von Grund auf veränderte. Tatsächlich gab es im Laufe der Jahre außer Maureen noch mehrere Menschen, die mir wie vom Himmel gesandt einen entscheidenden Anstoß gaben, der meinem Leben eine völlig neue Richtung gab. Ich möchte nicht behaupten, daß ich dieses geheimnisvolle Phänomen verstehe, ich weiß nur, daß es manchen Leuten genauso geht und daß ich tiefe Dankbarkeit empfinde, daß mir dies geschieht.

Ich kündigte sofort meinen Job bei der Friseurzeitung und fing mit einem sechswöchigen Trainingsprogramm an. Ich war das achte und neueste Mitglied der Tamiris-Nagrin-Truppe. »Es war genau richtig, Sie zu nehmen«, sagte Daniel Nagrin nach zwei Wochen zu mir. »Wir werden Ihnen bald Soloauftritte übertragen. Ich staune, wie schnell Sie mit dem Rauchen aufgehört, abgenommen und Ihre Technik verbessert haben.«

Für mich war es nicht so erstaunlich; es hatte eben nur des richtigen Anreizes bedurft. Ich war mit Leib und Seele Tänzerin, und als sich diese unwahrscheinliche Gelegenheit bot, hatte ich sie mit Begeisterung ergriffen.

Noch vor Beginn des Trainingsprogramms ließ ich mich von meinem Nierenarzt am Mt. Sinai untersuchen. Angesichts meiner großen Chance hätte ich wahrscheinlich auf jeden Fall wieder zu tanzen begonnen und die Risiken in den Wind geschlagen. Doch zu meiner Überraschung sagte mir der Arzt, daß meine Nieren geheilt waren, und so konnte ich nach vier Jahren endlich aufhören, Medikamente zu nehmen. Ich durfte tanzen!

»Es ist wirklich unglaublich«, sagte er. »Ich würde Ihnen gern sagen, warum Sie gesund geworden sind, aber ich habe keinen Schimmer.« Er zeigte mir die Unterlagen eines anderen Patienten, eines Jungen, der etwa zur gleichen Zeit wie ich mit Glomerulonephritis in das Krankenhaus gekommen war. »Sehen Sie sich das an«, sagte er. »Ihre Werte sind identisch, und Sie hatten beide die gleiche Prognose. Aber heute tanzen Sie wieder, während der arme Junge im Sterben liegt, und ich habe keine Erklärung dafür.«

Ich hatte auch keine. Mit Sicherheit lag es nicht an den Medikamenten. Ich weiß nur, daß solche Dinge geschehen und daß die physische Gesundung manchmal auf einem Gebiet geschieht, das weit von den Behandlungen und Therapien der Schulmedizin entfernt ist. Vielleicht hatte sich in diesem Fall mein Körper selbst geheilt. Aber warum? Es könnte mein starker Lebenswille gewesen sein, doch der Junge, der im Sterben lag, hatte vielleicht einen ebenso starken Willen. Vielleicht wurde ich gesund, weil meine Zeit zum Sterben noch nicht gekommen war und Gott etwas anderes mit mir vorhatte. Ich weiß es einfach nicht.

Ich tanzte weiter, erst bei Tamiris und Nagrin und dann in der Balletttruppe von Gloria Contraris. Ich war ein Jahr mit Gloria in Mexiko und kehrte dann wieder in die Vereinigten Staaten zurück, wo ich bei mehreren anderen Truppen auftrat und an verschiedenen Schulen und Colleges Tanzunterricht gab. Ich heiratete Ira und beschloß, trotz der Warnung des Nierenarztes, daß eine Schwangerschaft für mich sehr gefährlich sein könnte, das Risiko auf mich zu nehmen. Mein Wunsch, Mutter zu werden, war ebenso groß wie der zu tanzen. Nach einer wunderbaren Schwangerschaft kamen meine beiden großen Lieben zusammen: Amara wurde 1972 geboren, und noch bevor sie laufen lernte, tanzten wir schon miteinander.

3

Schlechte Nachrichten

In den Jahren vor meiner Ehe mit Ira hatte ich verschiedenen Modern-Dance-Compagnien angehört und hatte an der Hunter College High School und am Barnard College Tanzunterricht erteilt. Bald nach unserer Hochzeit gab ich das alles auf, weil Ira und ich eine ausgedehnte Reise durch Europa und Afrika machen wollten. Schließlich landeten wir in Spanien, wo wir noch ein Jahr blieben und ich Flamenco tanzen lernte, während Ira seiner Arbeit als Fotograf nachging.

Nach zwei Jahren im Ausland kehrten wir nach New York zurück und gaben unser Wanderleben auf, um eine Familie zu gründen. Kurz vor Amaras Geburt zogen wir in ein Haus mit Meerblick in Hull im Staat Massachusetts, auf der Südseite von Boston. Allerdings kriselte es bereits damals in unserer Ehe, und zwei Jahre später ließen wir uns scheiden. Ira kümmerte sich jedoch weiter viel um seine Tochter, und zwischen ihm und mir entwickelte sich nun ein freundschaftliches Verhältnis, das wir nicht für möglich gehalten hätten, als wir noch verheiratet waren.

Ein Jahr nach der Scheidung trat ein neuer Mann in mein Leben. David und ich blieben zehn Jahre zusammen, davon drei Jahre als Ehepaar. Während dieser Zeit gründete ich den örtlichen Kulturverein, eröffnete eine Tanzschule und trat bei verschiedenen Inszenierungen in unserem Städtchen auf. Leider endete auch diese Ehe mit einer Trennung. Offensichtlich lag mir der Ehestand nicht besonders, doch obwohl ich von nun an vor dem Heiraten zurückschreckte, hieß das keineswegs, daß ich nicht mehr an die große Liebe glaubte.

Und das bringt mich zum Frühjahr 1985. Ich war fünfundvierzig Jahre alt, und es ging mir gut. Ich war frisch verliebt – würde ich denn nie etwas dazulernen? – und unterrichtete seit fast einem Jahr das Fach »Darstellendes Spiel« an der Brookline High School, einer wunderbaren Schule in der Nähe von Boston mit hochmotivierten Schülern.

An einem schönen Sonntagmorgen las ich beim Frühstück *Parade*, die Sonntagsbeilage des *Boston Globe*. Auf dem Titel war Cher abgebildet. Beim Durchblättern fiel mir eine attraktive, lächelnde Frau auf, die ungefähr so alt war wie ich. Sie hieß Mary Gohlke, und ich las, daß sie vor vier Jahren der erste Mensch gewesen war, der eine Herz-Lungen-Transplantation überlebt hatte. Das schien mir unvorstellbar, und so begann ich ihre Geschichte zu lesen, die damit anfing, daß sie sich müde und kurzatmig fühlte, ohne daß ein Grund erkennbar war. Nach mehreren Untersuchungen hatte ihr Arzt ihr dann mitgeteilt: »Sie haben eine sehr schwere Krankheit, die primäre pulmonale Hypertonie heißt.«

Als ich diese Worte las, wäre ich beinahe vom Stuhl gefallen. Vor anderthalb Jahren hatte mein eigener Arzt bei mir genau dasselbe diagnostiziert, aber er hatte dabei mit Sicherheit nicht von einer »sehr schweren Krankheit« gesprochen. Ich hatte ihn aufgesucht, weil mich das Tanzen ermüdete und ich beim Treppensteigen rasch außer Atem kam. Anfänglich hatte ich diese Symptome ignoriert. Du wirst eben älter, hatte ich mir gesagt. Du bist nicht in Form. Sieh zu, daß du wieder trainierst. Und nimm ein paar Pfunde ab.

Tief im Inneren aber war ich beunruhigt gewesen. Warum sollte ich plötzlich derart müde sein, wo ich doch jahrelang getanzt hatte, bei unzähligen strapaziösen Proben, aufreibenden Unterrichtsstunden und kräftezehrenden Aufführungen? Noch vor wenigen Jahren hatte ich im relativ hohen Alter von neunundreißig die anspruchsvolle Hauptrolle

in einer örtlichen Aufführung des Musicals *Oklahoma!*
getanzt. Aber jetzt war ich aus irgendeinem Grund ständig
außer Atem.

Dr. Sage, mein Kardiologe, hatte festgestellt, daß die
rechte Seite meines Herzens vergrößert war. Nach weiteren
Untersuchungen hatte er gesagt, ich litte unter primärer
pulmonaler Hypertonie, Lungenhochdruck. Er führte das
nicht weiter aus, und – was mir heute unverständlich ist –
ich hatte damals auch nicht nachgefragt. Aber wenn er das
Wort »schwer« oder sogar »Krankheit« gebraucht hätte,
hätte ich mich bestimmt daran erinnert.

»Die gute Nachricht ist, daß Sie keine Operation brauchen«, hatte er gesagt. »Wir können dieses Problem mit Medikamenten unter Kontrolle halten.«

Obwohl die Medikamente keine große Wirkung zeigten,
war ich der Meinung, ich hätte zwar Beschwerden, aber
keine richtige Krankheit. Es ist unglaublich, aber es war mir
nicht in den Sinn gekommen, mich genauer über primäre
pulmonale Hypertonie (PPH) zu informieren oder den Begriff auch nur in einem Gesundheitslexikon nachzuschla-
gen. Und jetzt las ich in *Parade*, daß PPH die Blutgefäße der
Lunge verengt, wodurch das Herz gezwungen ist, immer
stärker zu arbeiten.

Als ich weiterlas, erfuhr ich noch etwas, das mich wie ein
gigantischer Hammerschlag traf: PPH war mehr als nur
eine schwere Krankheit. Sie war unheilbar.

Oh, mein Gott.

Ich sagte Amara nichts davon. Sie war dreizehn, also sicher alt genug, meine Befürchtungen zu verstehen. Aber
warum sollte ich sie jetzt beunruhigen? Vielleicht zog ich
vorschnelle Schlüsse. Doch als ich Dr. Sage aufsuchte, bestätigte er mir, daß es korrekt war, was ich über PPH gelesen hatte. Er erklärte, das Wort »primär« bedeute, daß diese
Krankheit keine nachweisbare Ursache habe; ebensowenig
kenne man ein Heilmittel dafür. Er habe mir dies nicht
früher mitgeteilt, weil er mich nicht beunruhigen wollte.

Außerdem handele es sich bei mir um einen ziemlich leichten Fall.

Ich fragte Dr. Sage, ob ich eine Herz-Lungen-Transplantation in Erwägung ziehen sollte. Ich kam mir zwar etwas albern vor, daß ich mich nach einer derart drastischen Lösung erkundigte, doch ich hatte nicht die Absicht, noch vor meinem fünfzigsten Geburtstag zu sterben. Und nach dem, was ich gerade über PPH erfahren hatte, schien es kaum einen Mittelweg zwischen Nichtstun und dem Ergreifen extremer Maßnahmen zu geben. Es heißt immer, daß uns während einer Krise klar wird, welche Dinge in unserem Leben Vorrang haben, und als ich die Wahrheit über meine Krankheit erfuhr, standen meine Prioritäten so sonnenklar vor mir, daß man hätte hindurchsehen können. Ich wollte am Leben bleiben, und ich wollte, daß Amara weiter eine Mutter hatte.

»Glücklicherweise«, sagte der Arzt, »sind Sie ja noch bei guter Gesundheit. Später, wenn sich das ändert, könnte ich mir vorstellen, daß eine Transplantation Ihre letzte Trumpfkarte sein könnte.«

Als ich hörte, wie dieser vorsichtige, gewissenhafte Mann eine so entsetzliche Prozedur für eventuell nötig hielt, überlief mich ein Schauer. Das war doch verrückt! Vor einer Woche hatte ich nicht einmal gewußt, daß ich krank war, und jetzt redete ich plötzlich mit meinem Arzt über die Möglichkeit, ein neues Herz und eine neue Lunge zu bekommen. Es wollte mir einfach nicht in den Kopf.

Gegen Ende des Gesprächs machte es jedoch plötzlich bei mir Klick. Damals war es mir nur vage bewußt, aber heute weiß ich, daß an jenem Tag eine grundlegende Wende in meinem Bewußtsein eintrat. Mir wurde klar, daß meine Unwissenheit in bezug auf PPH mir nur schadete und daß Dr. Sages Beschwichtigungen mich davon abhielten, selbst die Verantwortung für meine Gesundheit zu übernehmen. Ich beschloß, zwar weiterhin ärztlichen Rat einzuholen – aber diese Krankheit war mein Problem, und die Verantwortung lag bei mir! Deshalb würde ich als erstes soviel wie möglich darüber in Erfahrung bringen.

War es falsch von Dr. Sage gewesen, mir nicht die ganze Wahrheit über meine Krankheit zu sagen? Heute finde ich diese Frage komplizierter als früher. Einerseits meine ich: Ja, er hätte mir auf jeden Fall gleich reinen Wein einschenken sollen. Andererseits ist es allzu einfach und auch ein bißchen zu bequem, in diesem Fall alles allein dem Arzt in die Schuhe zu schieben. Ärzte werden ebensosehr von ihren Patienten wie von ihrer Ausbildung beeinflußt, und die meisten Patienten würden wichtige Entscheidungen lieber einer allmächtigen Vaterfigur überlassen.

Früher war ich auch so eine Patientin gewesen. Dr. Sage hatte mich nicht nur deshalb von der Wahrheit abgeschirmt, weil er es für das Beste hielt, sondern auch, weil ich als passive, fügsame Patientin ihn geradezu darum gebeten hatte. Jetzt aber, da ich mich anschickte, mir selbst das Leben zu retten, war es meine Pflicht, weniger die Rolle der Patientin zu spielen (was ja von lat. *patiens*, geduldig, kommt), sondern mich statt dessen mehr wie eine kritische Verbraucherin zu verhalten. Ich befand mich plötzlich auf einem Kriegsschauplatz, und es war Zeit, den Kampf aufzunehmen.

Doch das war leichter gesagt als getan. Obwohl ich mir fest vorgenommen hatte, mich über PPH kundig zu machen, fand ich es enorm schwierig, den Vorsatz wirklich auszuführen. Ich hatte Angst, und das wenige, was ich über diese Krankheit wußte, war schon schlimm genug; eigentlich war ich nicht scharf darauf, noch mehr zu erfahren. Meine Unwissenheit machte mich nicht gerade selig, doch als nahe Verwandte der Verdrängung schien sie doch ein wenig Trost zu bieten. Vielleicht konnten die schlechten Nachrichten noch etwas warten.

Aber als ich merkte, wie ich wieder in meine alte Rolle fiel, unternahm ich doch einen Vorstoß. Natürlich habe ich Angst, sagte ich mir, aber ich darf ihr nicht nachgeben. Ich muß sie überwinden und die Lage irgendwie in den Griff bekommen. Ich habe eine furchtbare Krankheit, und damit ich darüber nachdenken kann, was ich tun soll, muß ich mir erst möglichst viel Wissen aneignen. Schließlich handelt es sich weder um Krebs noch um eine Herzkrankheit, bei denen es sich ein Patient leisten kann, nicht richtig hinzugucken, weil die Ärzte soviel Erfahrung damit haben. PPH dagegen war so selten, daß die meisten Ärzte nichts darüber wußten. Mein Internist hatte noch nie einen Patienten gehabt, der daran litt, und bald wußte ich, warum: Unter einer Million Menschen hat nur einer diese Krankheit. Kein Wunder, daß mein Internist mich an einen Lungenspezialisten überwies.

Vor dem Termin hatte ich nur eine einzige Hoffnung: Der Lungenarzt würde mir mitteilen, daß Dr. Sage sich geirrt hatte und ich an irgend etwas litt, das zwar große Ähnlichkeit mit PPH hatte, aber weit weniger gefährlich war. Doch der Arzt bestätigte die Diagnose und empfahl mir, täglich eine Aspirintablette zu nehmen, zur Blutverdünnung. Das deprimierte mich erst richtig, denn es schien die erbärmliche Schwäche meines Waffenarsenals zu symbolisieren. Da hatte ich nun eine tödliche Krankheit, und es sollte nichts Besseres dagegen geben als lausiges Aspirin?

Ich rief bei den National Institutes of Health in Bethesda an und bat, mir alles zu schicken, was sie über PPH hatten. Ich kaufte mir auch Mary Gohlkes Buch *I'll Take Tomorrow*. Wie ich befürchtet hatte, war die Darstellung von PPH darin viel grausiger als in dem kurzen Buchauszug, den ich in *Parade* gelesen hatte. Beim Umblättern bemerkte ich mehr als einmal, daß meine Hand zitterte. Wie sollte ich je mit all den von Mary geschilderten körperlichen und emotionalen Problemen fertig werden, die mich in Angst und Schrecken versetzten?

Die Probleme beim Atmen waren bereits schlimm genug, doch was mich wirklich erschütterte, war das emotionale Leid. Ich mußte weinen, als ich las, wie Marys Mann über den Frühstückstisch hinweg nach ihrer Hand griff und sie behutsam fragte, wo sie beerdigt werden wollte. Oder als sie ihrem halbwüchsigen Sohn unter Tränen erklärte, daß sie sterben müßte. Würde ich bald gezwungen sein, so ein Gespräch mit Amara zu führen? Bisher hatte ich nicht viel über meine Krankheit gesagt, und sie hatte mir keine Fragen gestellt. Aber früher oder später würde ich mit ihr sprechen müssen. Wo sollte ich die Kraft dazu finden?

In gewisser Weise hatte ich sie bereits gefunden. Obwohl mir manches in Marys Buch Angst einjagte, inspirierte mich ihr Mut und die Art und Weise, wie sie ihr dahinschwindendes Leben in die Hand nahm. Ihre Ärzte hatten versucht, sie von ihrem Wunsch nach einer Transplantation abzubringen, weil die Operation gefährlich und noch im Erprobungsstadium war. Und das war sie damals wirklich noch. Doch Mary hatte für sich entschieden, daß eine riskante Operation immer noch besser war als ein langsamer, schmerzhafter Tod, und das sah ich genauso.

Jetzt hatte ich wenigstens ein Vorbild, eine Vorkämpferin, die dieselbe Krankheit durchgemacht und überlebt hatte. Solange Mary am Leben war, gehörte PPH nicht zu den ausnahmslos tödlich verlaufenden Krankheiten. Jetzt gab es einen Präzedenzfall und damit Grund zur Hoffnung.

Als ich das Buch zu Ende gelesen hatte, griff ich zum Hörer und rief die Verfasserin an. So etwas hatte ich noch nie getan, doch Mary lebte in Phoenix, ihre Nummer stand im Telefonbuch, und ich brauchte sie nur zu wählen. Es war kaum glaublich, aber wenige Augenblicke nach Beendigung des Buches, das mein Leben schon jetzt verändert hatte, sprach ich mit der Autorin.

Das heißt, sprechen konnte man es nicht nennen, denn als sie »Hallo?« sagte und ich »Mary Gohlke?«, was sie mit »Ja« bestätigte, war es mit meiner Fassung vorbei – ich brach in Tränen aus. Ich versuchte ihr zu erklären, weshalb ich anrief, und das war schwierig, weil ich es nicht genau wußte. Ich wollte einfach nur ihre Stimme hören, denn das bedeutete, daß sie immer noch am Leben war, und das wiederum bedeutete, daß auch ich vielleicht überleben könnte.

»Machen Sie sich nichts draus«, sagte sie. »Ich habe das Buch für Sie geschrieben und für die anderen, die diese beängstigende, einsame Zeit durchstehen müssen. Ich möchte Ihnen etwas raten: Denken Sie positiv, denn eine optimistische Einstellung kann Ihrem Immunsystem helfen. Und setzen Sie sich jeden Tag ein Ziel – selbst an solchen Tagen, an denen Sie weiter nichts wollen, als bis zum nächsten Tag am Leben zu bleiben. Finden Sie die Kraft zum Durchhalten, und geben Sie niemals auf.«

Ich hörte ihr genau zu, denn ich wußte, daß ich diesen Rat vielleicht schon bald nötig haben würde.

Vorläufig aber konzentrierte ich mich auf die Unterlagen, die ich aus Bethesda erhalten hatte – auf jedes einzelne unerbittliche Wort. Unterm Strich, das wußte ich bereits, war PPH unheilbar. Die Krankheit schwächt die Muskeln in der Lungenarterie und ihren Verzweigungen, bis der Blutdruck in den Lungen zum Versagen der rechten Herzseite führt. Ich erfuhr dabei auch, daß PPH oft schwer zu diagnostizieren ist, und das bedeutete, so dachte ich, daß es noch schlimmer hätte kommen können. Wozu es auch gut sein mochte, jedenfalls hatte Dr. Sage die Krankheit frühzeitig erkannt.

Aus der Literatur über PPH ergab sich auch, daß die Krankheit bei jedem Menschen anders verlief. Dr. Sage hatte das bereits erwähnt, aber er hatte mir nicht gesagt, daß trotzdem fast alle, die an PPH litten, etwas gemeinsam hatten: Innerhalb von drei bis fünf Jahren waren sie tot.

Im Laufe der nächsten Wochen verstärkten sich meine Symptome merklich. Je heißer der Sommer wurde, desto größer wurde die Müdigkeit, die ich bereits das ganze Schuljahr hindurch gespürt hatte. An schlechten Tagen mußte ich meine gesamte Energie aufbieten, nur um mir morgens das Gesicht zu waschen und die Zähne zu putzen.

Danach war ich so erschöpft, daß ich mich wieder hinlegen mußte.

Amara war im Sommercamp, doch Gott sei Dank kümmerte sich mein Freund Alan um mich. Er kam oft vorbei, doch ich konnte ihm anmerken, daß es für ihn immer schwieriger wurde, mit ansehen zu müssen, wie aus der starken, energiegeladenen Frau, die er seit Jahren kannte, eine bleiche Schattengestalt wurde. Anfang August fiel es mir immer schwerer, meinen Körper durch die Gegend zu schleppen. Was sollte nur aus meinem Unterricht werden, der Anfang September wieder losgehen sollte? Mein derzeitiger Job war der beste, den ich je gehabt hatte, und ich konnte es kaum erwarten, daß die Schule wieder anfing. Doch würden meine Kräfte ausreichen, um weiter zu unterrichten?

Nein, sie reichten nicht. Die Schuldirektion verhielt sich großartig. Man versicherte mir, daß ich den Job jederzeit wiederbekommen könne, wenn es mir wieder gut genug ginge, und sie zahlten sogar mein Gehalt weiter. Ich staunte, daß ich so gut behandelt wurde, obwohl ich dort erst ein Jahr gearbeitet hatte, und war dankbar dafür.

Wenn ich über das vergangene Jahr nachdachte, konnte ich kaum glauben, wie gründlich ich meinen wahren Gesundheitszustand ignoriert und geleugnet hatte. Obwohl ich mich mit jedem Monat erschöpfter fühlte, hatte ich immer so getan, als sei alles in Ordnung. Im Frühjahr hatte ich auf der Treppe zur Cafeteria oft das Gefühl, daß ich mich in eine jüngere Ausgabe meiner Großmutter verwandelte. Am Ende ihres Lebens hatte sie immer, wenn sie langsam die abgetretene Holztreppe zu ihrer Wohnung heraufstieg, gesagt: »Is' nich' gut, gar nich' gut«, während ich dicht hinter ihr herging und ihre schweren Einkaufstaschen schleppte. Sie kam mir damals entsetzlich alt vor, diese zerbrechliche kleine Frau, die mir soviel bedeutete, doch jetzt wußte ich, was sie meinte. Ich war erst Mitte Vierzig, aber nun wußte ich es. Is' nich' gut, Oma. Gar nich' gut.

Ich versuchte meine Erschöpfung zu verbergen. Ich wollte nicht, daß irgend jemand wußte, wie schwach ich war, inklusive meiner eigenen Person. Wenn andere Lehrer in der Nähe waren, erfand ich schnell eine Ausrede. »Gehen Sie ruhig schon vor«, sagte ich dann. »Ich muß nur noch etwas suchen.« Dann wühlte ich in meiner Tasche herum, bis die Kollegen außer Sichtweite waren.

Während des Herbstsemesters hatte ich auf dem Boden gesessen, wenn ich die Schüler bei ihren Aufwärmübungen anleitete, doch im Frühjahr konnte ich nicht einmal mehr die Fenster allein öffnen oder schließen. Wir bereiteten eine Aufführung von *Pippin* vor, und mein Koregisseur sagte später zu mir, er habe damals gedacht, ich hätte keine Lust mehr und führte mich wie eine verwöhnte Prinzessin auf.

Eines Tages bei der Probe beobachtete ich eine von mir choreographierte Tanzszene, und mir fiel auf, daß ein Schritt nicht richtig aussah. Ich war so auf das Stück konzentriert, daß ich vergaß, wie schlecht es mir ging, und die drei Stufen zur Bühne hinaufsprintete. Als ich keuchend stehenbleiben mußte, weil ich das Gefühl hatte, ich sei kurz vor dem Zusammenbrechen, bekamen die Schüler es mit der Angst zu tun. »Claire, ist alles in Ordnung?«

»Ja, natürlich, ich bin gleich wieder soweit.«

Noch immer wußte niemand Bescheid. Wenn der Unterricht vorbei war, fuhr ich nach Hause und ließ mich aufs Bett fallen. Amara war zum Basketballspielen gegangen. Ein paar Minuten später stürmte sie in die Wohnung, ein Bild des Lebens mit ihren von der frischen Luft geröteten Wangen. Ich kann mich noch gut daran erinnern, daß mir in diesem Augenblick der Kontrast zwischen meinem blühenden Kind und meinem vorzeitig gealterten Körper besonders schmerzlich bewußt wurde.

Manchmal war ich auf die Schüler und Lehrer neidisch gewesen, die rund um mich herum die Treppen förmlich heraufzufliegen schienen. Aber ich behielt mein Geheimnis weiter für mich, da die Arbeit an dieser Schule so spannend und anregend war. Ich unterrichtete einen neuen, experimentellen Kurs, der sich mit Streßabbau durch Meditation und andere Techniken befaßte. Ich hatte vor, alle möglichen praktischen Fertigkeiten vorzustellen, die sich im Alltag anwenden lassen und die ich selbst gern schon in meiner Schulzeit gelernt hätte. Bei den Jugendlichen stieß dies auf enorme Begeisterung. Es war einleuchtend, daß die Schüler einer so anspruchsvollen und ambitionierten High-School die Gelegenheit begrüßten, Techniken zum Streßabbau zu erlernen. Es schien ihnen Spaß zu machen zu erfahren, wie man mit Hilfe von Stretching, Yoga, Meditation und sonstigen Techniken wieder einen klaren Kopf bekommt.

Im September rief ich Dr. Sage an, um ihm zu berichten, daß sich meine Symptome verschlechtert hatten. Er wollte weitere Untersuchungen vornehmen, darunter eine Herzkatheterdarstellung, eine unangenehme Prozedur, bei der ein winziger Schlauch in eine Vene eingeführt und dann ganz bis ins Herz vorgeschoben wird. Man bekommt dabei eine örtliche Betäubung, so daß es im allgemeinen nicht weh tut. Aber ich finde es immer wieder unheimlich, wenn der Katheter sich schlangelnd seinen Weg durch meinen Körper sucht; ich komme mir dabei schrecklich wehrlos vor. Leider gibt es keine andere Methode, um die Blutdruckwerte in der rechten Herzseite und in der Lungenarterie präzise festzustellen.

Ich hatte diese Prozedur schon einmal mitgemacht, damals, als Dr. Sage feststellte, daß ich PPH hatte. Als ich nun mit düsterer Miene auf meine zweite Katheteruntersuchung wartete, fiel mir wieder ein, was ich von Dr. Herbert Benson gelernt hatte, der mir beim erstenmal zur Seite gestanden hatte. Als ich ihm von meinen Ängsten erzählte, hatte er mir geraten, mich bewußt von dem Vorgang zu distanzieren. »Sie können dabei sogar auf dem Monitor zusehen«, hatte er mir erklärt. »Versuchen Sie sich während der Untersuchung vorzustellen, daß Sie sich auf einer anderen

Ebene befinden und von oben auf das Geschehen hinabblicken, und dabei denken sie: Ist das nicht interessant!« Ich versuchte es, und es half tatsächlich.

Ich hatte Dr. Benson 1974 kennengelernt, als ich nach der Scheidung von Ira Bluthochdruck bekam. Man verschrieb mir dagegen Tabletten, aber mir gefiel die Vorstellung nicht, mein Leben lang ein starkes Medikament einzunehmen. Es mußte doch irgendeine natürlichere Methode geben, um dieses Problem zu lösen, obwohl ich mir nicht recht vorstellen konnte, welche.

Zufälligerweise war kurz davor in der *New York Times* ein Artikel über die innovative Arbeit Herb Bensons erschienen. Er benutzte nämlich Entspannungstechniken, um physische Störungen wie Migräne, Herzrhythmusstörungen und vor allem Bluthochdruck zu behandeln. Ich ließ mir einen Termin bei ihm geben, und während dieses ersten Besuchs lehrte mich Dr. Benson im Verlauf von etwa zehn Minuten, wie man meditiert.

Ein Zehn-Minuten-Kurs in Meditation – das hört sich sicher reichlich oberflächlich an, aber so simpel ist es nicht. Benson hatte die Grundideen der Transzendentalen Meditation genommen und sie auf die wichtigsten Punkte reduziert: Setze dich schweigend auf einen bestimmten Platz, wo du ungestört bist. Schließe die Augen. Entspanne alle Muskeln, wobei du mit den Füßen beginnst und nach und nach zum Kopf kommst. Atme durch die Nase ein und durch den Mund aus, und bei jedem Ausatmen sage innerlich ein bestimmtes Wort oder ein kurzes Gebet. (Benson schlug das Wort *one*, eins, vor, das ich bis heute benutze.) Bleibe zwanzig Minuten lang so sitzen. Wenn du durch irgendwelche Vorstellungen abgelenkt wirst – und das passiert auf jeden Fall –, laß diese Gedanken behutsam los und konzentriere dich auf deine Atmung.

Es gibt eine Tendenz, das Meditieren als etwas Komplizierteres und Mysteriöseres hinzustellen, als es wirklich ist, wobei es, wie ich wohl weiß, manchen Leuten tatsächlich sehr schwerfällt. Ich begann jedenfalls zweimal am Tag zu meditieren, und innerhalb eines Monats war mein Blutdruck so dramatisch gefallen, daß ich mit der Hälfte der Medikamente auskam.*

Warum fiel mir die Meditation so leicht? Erstens hatte ich ein wesentliches Erfolgsmotiv: Meine Gesundheit hing davon ab. Zweitens hatte ich als Tänzerin Übung darin, mich zu konzentrieren und meine geistigen Kräfte zur Kontrolle meines Körpers einzusetzen. Und schließlich hatte ich vor meiner Entbindung die Methode der natürlichen Geburt erlernt, und auch da spielt das konzentrierte, kontrollierte Atmen eine wichtige Rolle. Meine Wehen dauerten sechzehn Stunden, und im Vergleich damit, das können Sie mir glauben, ist ein bißchen Meditieren nicht so furchtbar schwierig.

Ich meditiere nun seit zwanzig Jahren jeden Morgen und kann mir mein Leben nicht mehr anders vorstellen. Die von der Meditation bewirkte Klarheit des Geistes hilft mir nicht nur beim Umgang mit Streß, sondern führt oft zur Lösung von Problemen, die mich bedrücken, ohne daß mir dies völlig bewußt ist.

Wie ich befürchtet hatte, waren die Ergebnisse meiner zweiten Katheteruntersuchung trostlos. Der Blutdruck in meiner Lunge hatte sich mehr als verdoppelt. »Ihre Krankheit schreitet rasch voran«, sagte Dr. Sage. »Ich werde an das Johns-Hopkins-Universitätskrankenhaus schreiben, ob sie bereit sind, eine Eingangsuntersuchung bei Ihnen zu machen.«

»Meinen Sie, für eine Transplantation?«

»Ja.«

* Ich gehörte damals zu einer großen Zahl von Patienten, die ihren Blutdruck durch Meditation senkten, und zwar innerhalb eines Forschungsprojekts, das zur Grundlage von Dr. Bensons 1975 veröffentlichtem Buch (deutsch 1978) *Gesund im Streß. Eine Anleitung zur Entspannungsreaktion* wurde.

Ich seufzte. Mir war bekannt, daß dies eines von nur drei medizinischen Zentren im ganzen Land war, wo Herz-Lungen-Transplantationen durchgeführt wurden. Wenn selbst ein Optimist wie Dr. Sage eine Organverpflanzung in Betracht zog, dann war ich wirklich schlimm dran.

»Bis dahin geben wir Ihnen ein Blutverdünnungsmittel, und wahrscheinlich werden Sie auch Sauerstoff brauchen.«

Das war seine Art, mir zu sagen: *Sie sind sterbenskrank und haben nicht mehr viel Zeit.*

Ich hatte nur noch einen einzigen Trumpf in der Tasche, und der schien ziemlich riskant zu sein. Marilyns Mann war Arzt in New York. Er hatte sich über PPH informiert und riet mir dringend dazu, meinen Arzt um Verschreibung eines Kalziumkanal-Blockers zu bitten. Vielleicht brächte es nichts, schränkte er ein, doch in einigen Fällen hatte diese Medikation die Kraft des Herzmuskels gesteigert. Dr. Sage war skeptisch, doch auf mein Drängen schrieb er mir widerstrebend ein Rezept für ein Medikament namens Procardia auf.

Nun stand mir das Schwerste von allem bevor. Ich mußte nach Hause fahren und mir überlegen, auf welche Weise ich Amara beibringen sollte, daß ich todkrank war. Da sie den größten Teil der Sommerferien im Camp verbracht hatte, wußte sie noch nicht, wie ernst mein Zustand war. Es gab nichts, was mich auf diesen qualvollen Augenblick hätte vorbereiten können, aber ich durfte es nicht länger vor mir herschieben.

Amara und ich haben uns immer besonders nahe gestanden. Wir haben schon miteinander getanzt, bevor sie laufen konnte. Selbst als ganz kleines Kind hat sie immer eine Rolle in den Aufführungen übernommen, die ich gerade choreographierte. Das Tanzen war auch nicht unsere einzige enge Verbindung. Als sie noch jünger war, war sie einmal mitten in der Nacht in mein Zimmer gerannt, um mir einen besonders beängstigenden Traum zu erzählen. Als sie davon zu sprechen begann, hatte ich die Lücken in ihrer Erzählung zu füllen begonnen, noch bevor sie sie formulieren konnte. Wir mochten es beide nicht recht glauben, aber wir hatten tatsächlich gleichzeitig denselben Traum geträumt.

Und nun sollten wir denselben Alptraum miteinander teilen. Als ich vom Krankenhaus nach Hause kam, ging ich direkt in ihr Zimmer. Ich setzte mich zu ihr auf das weiße Daunendeckbett, nahm ihre Hand und erzählte ihr einfach, was Dr. Sage gesagt hatte. Es bestehe die Möglichkeit, sagte ich, daß ich die Bedingungen für eine Herz-Lungen-Transplantation erfüllte, doch könnten wir uns nicht darauf verlassen. Selbst wenn ich angenommen würde, sei die Warteliste sehr lang, weil die Zahl der Menschen, die Organe benötigten, immer größer sei als die der Spender.

Wenn es darum ging, Gefühle zu zeigen, waren Amara und ich schon immer sehr verschieden. Selbst vor meiner Erkrankung wollte sie selten darüber sprechen, was in ihrem Inneren vorging. Nachdem ich ihr meine Lage erklärt hatte, behielt sie ihre Gefühle für sich. Die nächsten zwei Tage kam sie nicht aus ihrem Zimmer. Ich sah sie nie weinen, doch ihre Augen waren rot und geschwollen. Ich dagegen weinte für zwei – ich weinte wegen Amara, die noch zu jung war, um diese furchtbare Belastung ertragen zu müssen, und auch meinetwegen.

Ich wußte nun schon eine ganze Zeit lang, daß ich nicht bis ins hohe Alter leben würde. Aber die letzten Neuigkeiten waren niederschmetternd. Vor allem anderen wünschte ich mir, wenigstens so lange durchzuhalten, bis Amara die Schule beendet hatte. Sie war gerade erst auf die Brookline High School gekommen, obwohl es ihr nicht sonderlich gefiel, dieselbe Schule zu besuchen, an der ihre Mutter unterrichtete. Wir hatten darüber gelacht, und ich hatte meiner Tochter versprochen, daß ich mir alle Mühe geben würde, um sie nicht in Verlegenheit zu bringen. Aber das war jetzt kein Thema mehr. Morgen würde ich im Personalbüro anrufen und mitteilen, daß ich nicht wüßte, ob ich je wieder gesund genug würde, um an die Schule zurückzukehren.

Ich fühlte mich so hilflos. Lieber Gott, laß mich nicht sterben! Und bitte beschütze Amara, die mir mehr bedeutet als mein eigenes Leben. Kannst Du mich nicht noch so lange leben lassen, bis sie mit der Schule fertig ist?

Dr. Sage hatte mir versprochen, sich mit dem Johns-Hopkins-Krankenhaus in Verbindung zu setzen, und ich hoffte, daß sie mich für die Eingangsuntersuchung annehmen würden. Doch bei meinem derzeitigen Zustand war es schwer vorstellbar, daß ich das Haus verlassen, geschweige denn nach Baltimore fliegen konnte. Dr. Sage hatte mir aufgetragen, mich um eine regelmäßige Lieferung von Sauerstoff zu kümmern, außerdem mußte ich noch das verschriebene Blutverdünnungsmittel und das von Mort empfohlene Medikament besorgen. Doch all das würde bis zum nächsten Morgen warten müssen. Jetzt war ich einfach zu erschöpft und deprimiert, um auch nur daran zu denken.

Am nächsten Tag ging Alan für mich zur Apotheke, und ich nahm die erste Dosis Procardia. Ich bin neuen Medikamenten gegenüber immer mißtrauisch, denn ich pflege selbst auf winzige Dosen sehr heftig zu reagieren. Ich dachte mir zwar, daß ich bei dem Versuch mit Procardia wenig zu verlieren hätte, aber Angst hatte ich trotzdem.

Eine halbe Stunde, nachdem ich die erste Pille genommen hatte, stand ich auf, setzte mich auf einen Stuhl und wartete darauf, keine Luft mehr zu bekommen. Aber nichts geschah. Ich ging in die Küche und wartete auf die unvermeidliche Atemnot. Wieder passierte nichts.

Es war nicht zu fassen! Es war eine so abrupte und dramatische Veränderung, daß ich schon halb befürchtete, ich würde träumen. Nachdem ich die zweite Pille genommen hatte, stellte ich mich ans Fenster und sah auf die Straße hinunter. Ein junges Pärchen ging vorüber, und ein Junge rannte an ihnen vorbei. Zum erstenmal seit Monaten war ich nicht neidisch. Ich beobachtete den Jungen, ohne mich von seiner bloßen Jugend rühren zu lassen.

Nein, es war kein Traum! Ich begann mich wieder als

ganzer Mensch zu fühlen, wie ein Kind, das laufen lernt. Ich brauchte keinen Sauerstoff mehr, und ich nahm das Blutverdünnungsmittel nicht mehr ein. Im Laufe der nächsten Wochen kehrten meine Kräfte fast vollständig zurück. Das Treppensteigen fiel mir immer noch schwer, aber verglichen mit der Zeit davor war das gar nichts. Wieder einmal machte ich mich auf, in die Welt hinauszugehen. Und erstaunlicherweise stellten sich keine Nebenwirkungen ein.

Aber ich wußte natürlich auch, daß ich nicht geheilt war. Mort hatte mich gewarnt, daß Procardia, auch wenn es wirkte, doch nur eine zeitweilige Lösung war. Irgendwann würde das Medikament seine Wirkung wieder verlieren. Ich hatte das verstanden, aber ich war so dankbar, daß es nicht mehr ständig bergab ging, daß es mir fast gleichgültig war.

Plötzlich hatte ich sozusagen eine kleine Atempause. Der Feind war – zumindest für den Augenblick – zurückgeschlagen, und das gab mir die Möglichkeit, mich für den nächsten Ansturm zu wappnen. Ich versuchte optimistisch zu sein, aber ich war mir völlig darüber im klaren, daß meine neue Wunderpille nicht ewig funktionieren würde. Ebensowenig wie ich selbst.

Jetzt hatte ich also ein paar Monate, vielleicht sogar ein paar Jahre gewonnen. Und danach – wer weiß? Ich hoffte natürlich, daß jemand ein Heilmittel für PPH entdecken würde. Aber zugleich blieb ich Realistin. Ich wußte nicht, was die Zukunft bringen würde, aber ich hatte eine ziemlich genaue Vorstellung davon. Und gerade deshalb war ich so dankbar für diese unerwartete Gnadenfrist, diese kurze geschenkte Zeit. Jetzt kam es nur darauf an, das Beste daraus zu machen.

4

Gnadenfrist

Als erstes sah ich mich nach einem neuen Arzt um. Nicht nur, weil ich einen Lungenspezialisten brauchte, sondern auch, weil mir Dr. Sage eindeutig zu konservativ war. Ich teilte ihm dies in einem Brief mit, in dem ich auch schilderte, wie außerordentlich vorteilhaft sich Procardia bei mir auswirkte. Ich verkniff mir jedoch, hinzuzufügen, daß ich mich darüber ärgerte, daß er dem Medikament so skeptisch gegenübergestanden hatte und daß er mich nicht früher darüber informiert hatte, daß ich an einer schweren, unheilbaren Krankheit litt. Wenn er auch nicht der richtige Arzt für mich war, so hatte ich ihn als Menschen doch wirklich sehr gern und war überzeugt, daß er in gutem Glauben gehandelt hatte.

Der Arztwechsel war ein Anfang, doch ich wollte noch weiter gehen. Was ich suchte, war – wie mir jetzt klar wurde – mehr, als man von einem Mediziner vernünftigerweise erwarten konnte. Ich wußte intuitiv, wenn auch noch nicht mit dem Verstand, daß das Feld der Schulmedizin für die Fragen und Probleme, vor denen ich jetzt stand, einfach zu begrenzt war. Zwar war ich auf soviel medizinische Sachkenntnis angewiesen, wie ich nur finden konnte, doch zugleich war ich auf der Suche nach jemandem, der mir sowohl emotional wie spirituell dabei helfen konnte, mich auf den Tod vorzubereiten.

Eins stand fest: Dieser Jemand war mit Sicherheit nicht der kühle Psychotherapeut, zu dem ich in den letzten Monaten gegangen war, um den Tod meiner Mutter und meine zweite Scheidung zu verarbeiten. Er war mir wärmstens empfohlen worden und hatte mir eine Zeitlang auch geholfen, doch paradoxerweise nur so lange, bis ich ihn wirklich brauchte. Als ich ihm mitteilte, daß ich todkrank sei, reagierte er auf diese niederschmetternde Nachricht in einer raschen, automatischen und fast schon roboterhaften Weise. Wie immer saß er hinter seinem ausladenden Schreibtisch, der seine Gestalt fast ganz verbarg und in diesem Moment fast wie ein Symbol für die große Distanz zwischen uns wirkte. »Ach so, ja«, sagte er, als ich ihm die bedrückenden Ergebnisse der letzten Untersuchungen und deren deprimierende Bedeutung mitteilte. »Also, Sie können jetzt damit rechnen, daß Sie fünf verschiedene Phasen durchlaufen. Im ersten Stadium …«

Meinte er das im Ernst? Ich hatte ihm gerade gesagt, daß ich sterben würde, und er wollte mir einen Vortrag über die fünf Phasen der Trauer halten! Nein, danke; das konnte ich in einem Buch nachlesen! Mir war bereits vage bewußt gewesen, daß zwischen uns nicht gerade eine starke emotionale Beziehung bestand und von ihm nicht viel Empathie ausging. Aber nun war nicht mehr zu übersehen, daß dieser Mann mir bestimmt nicht helfen konnte, mit meiner eigenen Sterblichkeit umgehen zu lernen, dem Ursprung aller wesentlichen Fragen. Ich beendete die Beziehung sehr schnell.

Seit einiger Zeit hatte ich immer wieder von einem New-Age-Therapeuten gehört, der auf die Behandlung von Klienten mit lebensgefährlichen Krankheiten spezialisiert war und seine ganz persönliche Mischung aus Psychotherapie und Spiritualität praktizierte. Rick Pisani, so hieß er, hatte Medizin studiert und eine konventionelle Ausbildung zum Psychotherapeuten gemacht, doch war ihm schon zu Anfang seiner Karriere klar geworden, daß er sich vordringlich für ganzheitliche und alternative Behandlungsmethoden interessierte. Auch wenn ich mir noch nicht sicher war, wonach ich eigentlich suchte, hörte sich dieser Mann vielversprechend an, und ich ließ mir einen Termin bei ihm geben.

Seine Praxis befand sich im zweiten Stock einer statt-
lichen alten Villa aus dem letzten Jahrhundert. Wandtäfe-
lungen und Perserteppiche auf den Fußböden verliehen dem
Haus Wärme und Individualität. Ich hatte einige Mühe, die
lange Treppenflucht zum Sprechzimmer zu bewältigen,
doch als ich endlich oben angelangt war, empfand ich sofort
Sympathie für den warmherzigen, freundlich aussehenden
Mann mit gepflegtem Bart, angegrautem Haupthaar und
einer außerordentlich ausdrucksvollen Mimik. Mir fiel
gleich auf, daß sich die Stühle in dem gemütlichen Sprechzimmer gegenüberstanden, ohne irgendeinen trennenden
Schreibtisch dazwischen. Hier fühlte ich mich sofort heimisch, und das stimmte mich optimistisch hinsichtlich seiner Fähigkeit, mir zu helfen.

Ich gab ihm einen raschen Überblick über die wichtigsten
Ereignisse im Verlauf meiner Krankheit. »Irgendwann im
nächsten oder übernächsten Jahr«, sagte ich, »wird das Medikament keine Wirkung mehr zeigen. Und wenn ich nicht
das Glück habe, eine Herz-Lungen-Transplantation zu bekommen, werde ich sterben. Ich bin zu Ihnen gekommen,
weil ich jemanden suche, der mir in dieser Zeit beisteht. Ich
will nicht sterben, aber wenn mir keine andere Wahl bleibt,
möchte ich dem Tod mit einem Gefühl der Gelassenheit
entgegensehen können. Ich meditiere jeden Tag, aber ich
habe das Bedürfnis nach irgend etwas, das noch tiefer geht.
Außerdem mache ich mir Sorgen um meine Tochter und
was aus ihr werden soll, wenn ich tot bin.«

»Das ist verständlich«, sagte er. »Lassen Sie mich ein wenig darüber erzählen, wie ich vorgehe und auf welche Weise
ich Ihnen vielleicht helfen kann. Ich arbeite in der Haupt-
sache mit Krebskranken, habe aber auch einige Klienten
mit anderen unheilbaren Krankheiten. Ich strebe eine Heilung an, aber ich möchte gleich klarstellen, was ich unter
diesem Wort verstehe. Da ich nicht als Arzt praktiziere, be-
zieht sich die ›Heilung‹ nicht auf eine Behandlungsmethode oder irgendeinen Vorgang, bei dem sich die Krank-

heit des Patienten auf wundersame Weise in Luft auflöst. Das kann zwar passieren, aber das ist eine seltene, mysteriöse Sache, die sich nicht planen läßt. So wie ich das Wort verwende, kann ein Kranker ›geheilt‹ werden und trotzdem sterben. Tatsächlich sind manche Menschen vor ihrem Tod so heil und ganz wie nie zuvor in ihrem Leben. Es hat fast den Anschein, als ob ihre körperliche Schwäche eine andere Art der Energie freisetzt.«

Ich nickte. Doch obwohl ich Dr. Pisanis Gedanken durchaus zu schätzen wußte, kam es mir so vor, als sei ihm ein bißchen zu wohl bei der Unvermeidlichkeit des Todes. Vielleicht spürte er meine Reaktion, denn er fügte hinzu: »Zugleich glaube ich aber nicht daran, daß man die Hoffnung aufgeben und mit dem Leben abschließen soll. Bei Bernie Siegel steht ein Satz, der mir gefällt: ›Im Angesicht der Ungewißheit spricht nichts gegen die Hoffnung.‹«

»Ich verstehe«, sagte ich. »Sie versprechen keine Wunder, und ich würde Ihnen auch nicht glauben, wenn Sie es täten. Aber können Sie mir erklären, worin die ›Heilung‹ dann besteht?«

»Ich will's versuchen«, sagte er, »doch es ist bei jedem Menschen ein bißchen anders, und deshalb mag sich das, was ich Ihnen jetzt sage, vielleicht etwas zu pauschal anhören. Für mich ist die Heilung ein Prozeß der Bewußtseinserweiterung. Sie wird auch noch anders definiert, zum Beispiel als die Integration von Körper und Geist in das Herz. Oder als Leben im Hier und Jetzt. Nach meiner Erfahrung gehört es im allgemeinen zur Heilung, die Beziehung zu wichtigen Bezugspersonen wieder in Ordnung zu bringen. Das bedeutet für die meisten Leute, den Menschen, die ihnen etwas bedeutet haben, zu vergeben, sie anzunehmen und mit ihnen Frieden zu schließen, selbst wenn sie in ihrem gegenwärtigen Leben keine Rolle mehr spielen.«

»Sie arbeiten anscheinend nur mit Menschen, die sterben müssen«, sagte ich. »Finden Sie das nicht ziemlich deprimierend?«

»Nein, keineswegs«, sagte er. »Wie zu erwarten, ist es manchmal traurig, aber es kommen auch viele andere Gefühle dabei auf, wie Erleichterung und sogar Freude. Wenn Menschen, die den Tod vor Augen haben, den Sinn ihres Lebens zu ergründen beginnen, kommt oft ganz viel in Bewegung. Unheilbar Kranke sind manchmal hoch motiviert und erkennen dann, daß die Krankheit ihnen eine Gelegenheit zu neuen Entdeckungen und spirituellem Wachstum bietet. Viele sind bereit, schwierige Themen zu bearbeiten, und lassen sich auch nicht entmutigen, wenn sich herausstellt, daß manche ihrer Probleme sehr kompliziert, aufwühlend oder belastend sind.«

»Und diese Arbeit machen Sie schon seit einiger Zeit?« fragte ich.

»Ja. Als ich damit begann, fiel mir auf, daß Menschen, die lebensgefährlich erkrankt sind, generell in zwei Kategorien fallen. Viele geben einfach auf, weil ihr Leben anscheinend zu Ende ist, und das wird manchmal zu einer sich selbst bewahrheitenden Voraussage. Die anderen dagegen erleben ihre Krankheit als eine große Herausforderung, der sie begegnen wollen, und ihre Motivation ist so stark, daß sie auch Behandlungen und Methoden in Betracht ziehen, die in vielen Fällen als zweifelhaft oder abwegig gelten. Ob es sich dabei um Biofeedback, Akupunktur, Rolfing, Homöopathie oder Geist-Körper-Arbeit in der Art von Herb Benson handelt – in jedem Fall sind es Techniken, die erst seit Anfang der siebziger Jahre bekannter geworden sind.«

Als ich Ricks Sprechzimmer verließ und langsam wieder die Treppe hinunterstieg, war ich ziemlich sicher, daß ich den richtigen Therapeuten gefunden hatte. Ich war bereit, es mit einem ganzheitlicheren Ansatz zu versuchen. Vor zehn Jahren war ich zum ersten Mal mit der alternativen Medizin in Berührung gekommen, als Dr. Bensons Entspannungstechniken zu den bekannten eindrucksvollen Ergebnissen geführt hatten. Seither hatte ich jeden Tag meditiert. Aus meiner heutigen Sicht war ich wahrscheinlich die perfekte Kandidatin für irgendeine Mischung aus Spirituellem und Emotionalem. Ich war Neuem gegenüber aufgeschlossen, war bereit, gegen den Strom zu schwimmen, und hatte bereits Interesse an Yoga und fernöstlichen Religionen entwickelt.

Zwei Jahre lang ging ich einmal in der Woche zu Rick, und diese Sitzungen änderten in gewisser Weise mein Leben. Er empfahl mir Bücher zu spirituellen Themen, von denen er meinte, daß sie mir helfen könnten, wie zum Beispiel: *Lieben heißt die Angst verlieren* von Gerald Jampolsky, *Krankheit: Tor zur Wandlung* von Richard Moss, *Leben, bis wir Abschied nehmen* von Elisabeth Kübler-Ross und mehrere Bücher von Stephen Levine, unter anderem *Sein lassen. Heilung im Leben und im Sterben* und *Sich öffnen ins Leben. Begegnungen und Gespräche mit Schwerkranken, Sterbenden und Trauernden.* Besonders in Levines Werken fand ich tiefgründige Einsichten, und ich kam immer wieder auf seine Bücher zurück.

Eine der wichtigsten Techniken, die mir Rick nahebrachte, war die *guided imagery,* geführte Imagination. Mit Hilfe meiner Meditationstechnik und bestimmter Atemübungen trat ich in einen Zustand tiefer Entspanntheit ein, bis ich mich auf einer Bewußtseinsebene befand, auf der meine körperlichen Empfindungen allmählich immer schwächer wurden. Nun stellte ich mir eine strahlend helle, kreisförmige Lichtquelle vor, die über meinem Kopf schwebte. In ihr verkörperte sich die heilende Kraft des Universums. Ich ließ dann die Energie dieses Lichts langsam in die Zellen meines Körpers fließen, und sie durchflutete mich, bis ich ihre Wärme und ihre Helligkeit spüren konnte. *Stellen Sie sich nun vor, daß sich diese Lichtkugel in einen laserartigen weißen Lichtstrahl verwandelt, der sich auf bestimmte Stellen in Ihrem Körper richtet, die der Heilung bedürfen. Fühlen Sie, wie sich der Strahl auf Ihr Herz richtet. Fühlen Sie, wie er sich auf Ihre Lunge richtet.*

Rick bespielte ein Tonband für mich, das ich mir jeden

Tag zu Hause anhörte. Während im Hintergrund sanfte, entspannende Musik spielte, führte mich seine beruhigende Stimme in einen meditativen Zustand, in dem ich das Licht und die davon ausgehenden heilenden Strahlen vor mir sah. Außerdem enthielt das Band noch eine Reihe von Affirmationen, positiven Denksätzen, die ich nachsprach: *Ich bin entspannt. Ich bin ruhig. Ich bin voller Frieden. Ich bin ganz.*

Wenn ich die Sitzungen hier zu beschreiben versuche, bin ich mir durchaus im klaren darüber, daß sie leicht banal und unbedarft wirken können, so als wollte ich das gängige New-Age-Psychogeschwätz parodieren. Bis zu einem gewissen Grade teile ich diese Vorbehalte, insbesondere wenn ich vom Standpunkt meiner heutigen privilegierten, angenehmen Position als gesunder Mensch auf diese Zeit zurückblicke. Doch ich glaube fest daran, daß das Aussenden positiver Botschaften und Wünsche Schwingungen auslöst, die schließlich in irgendeiner Form zu uns zurückkehren, wenn auch nicht unbedingt in der, die wir uns vorgestellt haben. Fast jeder Mensch ergeht sich gelegentlich in Tagträumen, aber wenn wir dies aktiv und bewußt tun, wenn wir eine bestimmte Vision mit einem bestimmten Ziel hervorrufen, kann uns dies Mut machen, beflügeln und Hoffnung schenken. Visualisierungen bringen uns weiter.

Als es mir sehr schlecht ging, haben mir diese inneren Bilder sehr geholfen. Wenn du krank bist und hast die Möglichkeit, einen Raum zu betreten, in dem du dich als wirklich geheilt empfindest, kann dies eine starke therapeutische Wirkung hervorrufen – zumindest, was die Seele betrifft. Und wenn es gelingt, die Seele zu heilen, tut der Körper es ihr manchmal nach. Aber selbst wenn dies nicht geschieht, ist das Heilen der Seele schon Lohn genug.

Nun möchte ich, daß Sie in Ihrer Vorstellung an einen Ort aus Ihrer Kindheit zurückkehren, wo Sie sich sicher und geborgen gefühlt haben. Sehen Sie sich wieder an diesem sicheren Ort ... Ich sah mich immer auf einer Wiese, an einem schönen Sommertag, und die Wirkung war so lebendig und echt, daß ich selbst mitten im typischen Neuengland-Winter die warme Sonne auf meinem Gesicht spüren konnte.

Trotz meiner großen körperlichen Schwäche verließ mich nie der Drang zu tanzen. Und hier, in dem sicheren und geborgenen Umfeld meiner Imagination, sah ich mich wieder tanzen – heil und gesund, gelöst, leidenschaftlich und rückhaltlos. Mehr als einmal kam mir der Gedanke – vorausgesetzt, daß es wirklich so etwas wie eine Wiedergeburt gab und wir die Umstände selbst bestimmen könnten –, daß ich im nächsten Leben noch einmal als Tänzerin geboren werden wollte, doch diesmal als eine noch bessere, mit mehr Kraft, mehr Leidenschaft, mehr Anmut und Beweglichkeit, einfach mehr von *allem*. Und dann würde ich mit noch mehr Enthusiasmus als beim erstenmal durch mein neues Leben tanzen. Diese Phantasievorstellung bereitete mir große Freude, doch wagte ich nie zu glauben, daß sie tatsächlich noch in *diesem* Leben wahr werden würde.

Als ich einmal einer Freundin von diesen Bildern voller Lebenslust erzählte, fragte sie mich, ob mich der krasse und möglicherweise schreckliche Gegensatz zwischen der wahren Realität und dem Teil meines Lebens, in dem ich wieder nach Herzenslust tanzte, nicht deprimierte oder entmutigte. Doch das passierte nie. Jedesmal fand ich diese Visionen aufbauend und tröstlich. Da sie sich ja in meinem eigenen Kopf abspielten, hatte ich immer das Gefühl, daß ich die Zügel in der Hand hatte; ich war in jeder Hinsicht die Choreographin. Wenn ich tatsächlich eine Aufführung besucht und eine andere Person auf der Bühne hätte tanzen sehen, wäre der Kontrast zwischen deren und meinen körperlichen Fähigkeiten sicher unerträglich gewesen – deshalb besuchte ich auch keine Tanzabende mehr, wie schon damals nach dem College, als es so aussah, als ob meine gerade erst begonnene Tanzkarriere bereits zu Ende sei. Aber bei diesen privaten Aufführungen auf der Bühne meiner Phantasie

tanzte ich so gut wie in meinen besten Zeiten und insze-
nierte die Schritte nach der Musik, die ich in meinem Inneren hörte. Ich war wirklich ganz und gar »da«, und die heil-
same Wirkung dieser Sitzungen auf meine Psyche hielt
noch lange Zeit hinterher an.

Rick war an den unterschiedlichsten Behandlungstech-
niken interessiert, doch nicht alles, was er vorschlug, half
mir auch. Rolfing, eine Form der Tiefenmassage, zeigte bei
mir kaum eine Wirkung. Rick hatte bei Ida Rolf studiert,
der Erfinderin dieser Technik, bei der verschiedene Muskeln und Bindegewebe intensiv und oft schmerzhaft ge-
streckt werden. Die zugrundeliegende Vorstellung finde ich
einleuchtend, daß nämlich die Bearbeitung dieser Gebiete
wichtige Kindheitserinnerungen freisetzen kann, die irgendwie im Körper gespeichert sind. Aber mir hat es trotzdem
nicht geholfen. Eine der vielen Eigenschaften, die ich an
Rick schätzte, war seine undogmatische Einstellung; auch
er war auf der Suche und wußte, daß nicht jede Behandlungsmethode notwendigerweise für jeden Klienten das
richtige ist.

Genau zwei Jahre, nachdem meine Gnadenfrist begonnen
hatte, ging sie wieder zu Ende. Plötzlich kamen mir die Stufen zu Ricks Sprechzimmer steiler als sonst vor, und mein
Befinden verschlechterte sich rasch. Auch wenn ich die
ganze Zeit gewußt hatte, daß Procardia auf Dauer keine Lösung sein würde, war ich schwer enttäuscht, als die Wirkung nachließ. Offensichtlich hatte ich mir unbewußt doch
erträumt, daß die eindrucksvolle Verbesserung meines Zustands ewig anhalten würde.

Als die alten Symptome wie Erschöpfung und Kurzatmig-
keit wiederkehrten, drängte Rick mich, einen seiner Kollegen aufzusuchen, einen erfahrenen homöopathischen Arzt.
Dieser führte ein längeres Gespräch mit mir und gab mir
dann ein Mittel, das ein südamerikanisches Schlangengift
enthielt. Es hörte sich zwar überspannt an, aber ich war be-

reit, es damit zu versuchen – nicht nur aus purer Verzweiflung, sondern auch weil einer meiner regulären Ärzte kurz vorher ein experimentelles neues Medikament erwähnt hatte, das aus Schlangengift gewonnen wurde. Okay, dachte ich, ich nehme die Sache eben in natürlicher Form. Was habe ich schon zu verlieren?

Doch diese Behandlung verschlimmerte meine Beschwerden nur noch. Am nächsten Tag hatte ich eine Verabredung zum Mittagessen mit Barbara Katz, einer Bildhauerin, die ich in unserem Kulturverein kennengelernt hatte. Doch ich fühlte mich so schwach, daß ich Barbara anrief, um die Verabredung abzusagen. Sie bestand darauf, bei mir vorbeizukommen und nach mir zu sehen. Das war mein Glück, denn als sie meine Wohnung betrat, fand sie mich fast leblos auf dem Sofa im Wohnzimmer vor. Barbara telefonierte einen Rettungswagen herbei und begleitete mich zum Krankenhaus, wo ich einige Tage bleiben mußte, bis ich kräftig genug war, um wieder nach Hause zurückzukehren. Noch aus dem Krankenhaus rief ich bei dem Homöopathen an. Er erklärte mir, daß die verdünnten Lösungen manchmal die Symptome verstärken und dadurch eine »Heilkrise« herbeiführen. Aber in meinem Zustand war an eine Verstärkung gleich welcher Art nun wirklich nicht zu denken, und somit war Schluß mit der Homöopathie.

Dieser Zwischenfall schien die Verschlechterung meines Befindens noch zu beschleunigen, und während der letzten Wochen des Jahres 1987 mußte ich mehrmals für kurze Zeit ins Krankenhaus. Am Silvesterabend schneite mein Freund Alan mit vier von unseren Freunden herein, komplett mit Partyhütchen und Champagner, und diese improvisierte Feier regte meine Lebensgeister wirklich wieder an. Wie schlecht es mir auch gehen mochte, für eine Party war ich nie zu krank.

Aber mein Zustand verschlimmerte sich immer mehr, und zusätzliche Dosen von Procardia blieben wirkungslos. Wenn ich nicht gerade im Krankenhaus lag, war ich ans

Haus gefesselt und brauchte Sauerstoff. Als ich die Wohnung nicht mehr verlassen konnte, machte Rick gelegentlich Hausbesuche bei mir.

Ich konnte fühlen, wie es mit meinem Körper immer weiter bergab ging, wie Muskelspannung und Vitalität nachließen, während sich der Alterungsprozeß beschleunigte. Die profanen Alltagssorgen – das Reinemachen, die Entscheidung, was ich kochen, wen ich anrufen und wohin ich ausgehen sollte – begannen von mir abzufallen, je mehr die praktischen Einzelheiten des täglichen Lebens ihre Bedeutung für mich verloren. Ich hatte das Gefühl, zu einer höheren Ebene aufzusteigen, an einen Ort der Klarheit und Ruhe, der Helligkeit und des Friedens zu gelangen. Was geht da vor sich? fragte ich mich. Bedeutet es, daß sich die Seele vom Körper löst? Ist es ein Leugnen der Krankheit? Oder vielleicht schon die Zustimmung? Oder kommt nun bald das Stadium der Wut?

Aber ich war zu matt, um wütend zu sein – oder sonst irgend etwas. Wenn mir beim Duschen die Seife herunterfiel, hatte ich nicht mehr die Kraft, sie wieder aufzuheben. Ich spürte, wie ich nach und nach ein Stückchen Leben nach dem anderen aufgab. Wenn ich in den Spiegel blickte, sah ich nur noch Alter und Müdigkeit. Blaue Lippen, erlöschende Augen, fahlgelbe Haut. Ach, Grandma, bin ich jetzt du?

Grandma erschien mir im Traum und brach in meinen Armen zusammen. »Es ist überhaupt nicht, wie ich es mir vorgestellt habe, das Sterben«, sagte sie zu mir. »Es ist wirklich ganz wunderbar«, und dann hauchte sie ihren Geist aus und löste sich in meinen Armen auf. Einen Augenblick später war sie verschwunden, und ich blieb mit ihrer Essenz zurück – geschmolzenem Wachs in meiner hohlen Hand. Im Traum dachte ich: Wie wunderbar! Wir alle, die ganze Welt – wir sind nichts weiter als eine lange Prozession von Menschen.

Meine Großmutter sagte mir damit, daß ich keine Angst

vor dem Tod zu haben brauchte. Sterben ist normal, es ist ein Teil des Lebens. Mein Großvater hatte vor seinem Tod etwas Ähnliches ausgedrückt. »Zwanzig, dreißig, sechzig, achtzig«, zählte er auf jiddisch. »Was zum Teufel ist der Unterschied? Du lebst und du stirbst.«

Ich hatte nie viel an meinen Tod gedacht, und selbst jetzt konzentrierte ich mich in erster Linie darauf, am Leben zu bleiben. Aber der Tod war nun ein Teil meiner Welt geworden, und von Zeit zu Zeit dachte ich doch daran. Meine Angst vor dem Sterben hatte damit zu tun, daß ich es nicht verstand und mir nicht wirklich vorstellen konnte, nicht mehr zu existieren. War der Tod so wie der Schlaf, überlegte ich, wo der Körper anwesend ist und ich nur nicht bei Bewußtsein bin? Würde die Welt sich wirklich weiterdrehen, wenn ich tot war? Natürlich kannte ich die Antwort, aber es war trotzdem schwierig, es zu verstehen. Wie sollen wir auch unser eigenes Nichtsein begreifen?

Es war leichter, sich auf mein Begräbnis zu konzentrieren. Ich wollte eingeäschert werden, und die Asche sollte ins Meer geworfen werden. Anstatt über meinen Tod zu trauern, sollten meine Gäste mein Leben feiern, mit Champagner, Gardenien und Beethoven. Schließlich gehört zu den meisten Beerdigungen ein festliches Element, und nach der Trauerfeier findet oft ein geselliges Beisammensein von Freunden und Verwandten statt, bei dem man gemeinsam ißt. Ein richtiges Fest wäre vielleicht ein bißchen schockierend, aber mir gefiel die Vorstellung, eine allerletzte Party zu geben – selbst wenn ich nur im Geiste anwesend sein konnte.

Je schwächer ich wurde, desto mehr veränderte sich mein Zeitgefühl. Einerseits blieb mir wahrscheinlich nicht mehr sehr viel Zeit. Andererseits war Zeit ungefähr das einzige, was ich überhaupt noch hatte. Wenn ich still dasaß oder im Bett lag, nahm ich das Ticken der Uhr besonders deutlich wahr, ebenso wie mir die vielen Pflichten und Unternehmungen, ob interessant oder banal, jetzt besonders bewußt wurden, wo sie nicht mehr meinen Tag ausfüllten. Es war ein seltsames Gemisch von Gefühlen. Einerseits trieb ich in einem unendlichen Zeitstrom dahin, zugleich aber war mir bewußt, daß meine irdische Zeit begrenzt war. Ich lebte in einer Art dimensionsloser Gegenwart.

Zum erstenmal in meinem Leben erwartete mich keine echte Zukunft mehr. Ich hatte immer angenommen, ich würde viel älter, vielleicht siebzig oder achtzig, sein, wenn die Zeit käme, um dem Tod ins Auge zu blicken. Aber jetzt hatte sich der Abschnitt, den ich mir früher als meine mittleren Jahre vorgestellt hatte, abrupt in eine Abschiedsvorstellung verwandelt. Eigentlich soll man doch am Ende des Lebens alt sein, aber ich war erst siebenundvierzig!

Während die Gleichaltrigen ihre Midlife-crisis durchmachten, siechte ich dahin. Oder vielleicht hatte ich die wahre Midlife-crisis, in der sich Mitte und Ende des Lebens gleichzeitig entfalten. Trotz solcher Gedanken kann ich mich nicht entsinnen, je darüber wütend gewesen zu sein, daß ich um volle zwanzig oder dreißig Jahre betrogen wurde, mit denen die meisten Menschen meines Alters noch rechnen können. Dies waren nun einmal die Karten, die mir das Schicksal zugeteilt hatte, und ich würde sie so gut ausspielen, wie ich nur konnte.

Die Tage und Nächte gingen manchmal ineinander über. Im Bett liegend, überlegte ich gelegentlich: Wenn ich jetzt die Augen schließe und einschlafe – woher soll ich wissen, ob ich je wieder aufwache? Jeder Atemzug konnte mein letzter sein, und manchmal schreckte mich das Geräusch, mit dem ich nach Luft schnappte, aus meinem leichten Schlaf. Wie lange, fragte ich mich, stehe ich das wohl noch durch?

Ich war mir immer bewußt, daß sich Amara im Zimmer nebenan aufhielt. Schlief sie gerade, oder lag sie wieder wach und weinte? Inzwischen wußte sie natürlich alles; wie hätten wir auch Geheimnisse voreinander haben können?

Sie weinte viel und konnte ihren Kummer und ihre Angst nicht mehr verbergen.

Ich ahnte zwar, wie schwierig es für Amara war, in mein Zimmer zu kommen und mich so sehen zu müssen: auf dem Bett ausgestreckt, bleich und mit einem Sauerstoffschlauch in der Nase. Aber ich war so auf meine eigene Situation fixiert und mittlerweile auch so an sie gewöhnt, daß mir nicht immer klar war, wie schwierig es für sie sein mußte. Auch in ihrem Leben hatte meine Krankheit Vorrang vor allem anderen, und sie fing an, in ihren Schulaufsätzen über meinen Zustand zu schreiben. Einer dieser Texte, der Anfang 1988 entstand, begann folgendermaßen: »Claire Sylvia liegt im Bett und sieht entspannt und recht wohl aus, obwohl neben ihr ein Sauerstoffbehälter steht ...« Und er geht so weiter: »Wegen ihrer Krankheit kann sie so gut wie nichts tun, was ihr Energie abverlangt. Der Schmerz darüber spiegelt sich in ihrem Gesicht.«

Armes Mädchen, daß du so etwas schreiben mußtest. Wer beachtete den Schmerz in ihren Zügen? In ihren Aufsätzen zeigte sie mehr Gefühl, als sie mich je sehen ließ.

Amara war inzwischen fast sechzehn Jahre alt und wurde zunehmend selbständiger. Ich hatte keine Kraft mehr, um ihr noch Vorschriften zu machen, sei es, wann sie nach Hause kommen sollte, oder sonst etwas. Wie viele alleinerziehende Eltern neigte ich sowieso dazu, allzu nachsichtig zu sein, und die lebhaften unangenehmen Erinnerungen an meine eigene tyrannische Mutter machten mich noch nachgiebiger. Aber jetzt gab es so viel, wovon ich nichts wußte, so viel, was ich nicht mehr tun konnte. Ich kannte ihren Freundeskreis nicht, und ich war nicht einmal mehr in der Lage, zum Elternsprechtag in die Schule zu gehen, um mit ihren Lehrern zu reden. Da Amara durch meine Krankheit schon genug belastet war, stellte ich eine Teilzeit-Haushälterin ein, die das Einkaufen, Kochen, Putzen und Waschen übernahm.

Ich wußte zwar, daß Amara einen festen Freund hatte,

aber ich fand erst später heraus, daß sie ihm lange Zeit nicht gesagt hatte, wie krank ich wirklich war. Monatelang hatten sich Dannys Eltern gewundert, warum ich meine Tochter nie mit dem Auto brachte oder abholte. Als sie schließlich die Wahrheit erfuhren, nahmen sie Amara in die Familie auf und verhielten sich unglaublich hilfsbereit mir gegenüber.

Meine Krankheit stellte eine große Belastung für Amaras Beziehung zu Danny dar. Weil sie ihren Kummer nicht bei mir loswerden konnte, sprach sie sich bei ihm aus. Doch wie viele Jungen im Schulalter war Danny noch nicht reif genug, um Amara die emotionale Stütze zu sein, die sie brauchte. Sie stritten sich oft, obwohl Amara wußte, daß sie sich eigentlich nicht über Danny ärgerte, sondern sich wegen ihrer Mutter aufregte. Ihre Beziehung wurde nach und nach immer schlechter, und bald war Amara an dem Punkt angelangt, wo sie Gott einen Handel vorschlug: »Also gut, ich gebe meinen Freund auf, wenn Du nur meine Mutter am Leben bleiben läßt.« Ich bin froh, daß ich dies alles erst sehr viel später erfuhr.

Zweimal machte ich einen Anlauf, mit Amara eine Kreuzfahrt zu unternehmen, aber beide Male mußte ich die Reise wieder stornieren, weil ich zu krank dafür war. Als das Procardia noch wirkte, hatte ich im Vorverkauf Karten für das Musical *Les Misérables* bestellt, als Geschenk zu Amaras 16. Geburtstag. Doch als der Februar herankam, ging es mir zu schlecht. Ich litt sehr darunter, daß während des größten Teils von Amaras Leben unsere kleine Familie nur aus zwei Personen bestanden hatte – und jetzt immer häufiger nur noch eine dastand. Ich erinnerte mich an meine eigene freudlose Jugend, als sich unsere vierköpfige Familie klein und unglücklich angefühlt hatte. Aber dies war noch schlimmer.

Wenn ich morgens aufwachte, wollte ich manchmal unbedingt gleich unter die Dusche gehen. Doch dann wurde mir klar, daß ich wohl so lange damit warten müßte, bis jemand im Hause war, denn Duschen gehörte zu den Dingen, die ich nicht allein tun durfte, für den Fall, daß etwas passierte. Aber es gab so furchtbar viele »Für-den-Fall-daß«-Dinge.

Für welchen Fall eigentlich? Daß ich ohnmächtig wurde? Daß meine Gliedmaßen wieder taub wurden? Das war bereits einmal geschehen: Ich saß gerade im Wagen, als plötzlich meine gesamte linke Körperhälfte gefühllos wurde und ich an die Seite fahren und anhalten mußte. Seitdem war es mit dem Autofahren vorbei.

Was war denn das Schlimmste, das passieren konnte? Ich konnte natürlich sterben, was wahrscheinlich nur noch eine Frage der Zeit war. Sterben bezog sich nicht mehr auf die Zukunft: Es konnte jederzeit geschehen, zu jeder Stunde. Wann würde es soweit sein? Was für ein Gefühl würde es sein? Wer würde mich finden? Würde es Amara sein? Und was würde meinem armen Kind damit angetan?

Die Fragen hörten nie auf. Es war Zeit, mich zu beruhigen, Zeit zu meditieren, vom Körperlichen zum Spirituellen überzugehen.

Spiritualität ist eines von den amorphen Wörtern, die für jeden etwas anderes bedeuten. Mir gefällt Bernie Siegels Definition: die Fähigkeit, Ruhe und Zufriedenheit in einer unvollkommenen Welt zu finden. Glücklicherweise konnte ich von beidem ein Stückchen finden. Trotz allem, was mir bevorstand, hatte ich niemals Selbstmordgedanken. Ich verstehe den Impuls durchaus, aber ich bin dagegen, es zu tun. Ich glaube, daß uns das Leben geschenkt wurde und daß es, ganz gleich, wie lange oder schmerzhaft es auch sein mag, Gottes Entscheidung bleibt, wann es zu Ende ist, und nicht die unsere. Wir können uns nicht anmaßen zu wissen, was Gott mit uns vorhat. Aber um fair zu sein: Ich könnte mir vorstellen, daß ich anders darüber dächte, wenn ich an unerträglichen Schmerzen leiden würde. Gottlob habe ich das nie erlebt.

Wie schlimm es auch um mich stand, für gewöhnlich war ich doch fähig, meinen Gedanken eine positivere Richtung zu geben. Vielleicht gibt es das Sterben überhaupt nicht, dachte ich einmal. Du bist entweder lebendig oder tot. Und falls das stimmt, bin ich definitiv lebendig. Eine Zeitlang war es eine tröstliche Vorstellung, daß ich, selbst wenn ich zu neunzig Prozent tot war, immerhin noch zu zehn Prozent lebte und damit auf der richtigen Seite der Gleichung war.

Während dieser Monate erinnerte ich mich die ganze Zeit an Mary Gohlkes Worte. Weitermachen! sagte ich mir bei jedem Atemzug, in jedem Augenblick, ganz gleich, wie schwer es auch sein mag. Atme weiter, selbst wenn du nur so tust als ob. In der Lage, in der ich mich befand, wagte ich nicht, mir irgendwelche makabren Gedanken über Leichen, Beerdigungen, Gedenkreden und Särge zu machen.

Weitermachen! Nicht aufgeben! sagte ich zu mir. Du gehörst noch immer zu dieser Welt. Überall um dich herum pulsiert das Leben. Auch in dir, so schwach es auch sein mag.

5

Schwere Tage

Valentinstag 1988. Gerade als es so aussah, als könne es nicht mehr schlimmer kommen, wurde ich von Alan verlassen. Wir hatten sieben gute Jahre miteinander gehabt. Von dem Moment an, als der Artikel in *Parade* mein Leben für immer veränderte, hatte er mir beigestanden und mir bei den tausend Kleinigkeiten, die ich nicht mehr tun konnte, geholfen. Aber jetzt, nachdem er sich einige Wochen immer mehr von mir zurückgezogen hatte, trennte er sich von mir. Erst war Procardia die Puste ausgegangen und dann Alan.

Ich war am Boden zerstört. Ohne Alan fühlte ich mich schrecklich einsam. Ich hatte mich mit dem Tod abgefunden, aber nun war ich auch noch verlassen worden. Aller Wahrscheinlichkeit nach würde ich meinen Weg allein zu Ende gehen. Ich hatte die Trennung zwar für möglich gehalten, doch als es wirklich geschah, war ich untröstlich.

Die Nächte waren das schlimmste. Fünf Jahre lang waren Alan und ich so gut wie jede Nacht zusammen gewesen, länger als manche Ehe dauert – eine meiner eigenen eingeschlossen. Es war die schwerste Zeit meines Lebens. Wenn jemand mit dir Schluß macht, ist das schon schlimm genug, aber unter normalen Umständen kannst du dir wenigstens einbilden oder hoffen, daß die Liebe eines Tages in dein Leben zurückkehrt. Doch in meiner Lage schien das äußerst unwahrscheinlich.

Gott sei Dank blieb mir noch meine Freundin Barbara Katz, die sich immer mehr zu meinem Schutzengel entwikkelte. Als im Januar vom Johns-Hopkins-Universitätskrankenhaus die Nachricht gekommen war, daß ich zu einer Voruntersuchung für ihr Transplantationsprogramm kommen sollte, war ich zu schwach, um allein nach Baltimore zu reisen. Alan hatte nicht angeboten, mich hinzufahren, und ich mochte ihn auch nicht mehr darum bitten. Doch Barbara, mit der ich noch gar nicht lange befreundet war, sprang sofort in die Bresche.

In Baltimore fanden mehrere Tests zur Untersuchung meiner Herz- und Lungenfunktion statt. Die Ärzte untersuchten sogar meine Fingerspitzen und -nägel, um herauszufinden, wieviel Sauerstoff noch in meine Extremitäten gelangte. So rücksichtsvoll die medizinischen Mitarbeiter auch mit mir umgingen, so vermieden sie es doch, ein allzu rosiges Bild von der Operation zu zeichnen, um derentwillen ich dort war. »Eine Organtransplantation ist ein zweischneidiges Schwert«, sagte eine der Schwestern. »In gewissem Maße tauschen Sie nur die alten gegen neue Beschwerden aus.«

Sie haben gut reden, dachte ich. Wenigstens wäre ich noch am Leben, wenn ich Beschwerden hätte.

Ich war mit einer Mischung aus Hoffnung und Skepsis ins Johns Hopkins gefahren, und während meines Aufenthalts fühlte ich mich zwischen diesen Empfindungen hin- und hergerissen. Meine Hoffnung, daß man mich als Kandidatin auf die Warteliste setzen würde, ging zu meiner Erleichterung in Erfüllung. Zugleich teilte man mir mit, daß es ein gutes Jahr oder sogar zwei dauern könnte, bis es soweit wäre; damit hatte ich gerechnet.

Doch selbst wenn ich so lange leben sollte, daß ich an der Reihe wäre, wußte ich nicht genau, wie ich darauf reagieren würde. Eine Transplantation würde mir wahrscheinlich das Leben retten, doch blieb es eine beängstigende, gefährliche Operation. Konnte ich das wirklich durchstehen? Ich wußte die Antwort ehrlich nicht. Ich hatte die Aufnahme in einem Verein beantragt, dem ich eigentlich gar nicht angehören wollte.

Ich hatte damit gerechnet, daß verschiedene Tests und Messungen zu dem Auswahlverfahren gehören würden, doch mir war nicht klar gewesen, daß sich das Transplantationsteam im gleichen Maße für meinen Charakter und meine Lebenseinstellung interessierte. Verständlicherweise sahen sich die Ärzte als Hüter eines kostbaren Guts, das außerordentlich knapp war, und, platt gesagt, hatten sie nicht die Absicht, diesen Schatz an jemanden zu verschwenden, bei dem nicht gewährleistet war, daß er ihn mit größter Sorgfalt behandelte. Wenn man genügend Transplantationen durchführte, so erklärte man mir, werde der Eingriff fast zur Routine, und deshalb hinge in der Mehrzahl der Fälle das Überleben des Patienten davon ab, was in den Monaten und Jahren nach der Operation passierte.

Auf einige Faktoren habe man keinen Einfluß, doch eine der entscheidendsten Rollen für die Überlebensrate spiele das Verhalten des Organempfängers in der Folgezeit und seine Bereitschaft, Verantwortung zu übernehmen. »Wir können heute bei fast jedem Menschen eine Transplantation durchführen«, sagte man mir, »doch da es wesentlich mehr Bewerber als Organspender gibt, suchen wir nach Personen mit einem hohen Potential an *Compliance*, d. h. Personen, die sich zuverlässig an unsere Vorschriften halten. Nach der Entlassung aus dem Krankenhaus können wir die Patienten ja nicht ständig überwachen, und deshalb halten wir Ausschau nach Menschen, die ihre Medikamente gewissenhaft einnehmen, die nötigen Vorsichtsmaßregeln einhalten und in regelmäßigen Abständen zur Nachuntersuchung kommen.«

Außerdem waren sie daran interessiert, daß die Kandidaten eine positive, lebensbejahende Einstellung hatten. In dieser Hinsicht hatte ich offensichtlich eine hohe Punktezahl zu verbuchen, doch es zeigte sich, daß mein Experiment mit dem Schlangengift – das erst vor kurzem stattgefunden hatte, zu meinem Leidwesen aber bereits in meine Krankenakte eingegangen war – ein gewisses Befremden ausgelöst hatte. Meine Motiviertheit und mein Lebenswille waren aber nicht zu übersehen.

Als ich aus Baltimore zurückkehrte, blickte ich mit mehr Hoffnung in die Zukunft, als ich es seit vielen Monaten getan hatte. Außerdem brachte ich zwei Pieper mit zurück, die mich – oder meinen Partner, falls ich das Signal nicht mitbekam – alarmieren sollten, wenn plötzlich eine geeignete Herz- und Lungenspende verfügbar war. Im selben Augenblick würden Amara und ich – vorausgesetzt, ich würde es wollen – alles stehen- und liegenlassen und mit einem Privatflugzeug nach Baltimore fliegen.

Ich war zu schwach, um aus dem Haus zu gehen, doch Amara trug ihren Pieper ständig bei sich, auch in der Schule. Niemand hatte uns davor gewarnt, daß diese Dinger auch aus Versehen losgehen können, und während mein Pieper sich nicht muckste, mußte Amara in den nächsten Monaten drei- oder viermal mit einem falschen Alarm fertig werden, was jedesmal ausgerechnet mitten im Unterricht passierte. Sobald das Gerät lospiepste, war sie durchs ganze Schulgebäude gestürmt, um mich anzurufen. Ich rief dann sofort im Hopkins-Krankenhaus an, nur um vom Transplantationsteam zu hören: »Nein, tut uns leid, das muß ein Irrtum sein.« Dann mußte ich Amara im Schulsekretariat zurückrufen, um ihr mitzuteilen, daß die ganze Aufregung umsonst gewesen war. Das Ganze muß für sie schrecklich gewesen sein, und ich kann mir ausmalen, wie hilflos sie sich jedesmal vorgekommen ist.

Ich hatte es leichter. Im Gegensatz zu manchen Leuten auf einer Warteliste für eine Transplantation, die von ihrem Pieper geradezu besessen sind, machte ich mir keine großen Gedanken darüber. Ich hatte ja eh nicht den geringsten Einfluß darauf, ob es jemals zu einer Transplantation kommen würde, und irgendwie konnte ich das akzeptieren. Heute glaube ich, daß mir das Warten leichter fiel, weil ich mich noch nicht entschieden hatte, ob ich das Angebot – wenn es denn kam – überhaupt annehmen wollte. Die Entscheidung vor mir herzuschieben war meine Methode, einen Rest von Selbstbestimmung auszuüben.

Im Rahmen meiner Möglichkeiten schöpfte ich jeden Tag so gut wie nur möglich aus, statt ständig auf die Benachrichtigung zu warten. Manchmal überwältigten mich Ängste oder Sorgen, doch im allgemeinen fand ich irgendeinen Weg, um damit fertigzuwerden. Dank Meditation, Visualisierung, ein paar engen Freunden und ab und zu auch einer Valiumtablette gelang es mir meistens, den Kopf oben zu behalten.

Natürlich nicht immer. Es gab Zeiten, wo ich am liebsten laut geschrien hätte und mir wünschte, ich könnte heulen wie ein Tier. Während ich den Sauerstoff einatmete, packte mich manchmal der unbändige Wunsch, mir den Schlauch aus der Nase zu reißen und aus dem Haus ins Freie zu stürmen. Darauf folgte dann ein lähmender Anfall von Klaustrophobie, wenn mir wieder einmal mit Erschrecken klar wurde, daß dies völlig unmöglich war. Manchmal dachte ich, ich würde vor Frustration und Angst noch den Verstand verlieren.

Kaum aber hatten meine Freunde und Bekannten gehört, daß ich auf der Warteliste für eine Transplantation im Johns Hopkins stand, gratulierten sie mir, als ob ich einen Preis gewonnen oder eine neue Bühnenrolle bekommen hätte. Ich konnte mich nie daran gewöhnen und finde es immer noch abartig. Stellen Sie sich vor: Ein Krankenhaus ist einverstanden, wenigstens im Prinzip, dir Herz und Lunge aus deinem Körper zu reißen und sie durch das Herz und die Lunge eines Menschen zu ersetzen, der gerade gestorben ist. Und dazu soll man dir gratulieren?

Heute ist es nicht mehr ganz so ungewöhnlich, auf der Warteliste für eine Transplantation zu stehen. Ich würde mich nicht wundern, wenn es schon passende Klappkarten gibt, mit dem Text: »Glückwunsch zur Organverpflanzung!«

Obwohl es ein schwerer Schlag war, daß Alan mich verlassen hatte, empfand ich auch eine gewisse Erleichterung, als er fort war. Ich brauchte mir nun keine Sorgen mehr zu machen, ob ich ihm allzusehr zur Last fiele. Auch eine Reihe von Freundschaften blieben auf der Strecke. Manche Menschen können es nicht ertragen, in der Nähe eines Sterbenden zu sein, weil sie dies allzu schmerzlich an ihre eigene Sterblichkeit erinnert oder aus irgendeinem anderen Grund – jedenfalls ist es oft für beide Teile besser, wenn sie sich einfach zurückziehen, wenigstens eine Zeitlang. Auf diese Weise verschwindet dann die negative Energie gleich mit.

Während einige gute Bekannte sich rar machten, tauchten andere auf, die das Vakuum wieder füllten. Mein Neffe Stuart, Marilyns Sohn, besuchte mich oft und erwies sich als großartiger Kamerad. Barbara sah oft nach mir, und zwei andere Freundinnen, Ruth und Anita, brachten mir warmes Essen, machten Besorgungen für mich und schauten fast jeden Tag herein, selbst wenn es nichts zu erledigen gab. Es war ein gutes Gefühl, daß es Menschen gab, die gern mit mir zusammen waren.

Zu Anfang tat ich mich mit diesen Besuchen etwas schwer, womit ich überhaupt nicht gerechnet hatte. Es war mir peinlich und verursachte mir Schuldgefühle, daß ich so gar nichts mehr selbst tun konnte und so abhängig von meinen Freunden war. Um ihre Großzügigkeit wirklich würdigen zu können, mußte ich erst lernen, Hilfe anzunehmen. Ich hatte mich stets in der Rolle der Helfenden wohler gefühlt und fand es anfangs schrecklich unangenehm, nun selbst die Empfängerin aller möglichen Wohltaten zu sein.

Ich mußte auch lernen, die schlichte Tatsache zu akzeptieren, daß es viele ganz einfache Sachen gab, die ich nicht mehr selbst tun konnte. Dazu gehörten auch alberne kleine Angewohnheiten, die unnötig oder zwanghaft waren, zum Beispiel, daß jede noch so kleine Sache an ihrem angestammten Platz sein mußte oder daß die Zeitschriften auf dem Couchtisch in einer bestimmten Weise angeordnet wurden. Mit ein wenig Übung und viel Willenskraft gelang es mir nach und nach, einen Teil meines Ordnungs-, Sauberkeits- und Kontrollbedürfnisses aufzugeben. Aber ich konnte mich nie daran gewöhnen, daß andere Leute, nicht einmal enge Freundinnen, in meiner Küche herumwirtschafteten.

Manchmal dachte ich darüber nach, wie um alles in der Welt ich mich jemals bei den Freunden, die mir mit soviel Liebe und Mitgefühl begegneten, revanchieren könnte. Schließlich erkannte ich, daß ich ihnen durchaus etwas zurückgab, einfach dadurch, daß ich mich über ihre Mühe freute und sie zu schätzen wußte. Zu geben und großzügig zu sein, das lernte ich jetzt, hilft dem, der gibt, ebensosehr wie dem, der nimmt. Wenn ich mich in die Lage der anderen versetzte, merkte ich, daß sie mir wirklich helfen wollten oder es ihnen sogar ein dringendes Bedürfnis war. Und als ich wußte, daß ich auf eine subtile Weise denen, die mir etwas gaben, wirklich etwas zurückgab, hörte ich auf, mich selbst zu bemitleiden. Etwas mit Anmut und Dankbarkeit anzunehmen ist an sich schon eine Art Geschenk an den Gebenden.

Ohne viele Worte gaben mir meine Besucher zu verstehen, daß es sich tatsächlich um eine Sache auf Gegenseitigkeit handelte und daß sie mir nicht nur etwas schenkten, sondern zugleich auch etwas von mir lernten. Viel später, als ich mich selbst um Schwerkranke kümmerte, machte ich dieselbe Erfahrung. Wenn man Zeit mit einem Sterbenden verbringt, erfährt man eine Menge über das Leben. Krankenbesuche sind manchmal mühsam und anstrengend, aber sie können dir auch enorm viel geben. Diejenigen meiner Freunde, die keine Angst davor hatten, mit mir zusammenzusein, lernten etwas von mir. Während mein Körper verfiel, weitete sich meine Seele.

Trotzdem hatte ich immer noch das Bedürfnis, meinen

Freunden auf irgendeine konkrete Weise meine Wertschätzung zu zeigen, und eines Morgens kam mir die Idee, für all die Menschen, die so gut zu mir waren, eine kleine Party zu geben. Inzwischen waren Besuche bei mir eine ziemlich niederdrückende Erfahrung geworden, und ich wünschte mir, daß meine Besucher wenigstens einmal in meiner Gegenwart und miteinander eine schöne Zeit verlebten. Es kam mir zwar etwas seltsam vor, eine Feier zu planen, doch ich merkte, daß schon das Nachdenken über die Einzelheiten – das Essen, die Musik, die Gästeliste – mich beflügelte und neue Kräfte und Lebensfreude freisetzte. Ich war wieder ein Stück weit ich selbst: ein Mensch, der gern Gäste hat, organisiert und Leute zusammenbringt. Zu einer Zeit, wo so viele Facetten meiner Identität verschwanden, war es einfach wunderbar, eine Party vorzubereiten.

Ich hatte dabei natürlich Hilfe, besonders von Amara, die sich um die Bewirtung kümmerte. Zusätzlich bestellte ich eine große Torte mit der Aufschrift AUF DAS LEBEN! Einige meiner Freunde brachten ihre Partner mit, und auch Amara lud einige ihrer Freunde ein. Ich blieb, solange es mir möglich war, bei der Gesellschaft, dann zog ich mich in mein Zimmer mit der Sauerstoffflasche zurück, wo ich aber den Klang des fröhlichen Lachens weiter genoß. Die Party war genau so, wie ich sie mir vorgestellt hatte. Wenn ich tot bin, dachte ich, dann ist dies genau die Art von Trauerfeier, die ich mir wünsche.

Jahre später sagte Barbara zu mir, daß diese Party ihrer Meinung nach ein Wendepunkt war. »Du hattest allen Grund aufzugeben«, sagte sie, »aber du hast damit ein Zeichen gesetzt, genau wie mit der Aufschrift auf der Torte, und zwar nicht nur, daß du die Krankheit überstehen, sondern daß du leben wolltest!« Barbara hatte wahrscheinlich recht. Damals war ich der Meinung, es sei eine Party für meine Freunde, aber natürlich war sie auch für mich.

Manchmal, wenn es weder etwas zu erledigen noch zu

besprechen gab, saßen meine Besucher einfach still bei mir. Ihre Anwesenheit war immer tröstlich und oft heilend. Sie wußten, daß sie mir meinen Schmerz nicht abnehmen konnten, und machten keinen Versuch, mich oder sich selbst mit Gesprächen, Geschenken oder anderem Zeitvertreib abzulenken. Wenn ich zum Reden zu schwach war oder aus irgendeinem anderen Grund die Stille vorzog, war ich immer dankbar für Besucher, die verstanden, daß auch Schweigen eine Form der Kommunikation ist. Als ich noch bei Helen Tamiris tanzte, erinnerte sie uns gelegentlich daran, daß eine völlig reglose Stellung innerhalb einer Tanzsequenz auch eine Form der Bewegung ist, genau wie eine kurze Stille oder eine Pause in einem Musikstück ein wesentlicher Teil des gesamten musikalischen Ausdrucks ist.

Wenn ich heute jemanden im Krankenhaus besuche, fällt mir immer auf, wie eifrig viele Besucher bemüht sind, ihren Redeschwall nicht abreißen zu lassen, oder ruhelos im Zimmer herumflattern. In bester Absicht neigen die Menschen dazu, das Schweigen und die Stille als etwas Peinliches aufzufassen oder als einen Feind, den es zu schlagen gilt, wo immer man ihn trifft. Deshalb rate ich jedem, der einen kranken Freund oder Verwandten besucht: Du brauchst nicht ständig zu reden. Schon die bloße Tatsache, daß du *da* bist, im selben Raum, sagt vielleicht schon alles, was gesagt werden muß.

Aber es gab auch Gelegenheiten, wo Worte mir eine große Hilfe waren. Eines Abends, als ich gerade im Krankenhaus war, erhielt ich Besuch von meinen Freunden Judy und Derek. Sie kamen in einem Augenblick, wo ich besonders schwach und verängstigt war. Mein Blutdruck war dramatisch gesunken, und die Schwester, die ich gerufen hatte, war unterwegs, um den Arzt zu suchen. Später erzählte mir Judy, daß eine der Schwestern gesagt hatte: »Claires Lungen sind wie Seidenpapier, und der Puls ist kaum noch zu finden.«

Ich starrte zur Tür, und da erschien Judy. Sie kam rasch

auf mein Bett zu, nahm mich in die Arme und begann, für mich und mit mir zu beten. Ich überließ mich ihr völlig, ihr und den Gebeten und Gott, so wie ich es nie zuvor getan hatte. Sie muß mich eine halbe Stunde lang im Arm gehalten haben, und die Tränen strömten mir über das Gesicht. Sie war wie eine Mutter, die ein Kind an sich drückt, und so gehalten zu werden hatte ich mein ganzes Leben lang gebraucht und ersehnt. Ich konnte mich nicht entsinnen, daß mich meine eigene Mutter jemals so gehalten hätte.

Judy und Derek gehören der Glaubensgemeinschaft der Christian Scientists an, und Judy rezitierte – nein, es war kein bloßes Rezitieren, sondern eher so, als spreche sie ein Gebet – ein bekanntes Gedicht von Mary Baker Eddy mit dem Titel »Abendgebet einer Mutter«. Es beginnt folgendermaßen:

O sanfte Allgegenwart, Frieden und Freude und Kraft;
O göttliches Leben, dem jede wartende Stunde gehört,
Du Liebe, die den ersten Flug des Nestlings bewacht!
Halte Du mein Kind aufrecht auf Flügeln heut Nacht.

Die Liebe ist unsere Zuflucht; mit dem Aug'
Erblick' ich die Schlingen, den Abgrund und Fall,
Seine Wohnung so hoch ist hier und ganz nah,
Sein Arm hält mich und die meinen und alles, was da. *

Als Judy an jenem Abend mit mir betete, hatte ich das Gefühl, als ruhte ich in Gottes rechter Hand. Judy war damit aufgewachsen, in Gott Vater und auch Mutter zu sehen, und während ihres Gebets standen diese beeindruckenden Bilder beide vor mir.

Während Judy noch betete, betrat ihr Mann Derek das Zimmer. Als Judy geendet hatte, nahm Derek meine Hand

---

* Aus Mary Baker Eddy: *Poems* (Boston, First Church of Christ, Scientist).

und sprach den 23. Psalm »Der Herr ist mein Hirte«. Die Worte hatten mich mein Leben lang begleitet, doch unter diesen Umständen loderten sie geradezu vor Bedeutung.

Und ob ich auch wanderte im finstern Tal,
fürchte ich kein Unglück, denn Du bist bei mir.

In jener Nacht wußte ich, daß Er wirklich bei mir war.

6

Die Regenbogen-Verbindung

Im April gab es dann eine vielversprechende Neuigkeit: Das Yale-New Haven Hospital in Connecticut stand kurz davor, als viertes medizinisches Zentrum in den Vereinigten Staaten und als erstes in Neuengland Herz-Lungen-Transplantationen durchzuführen. Der Aufbau des neuen Programms hing eng mit der Person Dr. John Baldwins zusammen, einem neuen Stern am Himmel der Transplantationschirurgie, der vorher an der Stanford University gewesen war. Von Boston aus war Yale leicht mit dem Auto zu erreichen, und die Neuigkeit, daß vielleicht bald ein weiterer potentieller Rettungsanker zur Verfügung stand, machte mir neuen Mut. Mein Arzt teilte meinen Optimismus; er versprach, an Dr. Baldwin zu schreiben, um ihn zu fragen, ob ich mich in Yale vorstellen könnte.

Anfang Mai fühlte ich mich eines Morgens beim Aufwachen besonders matt. Ich rief bei meinem Arzt an, um mich zu erkundigen, ob Dr. Baldwin schon geantwortet habe, doch seine Sekretärin teilte mir mit, er sei soeben verreist und würde in den nächsten drei Wochen nicht in den USA sein. Und als ich mich speziell nach dem neuen Transplantationsprogramm in Yale erkundigte, erfuhr ich, daß mein Arzt sich noch gar nicht in meiner Sache mit den dortigen Stellen in Verbindung gesetzt hatte.

Allein diesen Anruf zu tätigen hatte mich schon meine gesamte Energie gekostet. Wenn ich noch irgendwelche Kraftreserven gehabt hätte, wäre ich außer mir vor Wut gewesen, daß sich überhaupt nichts getan hatte. Doch so schloß ich nur die Augen und nickte wieder ein.

Wieder einmal war Barbara mein rettender Engel – das wurde allmählich schon zur Gewohnheit. Als sie mich an diesem Nachmittag besuchte, war ich so schwach wie noch nie. »Du sahst buchstäblich *grün* aus«, sagte sie später.

Ich erzählte ihr, daß mein Arzt Yale noch nicht einmal angeschrieben hatte.

»Das wundert mich gar nicht«, sagte sie. Barbara hatte ihn zwei- oder dreimal getroffen, als ich im Krankenhaus lag, und war überzeugt, daß er mich bereits aufgegeben hatte. Jetzt packte sie der Zorn, für den mir in meiner Erschöpfung die Kraft gefehlt hatte.

»Ich rufe jetzt in Yale an«, sagte sie und griff nach dem Telefon.

»Aber sie haben meine Unterlagen doch gar nicht.«

»Ich rufe trotzdem an. Wir können doch nicht die Hände in den Schoß legen und zusehen, wie du immer weniger wirst.«

War es nun Glück, Hartnäckigkeit oder Schicksal, jedenfalls landete Barbara direkt bei der verantwortlichen Person, Gail Eddy, der Koordinatorin von Yales neuem Transplantationsprogramm. Nachdem Barbara ihr meine Situation geschildert hatte, wollte Gail mit mir persönlich sprechen.

»Ich meine, Sie sollten zu einer Eingangsuntersuchung kommen«, sagte sie. »Machen Sie sich keine Sorgen wegen der Unterlagen, ich lasse sie mir zuschicken. Wann paßt es Ihnen?«

Das war eine komische Frage, denn mein Terminkalender wies für den Rest meines Lebens nur leere Seiten auf. Ob ich in zwei Wochen kommen könne? Aber sicher. Das einzige, was mir nun noch zu tun blieb, war, bis dahin am Leben zu bleiben, aber das kam mir auf einmal gar nicht mehr so schwierig vor. Vielleicht machte ich mir ja etwas vor, doch mein kurzes Gespräch mit Gail Eddy ließ mich wieder hoffen.

Meinem Unterbewußtsein muß es genauso ergangen sein, denn in jener Nacht hatte ich zwei verheißungsvolle Träume. Beim erstenmal träumte ich von einem scharfen, glänzenden Messer, das von einem hellen Licht umgeben war und vor mir schwebte. Während ich mit offenem Mund zusah, schnitt das Messer in den Hals eines Babys, etwa in Höhe des Adamsapfels. Aber ich wußte, daß dem Baby nichts passiert war, denn es schrie weder, noch blutete es.

Im zweiten Traum hatte die Transplantation bereits stattgefunden. Alles war gutgegangen, ganz ohne Schmerzen, und direkt nach der Operation lief ich schon wieder herum. Aber die Ärzte hatten mir nicht gesagt, daß ich jeden Tag vier Gläser Milch trinken mußte. Das erfuhr ich ganz zufällig, als ich mit jemandem redete.

Mit ziemlicher Sicherheit waren beide Träume sehr optimistische Projektionen in bezug auf die Transplantation. Im ersten Traum war die Operation schmerzlos und fast unwirklich. Ich war das Baby – ein Junge, aus welchem Grund auch immer. Im zweiten Traum war ich ich selbst, wenn auch die vier Gläser Milch an ein Baby oder Kleinkind denken ließen. In beiden Träumen war die Operation erfolgreich verlaufen.

Eine Woche später hatte ich einen dritten, komplexeren Traum. Ich war schwanger, doch meine Haut war durchsichtig, so daß ich das Kind in mir sehen konnte. Es sah wie eine Art kleiner E.T. aus und winkte mit seiner winzigen Hand. Aber das Baby hatte das Gesicht meiner Mutter. Ich stand also kurz davor, meine eigene Mutter auf die Welt zu bringen!

In diesem Traum, so wurde mir später klar, grüßte mich das außerirdische Wesen aus seiner Kapsel in meiner inneren Welt. Obwohl es noch nicht angekommen war, hielt es bereits die offene Hand zum Zeichen der Freundschaft hoch. Es war mein Kind, ein Vorbote meines neuen Ichs nach der Transplantation. Aber zugleich war es auch meine Mutter. Sinngemäß erwartete ich also ein Kind, das mein neues Leben gebären würde.

Und warum ausgerechnet E.T.? Vielleicht, weil die Filmfigur ein Geschöpf mit Herz war. Am Ende des Films scheint E.T. zu sterben, aber als seine »Landsleute« zurückkommen, um ihn zu retten, leuchtet sein Herz auf, und er kehrt wieder ins Leben zurück. Vielleicht war diese Metapher von Wiedergeburt und Auferstehung ein Traumecho von *Giselle* und *Rampenlicht*.

Zu einem späteren Zeitpunkt sollte ich diese Träume genauer untersuchen. Vorläufig hatte ich nur ein Ziel, nämlich die Zeit bis zu der Voruntersuchung durchzustehen. Bis dahin betete ich jeden Abend vorm Einschlafen um dieselben zwei Dinge: daß ich am nächsten Morgen wieder aufwachen und daß ich irgendwie auch danach noch weiterleben würde – lange genug, um für Amara dazusein, wenigstens so lange, bis sie die High-School beendet hatte.

Die Voruntersuchung im Yale Hospital war kürzer und einfacher als am Hopkins, was mir nur recht sein konnte, da ich es kaum vom Rollstuhl auf den Untersuchungstisch schaffte. Den größten Teil des Tages verbrachte ich in Gail Eddys Gesellschaft, einer hellwachen, fröhlichen und lebhaften Frau mit langen blonden Haaren, blauen Augen und einem umwerfenden Lächeln. Sie war mir ungeheuer sympathisch, und wir schienen von Anfang an die gleiche Wellenlänge zu haben.

Gail, die zuvor als Krankenschwester auf der Intensivstation des Krankenhauses gearbeitet hatte, begleitete mich auch zu dem Erstgespräch bei Dr. Baldwin in einem kleinen Arbeitszimmer. Zwar waren sie es, die mir Fragen stellten, aber so komisch es sich unter den gegebenen Umständen anhören mag – auch ich hatte das Gefühl, daß ich die beiden unter die Lupe nahm. Obwohl ich schon gehört hatte, daß Dr. Baldwin erst Ende Dreißig war, war ich über sein jungenhaftes Gesicht verblüfft, dabei strahlte er zur gleichen Zeit ein beträchtliches Selbstvertrauen aus. Er sagte mir, daß er an der Stanford University bereits neunundvierzig Herz-Lungen-Transplantationen durchgeführt hatte. Falls er mich damit beruhigen wollte, so kann ich nur sagen, es hat funktioniert.

Wie ihre Kollegen am Johns Hopkins Hospital erkundigten sich Gail und Dr. Baldwin nach meiner Familie und meiner Krankengeschichte und wollten wissen, aus welchen Gründen ich eine Transplantation haben wollte. Am Ende des Gesprächs sagte Dr. Baldwin: »Aus meiner Sicht sind Sie krank genug, um zu den drei Kandidaten, die wir bereits gesehen haben, auf die Warteliste gesetzt zu werden. Zur Zeit ist das Programm noch nicht offiziell eröffnet; wir warten immer noch auf die Genehmigung des Bundesstaates. Aber damit ist in Kürze zu rechnen, und sobald es soweit ist, werden wir Sie auf die Liste setzen.« Auch hier wurde mir wieder gesagt, daß es oft ein oder zwei Jahre dauerte, bevor sich ein passender Spender fände, und wie wichtig es sei, daß die Blutgruppen und die Größe der Organe übereinstimmten. Trotzdem verließ ich Yale mit dem Gefühl, daß sich meine Überlebenschancen soeben verdoppelt hatten. Gail spürte etwas Ähnliches. »Diese Frau werde ich auf jeden Fall wiedersehen«, sagte sie zu ihrer Sekretärin.

Zu Hause las ich mir am nächsten Morgen das Patientenhandbuch durch, das Gail mir gegeben hatte. Darin wurden einige konkrete Einzelheiten der Herz-Lungen-Transplantation beschrieben. Am Nachmittag besuchte mich Barbara, und da sie mich zum Hopkins Hospital begleitet hatte, war sie besonders neugierig, wie mein Ausflug nach Yale verlaufen war. Wir saßen gerade in der Küche und aßen Schokoladenkuchen mit Vanilleeis, als das Telefon klingelte. Normalerweise ging Amara dran, doch da sie unter der Dusche stand, nahm ich den Hörer ab.

»Claire? Hier ist Gail Eddy. Vor siebzehn Stunden, gleich nach Ihrer Abfahrt, haben wir die Genehmigung zur Eröffnung des Programms erhalten. Wir haben Sie sofort auf die Liste gesetzt, und wir haben einen Organspender für Sie, heute.«

In der Leitung war es still, da sie auf meine Reaktion wartete. Aber ich war sprachlos. Ich wußte überhaupt nicht, was ich sagen sollte.

Das passiert doch nicht wirklich, dachte ich. Ich bin doch erst gestern dort gewesen, um auf eine Liste zu kommen, die noch gar nicht existierte. Es war unheimlich. Als hätte es so sein sollen.

»Nach unserer Einschätzung haben Sie etwa zwei Stunden, um wieder herzukommen. Nun, wie wäre es, Claire?«

Ogottogott. Das ist ja unglaublich! Durch meinen Kopf jagten tausend Gedanken, aber ich brachte nichts heraus. All die vielen Dinge, die noch zu organisieren waren. Und was sollte ich ins Krankenhaus mitnehmen? Da stand ich nun plötzlich und unerwartet vor einer Entscheidung auf Leben oder Tod – und woran dachte ich? An meine Haare! Gott sei Dank war ich gerade beim Friseur gewesen. Aber hatte ich meine Beine rasiert?

»Was meinen Sie, Claire?«

Ich konnte immer noch nicht antworten. Ich versuchte das Ausmaß und die Bedeutung dieses erstaunlichen Geschenks zu verstehen, aber es war einfach zuviel.

Barbara stand neben mir. Ich sah sie an und sagte: »Was soll ich tun?«

Doch meine Entscheidung stand schon fest. Ich brauchte nur eine Bestätigung.

»Tu's«, sagte Barbara.

Da ich Gail immer noch nicht antworten konnte, gab ich Barbara den Hörer. In diesem Augenblick kam Amara aus der Dusche herbeigerannt, tropfnaß. Irgendwie wußte sie, worum es ging. »Sag ja!« rief ich Barbara zu, während Amara und ich uns unter Tränen in die Arme fielen. Seit Monaten stand für jede von uns ein fertig gepackter Koffer bereit, für den Fall, daß es mit Hopkins klappte.

Barbara gab mir den Hörer zurück, und die nächsten Minuten hätten direkt aus einer alten Filmklamotte stammen können. Barbara ist fast blind, und ich war über einen lan-

gen Schlauch mit dem Sauerstoffbehälter in meinem Schlafzimmer verbunden. Wir drückten uns gegenseitig das Telefon in die Hand, stellten Fragen, riefen Anweisungen und
stolperten über die Möbel. Zweimal unterbrachen wir auf
diese Weise die Verbindung, und Gail, die völlig ruhig blieb,
mußte wieder anrufen. Amara war vollauf damit beschäftigt, auf ihrem eigenen Anschluß zu telefonieren, während
Gail dabei war, einen Hubschrauber zu organisieren, der
mich nach Yale bringen sollte.

»Was soll ich mitbringen?« fragte ich sie.

»Turnschuhe, Shorts und ein T-Shirt.«

»Nein, im Ernst!«

»Ich meine es ernst. Sie werden schon kurz nach der
Operation auf einem Heimtrainer sitzen.«

Haha, ein guter Witz. Trotzdem packte ich die Sachen
ein. Inzwischen fing ich vor Aufregung an zu hyperventilie-
ren, und zur Beruhigung schluckte ich erst einmal eine
halbe Valium.

Gail erklärte mir, ich solle zu einem Hubschrauber-Lan-
deplatz in der Nähe des Kunstmuseums fahren. Es war ein
Tag mit hoher Luftfeuchtigkeit, und ich hatte Schwierigkeiten beim Atmen. Der Hubschrauber würde aber keine Klimaanlage haben und war außerdem so klein, daß weder
Amara noch Barbara mich begleiten konnten. Ich fragte
Gail, ob es nicht noch andere Möglichkeiten gäbe.

»Ich denke, Sie könnten auch den Wagen nehmen«, sagte
sie. »Aber dann müssen Sie augenblicklich losfahren, und
Sie sollten lieber der Polizei mitteilen, daß Sie es ziemlich
eilig haben.«

Inzwischen begann das Valium zu wirken, und ich wurde
ruhiger. Ich war mir jetzt sicher, wie die Fahrt stattfinden
sollte: Ich würde zusammen mit Amara und Barbara im
Auto fahren. Ich war bereit, auf Geschwindigkeit zu verzichten, wenn ich dafür ein wenig Bequemlichkeit und see-
lische Unterstützung eintauschen konnte.

Barbara rief ihren Mann Bob an, ob er uns vielleicht fahren konnte. Bezeichnenderweise erwischte sie ihn gerade noch zwischen Tür und Angel; ein paar Sekunden später, und er wäre nicht mehr im Haus gewesen. Bob sagte, er käme sofort – noch ein gutes Vorzeichen.

Kurz darauf waren wir schon unterwegs: Bob und Barbara saßen vorn, Amara, mein Sauerstoffbehälter und ich nahmen die Rückbank ein. Während das Auto Richtung New Haven glitt, streckte ich mich lang aus, die Füße auf Amaras Schoß. Ich hatte ein Meditationstonband mitgenommen, um mich zu beruhigen, und es half tatsächlich. Trotz der vielen Aufregungen fand ich meinen Seelenfrieden wieder. Mit Meditation und Valium war ich gegen alles gefeit.

Wir waren etwa eine Stunde unterwegs, als Amara gegen mein Bein klopfte und zum Seitenfenster deutete. »Sieh mal, Mama!« Dort stieg aus einer Wolkenwand der leuchtendste, schönste Regenbogen, den ich je gesehen hatte. Ich lächelte Amara zu, und als wir uns in die Augen sahen, waren wir uns wortlos darüber einig, daß dies ein gutes Omen war. Ich griff nach der Hand meiner Tochter und drückte sie. Dies war unsere Regenbogen-Verbindung.

Bobs Chrysler LeBaron Turbo hatte einen großen digitalen Tachometer, und wie mir Amara später erzählte, sah sie zu ihrem Entsetzen, daß wir mit 91 Meilen in der Stunde die Route 91 entlangrasten. Das paßt ja gut, dachte sie, aber wie schrecklich, wenn Mama auf dem Weg zu ihrer Transplantation bei einem Verkehrsunfall umkommt.

Es war sieben Uhr abends, als wir am Eingang des Krankenhauses vorfuhren. Gail erwartete uns mit einer Schwester und einem Rollstuhl.

»Sie schon wieder?« fragte sie mit spitzbübischem Lächeln.

»Ach, Sie wissen ja, wie das ist«, antwortete ich. »Ich konnte es einfach nicht lassen.«

Sie lächelte mich an. »Na ja, wenn Sie schon mal hier sind, können wir auch nach oben gehen. Ich glaube, Sie werden erwartet.«

Ohne weitere Umstände verfrachtete Gail mich in den Rollstuhl und brachte mich direkt in die Chirurgie. Ein Schwesternteam legte einen intravenösen Tropf und gab mir die erste Dosis Cyclosporin, ein Medikament, das die Abstoßung des Transplantats verhindern soll.* Aus meiner Lektüre wußte ich, daß ich, sofern alles gutging, dieses Mittel mein ganzes weiteres Leben einnehmen würde. Cyclosporin spielt bei Organverpflanzungen eine so bedeutende Rolle, daß als allererstes festgestellt werden mußte, ob ich allergisch darauf reagierte.

Auch wenn wir wie die Verrückten zum Krankenhaus geprescht waren, wurde schnell klar, daß es bis zur tatsächlichen Transplantation noch einige Stunden dauern würde. Das medizinische Team, das die Spenderorgane abholen soll, verläßt das Krankenhaus des Empfängers erst, wenn die Ärzte festgestellt haben, daß dieser frei von Infektionen und kräftig genug für die Operation ist. Da ich erst am Tag zuvor durchgecheckt worden war, war keine größere Unter-

---

* Die Abstoßung ist das größte Einzelproblem bei Organverpflanzungen. Auf irgendeine Weise können unsere Zellen die Anwesenheit sämtlicher Elemente, die nach Meinung des Körpers nicht dorthin gehören, entdecken. Wenn sich ein unbekannter Eindringling auf dem Radarschirm des Körpers zeigt, ist dessen instinktive Reaktion, diesen als feindlichen Agenten zu betrachten, der abgewehrt, isoliert oder vernichtet werden muß. Wenn es sich bei dem angeblichen Eindringling um ein transplantiertes Organ handelt, kann der daraufhin erfolgende Angriff ein Organversagen zur Folge haben – und damit den Tod.

Der Versuch, eine Abstoßungsreaktion zu verhindern, ist ungeheuer schwierig, denn unter normalen Umständen ist die Abstoßung das, was unseren Körper dazu befähigt, eine große Bandbreite von Giften und Infektionen zu bekämpfen und zu überstehen, die uns sonst schädigen könnten. Wenn unser Immunsystem nicht richtig funktioniert oder wenn es durch Immunsuppressiva unterdrückt wird, kann selbst eine kleinere Infektion tödliche Folgen haben.

Eines Tages wird die Bedrohung durch Transplantat-Abstoßung wahrscheinlich dadurch aufgehoben werden, daß die Gene des Organempfängers in das transplantierte Organ eingebracht werden. Dann wird der Körper das neue Organ als bekannt und nicht feindlich wahrnehmen und es deshalb in Ruhe lassen. Noch aber wird das Abstoßungsproblem mit Hilfe von Cyclosporin gelöst. Es reduziert die Möglichkeit, daß der Körper des Empfängers ein transplantiertes Organ abstößt, stärker als jedes andere Medikament, ohne zugleich die Infektionsanfälligkeit des Patienten übermäßig zu erhöhen.

suchung mehr nötig. Aber ich hatte den Eindruck, daß die Schwestern mir fast mein gesamtes Blut abzapften, weil es getestet und analysiert werden mußte, bevor die Transplantation stattfinden konnte.

Wie so oft in meinem Leben schien auch dies ein Fall nach dem Motto »Erst hetzen, dann warten« zu sein. Doch ich war mir sehr wohl bewußt, welches Glück ich hatte, überhaupt hier zu sein. Außerdem war ich nicht allein. Barbara, Bob und Amara würden die Nacht in einem nahegelegenen Hotel verbringen, und außerdem war Marilyn mit zwei ihrer Söhne aus New York angereist. Und obwohl ich Gail erst am Vortag kennengelernt hatte, gab mir ihre Gegenwart ein enormes Gefühl der Sicherheit.

Die Szene, die sich an jenem Abend bot, tendierte ins Surreale, fast schon Paradoxe: Obwohl ich vor einer einschneidenden, gefährlichen Operation stand, fühlte ich mich wie der Ehrengast bei einer Party. Mein Krankenzimmer war von Liebe erfüllt. Es gab sogar einen Moment, da hatte ich beim Anblick all der besorgten Gesichter um mich herum tatsächlich Mitleid mit meinen Besuchern, für den Fall, daß ich nicht überleben würde.

Ich hatte keinesfalls damit gerechnet, mich in dieser Situation wohl zu fühlen, aber wenn so etwas wie eine heitere Gelassenheit in meiner Reichweite war, dann wollte ich sie mir mit Freuden zu eigen machen. Ich wußte nur zu gut, wo ich war und was mir bevorstand, aber ich machte mir keine Sorgen. Falls dies mein letzter Abend auf dieser Erde war, dann konnte ich nur sagen: So sei es. Es gab keine unerledigten Angelegenheiten, die mir auf der Seele lagen, nichts Ungesagtes, das bisher unterdrückt worden war.

Alle Meditationen, Visualisierungen und wichtigen Gespräche, die ich in den letzten zwei Jahren erlebt hatte, schienen auf diesen Moment hingeführt zu haben. Ich fühlte mich an den Augenblick beim Tanzen erinnert, wenn ich den gesamten Vorrat an geistigen, körperlichen und seelischen Kräften zusammennahm und alles auf eine Karte setzte, indem ich mit gestreckten Beinen und ausgebreiteten Armen das Gewicht auf einen Fuß verlegte und mich in eine tiefe Arabesque stürzte. Als Tänzerin wußte ich, was es für ein Gefühl ist, wenn du jede Faser deines Selbst ins Unbekannte wirfst. Du gelangst dabei an einen Punkt, wo du an deinen Erfolg glaubst und sicher bist, daß dich deine gesamte Vorarbeit darauf vorbereitet hat, alles zu riskieren. Und dann hebst du ab und fliegst.

Ein- oder zweimal an diesem Abend blitzte die Erinnerung an die Träume, die ich drei Wochen zuvor gehabt hatte, wieder auf, Träume, in denen die Transplantation bereits hinter mir lag. Sie kamen mir nun ganz real vor, und ich hoffte, daß es sich um prophetische Träume handelte. Anscheinend war in einem Fall die Prophezeiung bereits eingetroffen. Als mir die Schwester die erste Dosis Cyclosporin gegeben hatte, hatte sie das Medikament in einen Becher mit Schokoladenmilch getan und mir erklärt, daß ich diese Dosis von nun an zweimal täglich nehmen würde – jedesmal mit zwei Tassen Milch. Im Traum war mir gesagt worden, daß ich vier Tassen Milch am Tag trinken würde!

Das einzige, was mich verunsicherte, war die Tatsache, daß dies die erste Herz-Lungen-Transplantation in Neuengland sein würde. Außer Dr. Baldwin würden alle an der Operation Beteiligten dieses Verfahren zum erstenmal durchmachen. Ich kam mir wie eine Pionierin vor, was zugleich aufregend und unheimlich war. Aber ich erinnerte mich auch daran, daß Dr. Baldwin diese Operation schon Dutzende von Malen an der Stanford University durchgeführt hatte und ich in den besten Händen war.

Ich fühlte mich ein bißchen benommen, was am Valium und an mindestens einem der Medikamente lag, die durch den Tropf in meine Vene flossen. Ich versuchte mich zu sammeln und meine Gedanken auf eine positive Visualisierung der gelungenen Operation zu lenken, aber das konnte ich in diesem Augenblick nicht leisten. Die Medikamente rissen mich in einen wirbelnden, halbwachen Traumzustand

hinunter, bei dem meine Gedanken zu bloßen Bruchstük-
ken zerstoben und keine Konzentration möglich war.

Eines der Medikamente ließ meinen Mund austrocknen.
Da ich vor der Operation weder essen noch trinken durfte,
blieb mir nur die Möglichkeit, an einem feuchten Wasch-
lappen zu saugen. Aber ich war so beduselt, daß ich Mühe
hatte, ihn zum Mund zu führen. Amara saß neben mir, und
wir mußten beide lachen, als sie mir half, den langen, heim-
tückischen Weg von der Hand zum Gesicht zu bewerkstelligen.

Ich war dankbar für die Unterlagen, die Gail mir bei der
Untersuchung am Vortag gegeben hatte. War es wirklich
erst gestern gewesen? Erst an diesem Morgen hatte ich
gelesen, daß mich beim Aufwachen aus der Narkose ein
endotrachealer Atemtubus am Sprechen hindern würde
und meine Hände festgebunden wären, damit ich mir den
Schlauch nicht würde herausziehen können. Der Atem-
schlauch würde an einen Respirator angeschlossen sein,
durch den ich während und nach der Operation beatmet
werden würde. Irgendwie schien es eine Bedeutung zu haben, daß ich dies jetzt schon wußte.

Schließlich wurde es für meine Besucher Zeit, mich allein
zu lassen. Als Marilyn sich über mich beugte, um mich zum
Abschied zu küssen, sah ich Tränen in ihren Augen. »Mir ist
gerade etwas eingefallen«, sagte sie. »Wie sollen wir eigentlich merken, daß es dir gutgeht, wenn du nach der Operation nicht sprechen kannst?«

Ich sagte, wenn ich aufwachte und alles in Ordnung sei,
würde ich ihr zublinzeln.

In meinen letzten klaren Momenten kam Gail mit Dr.
Hammond, dem Assistenzarzt, durch den Nebel des Tran-
quilizers und der anderen Medikamente auf mich zu, um
mir mitzuteilen, daß sie in Kürze fortgingen, um die Organe
zu »ernten«. Der Ausdruck erschreckte mich. Ich hatte
noch nie gehört, daß das Wort in diesem Sinne benutzt wurde, und inzwischen hat man es auch durch andere, ange-

nehmer klingende Ausdrücke wie »entnehmen« oder »explantieren« ersetzt. Mir fiel auf, daß Dr. Hammond hohe Stiefel und Hosenträger trug, was ihm das Aussehen von jemandem gab, der gerade zu einem Angelausflug aufbricht. In gewisser Weise tat er das ja auch.

Gail erklärte mir, daß Dr. Baldwin während ihrer und Dr. Hammonds Abwesenheit bei mir im Krankenhaus bleiben würde. Er werde mit der Operation beginnen, sobald er benachrichtigt würde, daß das Herz und die Lunge des Organspenders entnommen worden seien, aber Gail versicherte mir, daß er mein Herz und meine Lunge erst entnehmen würde, wenn die neuen Organe – *meine* neuen Organe – sicher im Operationsraum in New Haven eingetroffen wären.

Inzwischen war ich aber viel zu benebelt, um mich auf diese grotesken und entsetzlichen Einzelheiten zu konzentrieren, und das war vielleicht auch besser so. Ebensowenig war mir wirklich klar, daß ich zu einem bestimmten Zeitpunkt weder ein Herz noch eine Lunge in meinem Körper haben und in dieser Zeit nur durch eine Maschine am Leben gehalten würde. Das war zu bizarr, um es sich vorstellen zu können.

Dr. Baldwin trat ein und sagte: »Wir werden Ihnen jetzt eine Narkose geben. Ich muß Sie aber noch einmal darauf aufmerksam machen, Claire, daß möglicherweise irgend etwas schiefgeht oder die Organe in keinem guten Zustand bei uns eintreffen. Das kann bei der Lunge manchmal passieren, weil sie sehr empfindlich ist. Sie kann während des Transports beschädigt oder verletzt werden. Wir rechnen zwar fest damit, daß wir die Transplantation durchführen, doch manchmal kommt doch noch im letzten Augenblick etwas dazwischen.«

Ich sah zu ihm hoch und sagte: »Schon gut. Tun Sie, was Sie tun müssen. Es liegt jetzt in Gottes Hand.«

Das war keine Redensart. Auch in dieser Nacht spürte ich die Gegenwart Gottes. Und ich glaubte fest daran, Gott werde sein Werk durch die Hände der Chirurgen und Schwestern tun, die bei dem Spender in Maine waren und die bei mir in diesem Hospital in Connecticut sein würden.

Es war drei Uhr morgens, als ich schließlich in den Operationssaal gebracht wurde. Dr. Baldwins warnende Worte waren das letzte, was ich hörte, bevor ich in einen tiefen Schlaf versank.

7

Während ich »weg« war

Es hatte mit einem Anruf begonnen. Während Barbara und ich in meiner Küche saßen, rief der für Maine zuständige Koordinator der Organbank von Neuengland in Gails Büro an. Die Organbank war bereits über meine Blutgruppe, den Gewebetyp und die Körpermaße informiert. »Wir haben einen Spender für Claire Sylvia«, sagte der Koordinator zu Gail. »Ein Mann, achtzehn Jahre alt. Er ist hirntot*. Die Einwilligung wurde von den Angehörigen erteilt. Die Todesursache war eine Kopfverletzung bei einem Motorradunfall. Wir sind dabei, die Organe zu vergeben, und Herz und Lunge sind für eine Spende geeignet. Ein normales Echokardiogramm liegt vor, die linksventrikuläre Funktion ist gut, Klappen und Herz sind normal. Der Patient hatte keine obstruktive Lungenerkrankung.« Der Koordinator zählte noch verschiedene andere Fakten und Zahlen auf, die Gail sorgfältig notierte.

»Ich rufe Sie sofort zurück«, sagte sie.

Als dieser Anruf einging, war Dr. Baldwin gerade im OP und legte einen Bypass. Gail zog sich um und betrat den OP, wo sie ihn informierte, daß ein Spender für Claire Sylvia zur Verfügung stand – ein junger Mann mit einer guten Krankengeschichte, ohne Herzkrankheit, Herz und Lunge normal. Sie las ihm sämtliche Werte und Meßdaten vor, die sie von dem Koordinator erhalten hatte.

---

* Bei einem hirntoten Patienten sind alle Gehirnfunktionen unwiderruflich erloschen, sein Herz schlägt noch, entweder spontan oder künstlich unterstützt. Juristisch handelt es sich um einen Toten.

»Sagen Sie ihm, wir sind einverstanden«, sagte Dr. Baldwin. Die Daten waren gut, und Gail konnte ihm seine Befriedigung anmerken. Sie rief den Mann von der Organbank zurück und sagte zu. Dann rief sie mich an.

Während ich mich auf dem Weg nach New Haven befand, organisierte Gail einen Lear-Jet zum Transport eines Ärzteteams des Yale-New Haven Hospitals zu einem medizinischen Zentrum in Maine. Dort sollten sie dem Spender Herz und Lunge entnehmen und die Organe dann, sofern sie in gutem Zustand waren, zurück nach Connecticut bringen. Die Lunge des Spenders war bereits vermessen worden, doch das Team aus Yale würde zur Sicherheit noch eine Röntgenaufnahme meiner Lunge mitnehmen, die dann auf ein Röntgenbild der Spenderlunge gelegt würde, um sicherzugehen, daß sie von der Größe her tatsächlich zusammenpaßten.

Der Abflug war auf 23 Uhr festgesetzt. Außer Gail und Dr. Hammond gehörten zu dem Team noch vier weitere Mitarbeiter. Ein zweiter Herzchirurg, ein Anästhesist, um den Spender mit den angemessenen Medikationen zu versorgen, und ein Kardiotechniker, der dabei behilflich sein sollte, die chemischen Lösungen durch die Spenderlunge zu pumpen, sowie eine Operationsschwester zur Assistenz der Chirurgen.

Um 22.30 Uhr, eine halbe Stunde vor dem Abflug, versammelte sich das Team im OP, um die gesamte Ausrüstung, die Medikamente und organerhaltenden Konservierungslösungen zusammenzustellen, die sie voraussichtlich in Maine brauchen würden. Da die Organentnahme oft in kleineren Krankenhäusern stattfindet, ist es üblich, daß die vom Krankenhaus des Organempfängers entsandten Chirurgen ihre eigenen Instrumente und sonstiges Zubehör mitbringen. Zu Gails Ausrüstung gehörte auch eine Picknickkühlbox aus Plastik, in der sich – wenn alles gutging – auf dem Rückflug die Organe befinden würden. Sie hatte die Box in einem Kaufhaus gekauft, wo sie erst verschiedene Kühlboxen unauffällig mit einem Zentimetermaß ausgemessen hatte, bis sie eine gefunden hatte, die die richtige Größe für Herz und Lunge eines Menschen hatte – und dazu noch zusätzlichen Platz für einen Container und Eis.

Um 22.45 Uhr stieg das Team in einen Krankenwagen, der am Eingang zur Notaufnahme bereitstand und sie zu einem Jet brachte, der am Tweed Airport in East Haven wartete. Während des gesamten Nachmittags und Abends hielt Gail telefonischen Kontakt zu dem Koordinator in Maine, um sicherzugehen, daß der Zustand des Spenders noch stabil war. Seine Lunge transportierte weiterhin gut Sauerstoff, und das Röntgenbild der Brust blieb unauffällig. Bevor irgendeines seiner Organe angeboten worden war, hatte man das Blut des Spenders getestet, zum einen, um die Blutgruppe zu bestimmen, und außerdem, um auszuschließen, daß Anzeichen für das Vorhandensein des HIV-Virus, einer Hepatitis oder sonst einer Infektion vorlagen. Der Spender war an einen Ventilator angeschlossen, der für ihn atmete; sein Herz schlug aber noch selbständig. Doch da ein Hirntoter schnell instabil werden kann, war keine Zeit zu verlieren.

Zur gleichen Zeit, als das Team aus Yale auf dem Flug nach Maine war, flogen zwei weitere Teams aus Krankenhäusern in Boston nach Maine, um die Nieren und die Leber des Spenders abzuholen. Von allen Organtransplantationsteams muß das Herz-Lungen-Team mit der kürzesten Ischämiezeit auskommen, womit die Zeit gemeint ist, die die Organe ohne Blut oder Sauerstoff überstehen können. Von der Entnahme in Maine bis zur Implantation in Connecticut blieben dem Team nicht mehr als vier Stunden.

In Maine gelandet, stieg das Team sogleich in einen auf dem Flugfeld wartenden Krankenwagen um, der es auf dem schnellsten Weg in das Krankenhaus des Spenders brachte. Die beiden Piloten blieben am Flughafen zurück, und Gail notierte ihre Rufnummer für den Fall, daß sich unerwartet etwas am Zeitplan ändern sollte. Es kann nämlich passieren, daß die Organentnahme in Verzug gerät, wenn der einzige OP eines kleinen Krankenhauses plötzlich für eine Notoperation gebraucht wird. An diesem Abend ging aber alles glatt. Sobald sich die Prozedur ihrem Ende näherte, sollte Gail die Piloten anrufen und ihnen die geschätzte Abflugzeit mitteilen, so daß sie mit offener Tür auf der Startbahn warten konnten.

Sobald der Krankenwagen beim Hospital eingetroffen war, begaben sich die Ärzte direkt zur Intensivstation, wo die beiden Chirurgen das Kurvenblatt des Spenders studierten und seine Krankengeschichte noch einmal überprüften. Bis jetzt sah alles gut aus. Gail rief in New Haven an und gab durch, daß der Spender gleich in den OP gebracht werde.

Im OP sorgte der Anästhesist dafür, daß der Spender die exakten intravenösen Flüssigkeiten und Medikamentengaben erhielt. Dann öffneten die Chirurgen die Brust des Spenders mit einer Brustbeinsäge und inspizierten Herz und Lunge. Dies war ein kritischer Augenblick, denn bestimmte Verletzungen und Krankheiten lassen sich nicht immer auf Röntgenbildern oder durch Tests entdecken. Die Chirurgen waren nicht nur zur Entnahme der Organe nach Maine geflogen, sondern auch, um sich selbst ein Urteil darüber zu bilden, ob Herz und Lunge gesund und in gutem Zustand waren.

Nach der Kontrolle zogen sich die Chirurgen vom OP-Tisch zurück und machten Platz für das Leber- und das Nieren-Team. Herz und Lunge würden zwar als erste entnommen werden, wenn zwei Stunden später der Zeitpunkt zur Organentnahme gekommen wäre, doch bevor überhaupt irgendein Organ entfernt wurde, gab es für die Leber- und Nieren-Chirurgen noch eine Menge zu tun.

Während sie damit beschäftigt waren, Gewebe zu durchtrennen und Blutgefäße freizulegen, sah das Team aus Yale zu und wartete. Auch hierbei gab es Risiken; der Spender konnte Blut verlieren und instabil werden. Er konnte auch Herzrhythmusstörungen bekommen. Seine arteriellen Blutgase konnten zu sinken beginnen. Während des gesamten Vorgangs hielt Gail Dr. Baldwin über den Zustand des Spenders auf dem laufenden.

Während das Yale-Team wartete, fragte eine der Krankenschwestern Gail, wer Herz und Lunge des Spenders bekommen würde. Gail antwortete, daß es sich um eine achtundvierzigjährige Frau mit primärem Lungenhochdruck handele, von Beruf Tänzerin und alleinerziehende Mutter einer Tochter, die noch zur High-School ging. Es gibt immer irgend jemanden im OP, der die Frage nach dem Organempfänger stellt, und Gail ist fest davon überzeugt, daß man diese Frage unbedingt beantworten muß. In vielen Fällen haben die Ärzte und Schwestern im OP erst kurz zuvor den qualvollen und letztlich vergeblichen Kampf um das Leben des Spenders eingestellt. Oft haben sie den Tag auch damit verbracht, seine trauernden Angehörigen zu trösten. Obwohl dem Spender nicht mehr zu helfen ist, findet nun ein zweiter dramatischer Kampf statt, und es sind wieder dieselben Menschen, die die ganze Nacht durcharbeiten müssen, um jetzt das Leben von Patienten zu retten, die sie niemals kennenlernen werden. Nach Gails Einschätzung ist es deshalb nur angemessen, daß den Ärzten und Schwestern die Person des Empfängers konkret geschildert wird, so daß sie eine engere Beziehung zu dem langen, schwierigen Verfahren entwickeln. Aus demselben Grund wird dem medizinischen Team am Krankenhaus des Spenders nach der Transplantation mitgeteilt, wie die Sache ausgegangen ist. Auch wenn der Ausgang schlecht war.

Schließlich kam die Anordnung: »Aorta überkreuzt abklemmen.« Die Aorta wurde abgeklemmt, wodurch der Blutkreislauf des Spenders völlig zum Erliegen kam. Jetzt begann die ischämische Uhr zu ticken. Mit Hilfe von Schere, Nähten und Klammern legten die beiden Chirurgen schnell das Herz und die Lunge frei, ohne jedoch die Verbindungen zwischen ihnen zu verletzen. Dr. Hammond hob die Organe heraus und trug sie zu einem anderen Tisch.

Vorsichtig legten die Chirurgen die miteinander verbundenen Organe in eine eiskalte Salzlösung. Sie entfernten soviel Blut wie möglich und inspizierten Herz und Lunge noch einmal auf eventuelle anatomische Abnormitäten, die bisher nicht sichtbar gewesen waren. Um die molekulare Aktivität zu verlangsamen, kühlten sie dann die Organe in Eis auf vier Grad Celsius ab.

Gail nahm die Organe und legte sie sorgfältig in einen sterilen Plastikbeutel, der mit einer eisigen Salzlösung weiter gekühlt wurde. Zur besseren Abpolsterung der Organe steckte sie diesen Beutel in einen zweiten. Dann legte sie die beiden Tüten in einen sterilen Container, der in die Kühlbox gesetzt und mit Eis umgeben wurde.

Die Piloten befanden sich inzwischen im Flugzeug und hatten Erlaubnis zu starten, sobald das Team wieder da war. Bevor das Team das Krankenhaus verließ, informierte Gail das Krankenhaus in Yale, daß die Entnahme beendet war. »Wir verlassen jetzt den OP«, sagte sie zu Dr. Baldwin. »Wir sehen uns in anderthalb Stunden.«

Gail trug die Kühlbox, und das Team hastete zur Notaufnahme, von wo sie ein Krankenwagen auf menschenleeren Landstraßen im Eiltempo zum Flughafen transportierte. Eine Stunde später landeten sie in Connecticut, gerade als die Sonne aufging.

Gail verließ als letzte das Flugzeug. Als sie sich noch einmal prüfend umsah, ob irgend etwas vergessen worden war, fiel ihr die Champagnerflasche ins Auge, die die Piloten dem medizinischen Team zu Ehren der ersten Herz-Lungen-Transplantation in Yale geschenkt hatten. Sie nahm die Flasche und trug sie, zusammen mit der Kühlbox, aus dem Flugzeug. Der Champagner ist für Claire, beschloß sie. Wenn man einmal davon absieht, daß Gail die ganze Nacht kein Auge zugetan hatte, hätte man sie, wie sie so mit der Kühlbox in der einen und der Champagnerflasche in der anderen Hand drauflosmarschierte, für eine Frau halten können, die gerade zu einem Frühschoppen unterwegs war.

Währenddessen lag ich bereits seit mehreren Stunden ohne Bewußtsein im OP von New Haven. Dr. Baldwin hatte einen 23 cm langen Schnitt in meine Brust gemacht und traf Vorbereitungen, mein Herz und meine Lunge zu entnehmen. Als der Krankenwagen an der Notaufnahme vorfuhr, griff Gail nach dem Hörer und machte noch einen letzten Anruf bei Dr. Baldwin. »Sie können anfangen«, sagte sie. »Wir sind da.« Dr. Baldwin legte Wert darauf, daß die Spenderorgane im selben Augenblick ankamen, in dem die alten Organe des Empfängers gerade entnommen wurden.

Als Gail den OP betrat, erwartete sie ein kaum glaublicher Anblick: ein lebendiger, atmender Mensch – eine Frau, die sie persönlich kannte –, deren Brusthöhle nicht nur geöffnet, sondern völlig leer war. Dort, wo sich bisher Herz und Lunge befunden hatten, war gar nichts mehr. »Ich wollte meinen Augen nicht trauen«, erzählte sie mir später, »und allen anderen ging es genauso. Obwohl wir alle Masken trugen, konnte ich sehen, daß auf allen Gesichtern derselbe ungläubige Ausdruck lag. Außer Dr. Baldwin hatte keiner von uns – nicht einmal die Chirurgen – jemals etwas Derartiges gesehen.«

So ruhig, als legte er ein Kind in seine Wiege, senkte Dr. Baldwin das neue Herz und die Lunge langsam in meine Brust, bis sie genau dort waren, wo er sie haben wollte. Das ging nicht ohne einige Manipulationen an Gewebe und Gefäßen ab, doch die Organe selbst blieben davon unberührt. Dann begann er zu nähen, erst die Lunge und dann das Herz. Er verband die Lungenarterien und nähte den Vorhof des neuen Herzens an meine hintere Vorhofwand, die er an Ort und Stelle belassen hatte.

Als alle Verbindungen hergestellt waren, gab Dr. Baldwin die Anweisung: »Bypass zurücknehmen!« Ich wurde nach und nach von der Herz-Lungen-Maschine abgenommen, mit deren Hilfe die Chirurgen den Blutfluß in Richtung Herz und Lunge ersetzt hatten. Doch wie in vielen Fällen brauchte auch mein neues Herz ein wenig Unterstützung, um wieder zu schlagen, und deshalb forderte Dr. Baldwin die elektrischen Paddel an. Als er sie anlegte, hüpfte mein Herz, und dann begann es von allein zu schlagen. Ich war aber noch immer mit einem Beatmungsgerät verbunden, und das sollte auch noch ein oder zwei Tage so bleiben.

Mein neues Herz und meine neue Lunge, die wegen der Konservierungsflüssigkeiten und des Blutmangels blaß und weißlich ausgesehen hatten, nahmen schnell eine gesunde Rosafärbung an. Nachdem Dr. Baldwin befriedigt festgestellt hatte, daß beide Organe ihre Arbeit taten, legte er drei große Drainageschläuche in meine Brust, die die Wundflüssigkeit ableiten sollten, und befestigte einen Draht an meinem Herzen für den Fall, daß ich später einen künstlichen Herzschrittmacher brauchen sollte. Mein Brustbein wurde wieder geschlossen und verdrahtet, und die Haut wurde geklammert. Sobald die Operation vorüber war, wurde ich auf direktem Weg auf die Intensivstation gebracht, wo ich in den folgenden zehn Tagen stabilisiert, überwacht und gepflegt werden sollte.

Am Vorabend waren alle meine Besucher in ein nahe gelegenes Hotel gegangen, um etwas Schlaf zu bekommen. Nur Amara blieb im Krankenhaus, wo sie ganz allein in einem kleinen Warteraum saß. Während der langen Nacht nickte sie immer wieder ein, doch mehrmals wurde sie davon wach, daß bei einem vorübergehenden Arzt der Pieper losging. Jedesmal reagierte sie mit einem nervösen Schreck: Sie meinte, es sei ihr Pieper und sie müßte sofort mit mir nach Baltimore fahren. Erst wenn sie ganz wach war, fiel ihr wieder ein, wo sie sich befand und was in diesem Augenblick geschah.

Um kurz vor sieben Uhr morgens teilte eine Krankenschwester Amara mit, daß die Organe aus Maine angekommen seien und die Transplantation jeden Moment beginnen würde. Ein paar Stunden später sagte ihr jemand anderes, daß die Operation gut verlaufen sei. Inzwischen war Ira aus New Hampshire eingetroffen, und beide verließen erschöpft das Krankenhaus, um zu frühstücken.

Ich wußte natürlich nichts von alledem. Die ganze Zeit, während der sich dieses unglaubliche Drama abspielte, war ich weit weg, an einem fernen, geheimnisvollen Ort.

8

Humpty Dumpty

Schwerelos schwebte ich in einer anderen Welt und wurde nach Ägypten hinübergetragen. Ich war in ein weißes Gewand gekleidet, und direkt neben mir stand eine riesige Marmorsäule. Aber warum gerade Ägypten? War das ein Traum? Eine durch die Narkose hervorgerufene Halluzination? Befand ich mich im Delirium? Oder war ich bei der Transplantation gestorben und stand an der Schwelle zu einem neuen Leben?

Nach und nach drangen geisterhafte Stimmen zu mir durch, die meinen Namen riefen, und Ägypten löste sich in Dunst auf. »Claire, aufwachen! Es ist vorbei, Claire.« Mein Erwachen war sanft und von keinerlei körperlichen Empfindungen begleitet – nichts als ein glasklares Bewußtsein und ein Gewirr von Stimmen, die mich beim Namen riefen, immer lauter, beschwörender. Meinen Namen? Warum meinen Namen? Warum sagte mir keiner, was ich wissen wollte?

Als letztes hatte ich mitbekommen, daß ich die Organe eventuell nicht erhalten würde. War die Operation erfolgreich verlaufen? Bitte, sagt es mir! Hat die Transplantation stattgefunden? *Ich muß es unbedingt wissen.* Aber mit dem Beatmungsschlauch in der Luftröhre konnte ich kein Wort herausbringen. Ich war total frustriert. Trotz meiner festgebundenen Hände gelang es mir, mit den Fingern eine schreibende Bewegung anzudeuten. Endlich bemerkte jemand dies und brachte mir Stift und Papier. Ungelenk schrieb ich meine Frage auf: *Habe ich sie bekommen?*

»Oh, ja«, sagte eine Stimme. »Es ist alles in Ordnung.«

Lieber Gott, ich danke dir! Dann versank ich erneut ins Dunkel.

Nach Stunden wachte ich wieder auf. Ich war schweißnaß, schlug mit den Armen um mich und schrie wie im Delirium. Der Beatmungsschlauch war verschwunden, und man nahm gerade meine erste Herzbiopsie vor. Eine Gewebeentnahme war die sicherste Methode, um eine Abstoßung zu entdecken, aber war das schon so bald nötig? Der Gedanke, daß man ein Stück meines kostbaren neuen Herzens herausschnippelte, das doch eben erst in seinem neuen Zuhause angekommen war und noch gar keine Gelegenheit zum Auspacken gehabt hatte, war so beunruhigend, daß mein Herz zu rasen begann. Es rannte förmlich davon, so schien es mir jedenfalls. Ich konnte es quer über sämtliche Apparate galoppieren sehen.

Dr. Baldwin stürzte herein. Dieses Herz war wie sein Augapfel; noch heute morgen hatte er es in seinen Händen gehalten. Ich blickte zu ihm hoch und bat ihn, mir zur Beruhigung etwas Valium zu geben.

»Ich halte nichts von Valium«, sagte er. »Ich gebe Ihnen etwas Besseres. Ein mildes Zäpfchen. Es wird Ihnen bestimmt guttun.«

Bevor ich wußte, wie mir geschah, war das Ding schon in mir drin und schleuderte mich in einen lebhaften Alptraum, ohne daß ich wirklich schlief. Ich hatte Kopfschmerzen und versuchte mich von meinen Fesseln zu befreien. Ich mühte mich ab, an einer hohen glatten Wand hinaufzuklettern, ohne daß ich irgendwo einen Halt fand.

Halbwach schlug ich die Augen auf. Ein leerer Fernsehbildschirm starrte mich von oben her an. Rechts von mir ratterten Apparate vor sich hin, die mein Innenleben mittels Unmengen von Schläuchen überwachten. Links von mir befand sich eine Tür mit einem Glasfenster, und nun drückte Amara ihr Gesicht an die Scheibe. Gut! Wenn Amara mich sehen kann, muß ich noch am Leben sein.

Jeder, der mein Zimmer betrat, mußte sich umziehen:

grüner Mantel, grüne Gesichtsmaske, grüne Überschuhe und Latexhandschuhe. Alle sahen gleich aus, wie verschwommene grüne Kleckse; ich konnte sie nur unterscheiden, wenn ich lernte, ihre Augen zu erkennen. Jetzt kam etwas Grünes mit den Augen meiner Schwester herein. Ich merkte, daß ich ihr aus irgendeinem Grund zublinzelte, bevor ich erneut das Bewußtsein verlor.

Ein rasselndes Geräusch weckte mich wieder auf. Es rührte von einem riesigen Vehikel her, das von einem grünen Gebilde hereingerollt wurde. Der Apparat lag direkt auf mir, obwohl ich ihn nicht spüren konnte. »Wir machen eine Röntgenaufnahme von Ihrer Brust«, sagte der grüne Fleck. »Und zwar alle vier Stunden.« Alle vier Stunden? Wirklich? Die nehmen es aber ziemlich ernst!

Ein EKG rollte herein, eine Schwester im Schlepptau. Seine Tentakel saugten sich an mir fest und lasen den Rhythmus meines Herzens ab. Aber konnte der Apparat auch erkennen, wie groß meine Angst war? Fragen über Fragen! Wie lange würde das neue Herz weiterschlagen? Und wie lange würde die neue Lunge weiteratmen? Würde ich die Organe abstoßen? Oder würden diese mich abstoßen? Worum ging es eigentlich bei dieser Abstoßung, von der dauernd die Rede gewesen war? Was geschah da genau?

Ich machte mir eine ganz eigentümliche Vorstellung davon. Ich stellte mir vor, daß das neue Herz die Nähte sprengen und direkt aus meinem Körper heraushüpfen würde. Ich überlegte sogar, ob Dr. Baldwin es richtig angenäht hatte. Ich hätte schwören können, daß es weiter hinten in meinem Brustkorb schlug als mein altes Herz, denn ich konnte spüren, wie es gegen die Matratze pochte.

»Das bilden Sie sich nur ein«, versicherte mir eine Schwester. »Es ist alles unverändert.«

Aber ich kannte meinen Körper, und irgend etwas war anders. Als ich Dr. Baldwin danach fragte, erklärte er mir, er habe das neue Herz weiter hinten einsetzen müssen, damit es paßte. Es tat mir gut zu wissen, daß ich die Verbindung mit der Realität noch nicht ganz verloren hatte.

Während die Stunden vergingen, nahmen meine Ängste immer mehr zu. Vielleicht holten mich nun all die Befürchtungen wieder ein, die ich vor der Operation verdrängt hatte – und ein paar neue obendrein. So hatte man mir zum Beispiel vorher gesagt, daß ich nach der Transplantation nicht mehr würde husten können, weil einige meiner Nerven durchtrennt würden und ich den bekannten Hustenreflex nicht mehr spüren würde. Doch ich mußte ziemlich oft husten, und das gab mir zu denken: Wußten die da wirklich, wovon sie redeten, oder taten sie nur so, damit ich mir keine Sorgen machte?

Vielleicht hatten auch sie Angst. Obwohl eine endlose Prozession von identischen grünen Flecken durch mein Isolierzimmer wanderte, faßte mich nicht ein einziger von ihnen an. Ich schloß daraus, daß jede Berührung eine sofortige Abstoßung zur Folge hatte. Abstoßung, Isolation – das waren häßliche Ausdrücke, und das galt auch für die anderen Begriffe, die ich mitbekam: Biopsie. Nekrose. Transfusion.

Hinter der Scheibe entdeckte ich den unverwechselbaren Umriß von Bernie Siegels glänzendem Kahlkopf. Ich hatte mich daran erinnert, daß er in Yale arbeitete, und obwohl ich ihm nie persönlich begegnet war, hatte ich ihn kurz nach der Operation – sobald ich zusammenhängend denken und den Telefonhörer abnehmen konnte – angerufen, in der Hoffnung, daß er mich besuchen würde. Ich kannte ihn aus dem Fernsehen, und sein Buch *Liebe, Medizin und Wunder* war eine Erleuchtung für mich gewesen. Er hatte sich darin für den aktiven, Fragen stellenden, an den Entscheidungen beteiligten Patienten ausgesprochen, der notfalls auch Meinungsverschiedenheiten oder sogar Konflikte mit seinem Arzt in Kauf nehmen muß.

Obwohl auch Bernie grün verhüllt war, war sein menschenfreundliches Wesen sofort spürbar. Seine Glatze war jetzt unter einer grünen Haube verborgen, doch die zwinkernden Augen konnten nur einem gehören. Während seines kurzen Besuchs machte mich Bernie darauf aufmerksam, daß es auf einen vollkommen isolierten Menschen eine tröstliche und hilfreiche Wirkung hat, wenn er wenigstens optisch einen Zipfel Natur erhaschen kann. Mir fiel wieder ein, daß sich hinter meinem Bett ein Fenster befand, aus dem man einen Baum und den Himmel sehen konnte. Nach typischer Krankenhausmanier hatte man das Bett aber andersherum aufgestellt – mit Blick auf den Fernseher. Sobald Bernie gegangen war, bat ich die Schwestern, mein Bett umzudrehen.

Zum Abschied trat Bernie dicht an mich heran, um mich in den Arm zu nehmen. Ich wich instinktiv zurück. Würde das nicht eine sofortige Abstoßung auslösen? Aber ich hatte Vertrauen zu diesem Mann und eine unendliche Sehnsucht nach menschlichem Kontakt. Bernies Umarmung war wunderbar und warm. Ich holte tief Luft und hielt den Atem an – doch ich starb nicht. Das Eis begann zu schmelzen.

In den ersten beiden Tagen nach der Operation war ich nämlich wie erstarrt gewesen, als wäre ich in einem Eisblock eingefroren. Vielleicht war dies von Gott so vorgesehen, als eine Art Schutzmaßnahme. Wenn wir nach einer Operation allzu schnell wieder starke Gefühle ausdrücken, können die Nähte vielleicht wieder aufgehen. Aber nun kehrten, im Guten wie im Bösen, meine Gefühle allmählich wieder zurück.

Am dritten Tag nach der Operation rollten zwei grüne Flekken einen Heimtrainer herein. Hoppla! dachte ich. Haben die es nicht ein bißchen eilig? Ich bekam schließlich immer noch Morphium und hatte gerade eine große Operation hinter mir! Aber Dr. Baldwin wollte, daß ich wenigstens ein paar Minuten in die Pedale trat, und zu meiner großen Überraschung ging es. Es war ein traumhaftes Gefühl, die Beine wieder zu bewegen!

Ungeachtet all meiner Ängste war ich dankbar, daß ich am Leben war. Es erfüllte mich auch mit großer Dankbarkeit, daß eine Familie, der ich nie begegnet war, es mir ermöglicht hatte, dem sicheren Tod zu entgehen und wieder ins Leben zurückzukehren. Der Gedanke daran machte mich demütig, und ich wollte mich dieser unglaublichen Wohltat würdig erweisen. Als ich Gail von meinen Empfindungen erzählte, schlug sie mir vor, der Familie des Spenders zu schreiben und meiner Dankbarkeit Ausdruck zu geben. Es war zwar nicht möglich, deren Identität zu erfahren oder den Brief mit meinem Namen zu unterschreiben, doch wußte ich von einer der Schwestern, daß es sich bei meinem Organspender um einen Achtzehnjährigen aus Maine handelte, der bei einem Motorradunfall ums Leben gekommen war. Aber auch ohne Namensnennung konnte ich die Familie sozusagen von Herzen grüßen, und Gail würde den Brief weiterleiten. Ich tat das dann auch – einmal schrieb ich aus dem Krankenhaus und noch mehrmals von zu Hause. Während der ersten Wochen nach meiner Transplantation beschäftigten sich meine Gedanken allerdings mehr mit der Spende als dem Spender.

Später sollte ich erfahren, daß manche Organempfänger nach der Operation von schrecklichen Schuldgefühlen geplagt werden, weil ein Mensch sterben mußte, damit sie weiterleben konnten. Angesichts der heftigen, komplizierten Gefühle, die diese Menschen erfüllen, verlieren sie manchmal die Tatsache aus den Augen, daß keinerlei Zusammenhang zwischen dem Tod des Spenders und ihren eigenen Gebeten oder Wünschen besteht. Ich war zwar Nutznießer des Todes meines Spenders, doch ich fühlte mich nicht dafür verantwortlich. Es stimmte mich traurig, daß ein junger Mann umgekommen war, und mich selbst betrachtete ich als einen bevorzugten Menschen, dem man eine besondere Verantwortung übertragen hatte. Schließlich lebte ich mit geborgten Organen – natürlich waren es in Wirklichkeit keine Leihgaben, doch ich empfand es trotzdem so.

Und wie alle Dinge, die man geliehen bekommt, hatten sie eine besonders pflegliche Behandlung verdient.

Da dies die erste Herz-Lungen-Transplantation in Neuengland war, hatte das Ereignis im Fernsehen und in den Zeitungen für Wirbel gesorgt. Mir völlig unbekannte Leute schickten Karten und Briefe ins Krankenhaus, in denen sie mir zu der Operation gratulierten und mir ein langes Leben wünschten. Und jetzt, am dritten Tag nach der Transplantation, kamen zwei Reporter herein, um ein Interview mit mir zu machen. Der Zeitpunkt war gut: Ich befand mich immer noch in Hochstimmung, weil ich mich gerade sportlich betätigt hatte. Als meine Gäste hereinkamen, hatte ich mich feingemacht und trug einen gelben Seidenpyjama und einen pinkfarbenen seidenen Morgenrock, ein Geschenk von Marilyn. In meiner Begeisterung, mich wieder frei bewegen zu können, alberte ich herum und kletterte sogar auf den Heimtrainer, wo ich mich mit einem Pappbecher auf dem Kopf für ein Foto in Positur setzte.

Einer der Reporter fragte mich: »Was würden Sie gern wieder tun, jetzt, wo die Operation überstanden ist?«

»Ganz normale Dinge«, antwortete ich. »Heute bin ich auf diesem Rad gefahren, und es war wunderbar, daß ich wieder etwas für meine Fitneß tun konnte. Wenn es mir bessergeht, würde ich gern mit meiner Tochter Radtouren machen. Ich freue mich auf all die einfachen Sachen, die wir beide früher für selbstverständlich hielten, wie zum Beispiel gemeinsam am Strand spazierengehen, Rollschuhlaufen, ins Theater gehen – also all die Sachen, für die ich zu krank war.«

»Claire, nachdem Sie nun dieses Wunder erlebt haben, was ist Ihr allergrößter Wunsch?«

»Ehrlich gesagt«, erwiderte ich, »im Moment hätte ich liebend gern ein Bier.«

Kaum waren mir die Worte entschlüpft, hätte ich sie am liebsten wieder zurückgenommen. Ich war entsetzt, daß ich auf diese ernste Frage so flapsig reagiert hatte. Zugleich war ich verblüfft, denn eigentlich mochte ich kein Bier. Jedenfalls bisher nicht. Aber in diesem Augenblick verspürte ich eindeutig Lust auf Bier, auf genau diesen Geschmack. Aus irgendeinem bizarren Grund war ich überzeugt, daß nichts sonst auf der Welt meinen Durst löschen konnte.

Am selben Abend, als die Reporter wieder fort waren, kam mir ein komischer Gedanke: Vielleicht war der Spender meiner neuen Organe, dieser junge Mann aus Maine, Biertrinker gewesen. Sollte es möglich sein, überlegte ich, daß mein neues Herz mit seinen eigenen Geschmacksvorlieben und Neigungen zu mir gekommen war? Ich fand diese Vorstellung faszinierend und bewegte sie eine Zeitlang im Kopf herum.

Dann ließ ich die Sache wieder fallen. Während dieser ersten Zeit wäre ich nie darauf gekommen, daß ich diese seltsame Bemerkung später als das erste von vielen mysteriösen Vorkommnissen nach der Transplantation betrachten würde oder daß ich mich in den nächsten Monaten manchmal fragen sollte, wer eigentlich bei all diesen Veränderungen meiner Vorlieben und meines Wesens wirklich die Regie führte.

War ich es – oder war es mein Herz?

Diese Woche hatte es in sich. Am fünften Tag, nur zwei Tage, nachdem ich mit den Reportern herumgealbert hatte, verfiel ich in tiefste Verzweiflung, in ein so schwarzes Loch, daß ich Angst hatte, ich würde nie wieder herausfinden. Ich hatte bereits den gesamten Zyklus durchlaufen – das lange Warten, das Akzeptieren des Todes, das Wunder der Transplantation und die ersten Anzeichen, daß meine Kraft und Energie zurückkehrten. Aber nun setzte sich paradoxerweise eine Depression so tief in mir fest, daß ich meinte, es sei aus und vorbei. Plötzlich empfand ich den Aufenthalt in der Intensivstation als verheerend und verwirrend. Ich wußte nicht mehr, wer ich war oder was ich hier eigentlich zu suchen hatte.

Mit meinem Körper, so versicherten mir die Schwestern, stand alles zum Besten. Meine Genesung verliefe nach Plan, und alles ginge wie erwartet voran. Aber es war auch nicht mein Körper, der mir Sorgen bereitete. Es war alles übrige.

Zum einen war ich von den immensen, jähen Veränderungen völlig überwältigt. Nachdem ich viele Monate ans Haus gefesselt verbracht hatte, entkräftet und auf künstliche Sauerstoffzufuhr angewiesen, war ich in größter Eile zu einer gefährlichen Operation nach New Haven gebracht worden. Ich hatte den Eingriff nicht nur überlebt, sondern hatte, genau wie Gail es mir versprochen hatte, bereits nach drei Tagen auf einem Heimtrainer gesessen und mit Hilfe der Lunge und des Herzens eines anderen Menschen in die Pedale getreten. Fast über Nacht war ich aus einem Zustand des Siechtums zu voller Funktionsfähigkeit zurückgekehrt. Allein die physischen Veränderungen waren so gewaltig und abrupt, daß mein übriges Ich – mein Verstand, meine Gefühle, meine Seele – noch nicht den Anschluß gefunden hatte. Wenn du aus einem Alptraum aufwachst, kannst du ihn rasch abschütteln. Aber wenn dein Alptraum schon jahrelang angedauert hat, ist das sehr viel schwerer.

Heute ist mir klar, daß es sich bei dem, was ich durchmachte, zum Teil um eine postoperative Depression handelte, die häufig nach Herzoperationen und Transplantationen auftritt. Ich wünschte, ich hätte das damals schon gewußt, doch niemand im Krankenhaus erwähnte diese Möglichkeit. Diese Depression, die typischerweise noch auf der Intensivstation, in den ersten Tagen nach der Operation, beginnt, kann selbst den größten Optimisten demoralisieren. Vielleicht war meine Verzweiflung auch die Kehrseite meiner erstaunlichen Gelassenheit am Vorabend der Transplantation. Ein Psychiater, der eine Studie über am Herzen Operierte durchgeführt hat, schreibt dazu: »Es ist nicht ungewöhnlich, daß ein Mensch während der gesamten Zeit, in der er sich in einer aus seiner Sicht lebensge-

fährlichen Situation befindet, ruhig und gelassen bleibt ...
Doch wenn die Gefahr dann vorüber ist, kommt es häufig
vor, daß der Betreffende von einer Welle der Angst erfaßt
wird.«* Der Mann hätte von mir sprechen können.

Aber das war nur ein Teil des Ganzen. Zusätzlich zu allem anderen hatte ich es auch mit den Anfängen einer Identitätskrise zu tun. Daß sie bei mir so schwer verlief, mag möglicherweise daran liegen, daß ich als Tänzerin schon seit jeher ein starkes Körperbewußtsein gehabt hatte. Und jetzt waren bestimmte Teile meines Körpers – große, wichtige, bedeutende Teile – herausgenommen und durch die eines anderen Menschen ersetzt worden. Welche Bedeutung hatte so etwas? Und was war das für ein anderer? Und wie paßte er – oder sein Anderssein – zu mir? Ich hatte immer gewußt, wer ich war, aber wer war ich *jetzt*? Ich war in der Mitte durchgerissen und wieder zusammengenäht worden, aber irgend etwas war anders als vorher.

Ich kam mir vor wie Humpty Dumpty**. Auch ich hatte einen »tiefen Fall getan«, ein traumatisches Zerbrechen erlebt. Und auch bei mir vermochten »alle Pferde und alle Mannen des Königs« es nicht, Humpty Dumpty wieder vollständig zusammenzusetzen. Alle Pferde des Königs, das waren die Apparate, die mich in der Intensivstation umringten und überwachten, und alle Mannen des Königs waren die Chirurgen und das Pflegepersonal. Sie waren geschickt und gut ausgebildet, und es gelang ihnen tatsächlich, die Teile wieder zu jemandem zusammenzusetzen. Aber dieser neue, rekonstruierte Jemand war einfach nicht ich.

Wenn ich diese Vorstellung damals auch nicht in Worte fassen konnte, so bin ich heute überzeugt, daß das, was mich während der Anfangszeit auf der Intensivstation so

---

* Richard S. Blacher: »Heart Surgery: The Patient's Experience«, in R. S. Blacher (Hg.): *The Psychological Experience of Surgery* (New York 1987), S. 44–61, S. 47.
** Ein eiförmiges Männchen aus einem englischen Kindervers, das von einer Mauer fiel und in Stücke brach, Anm. d. Ü.

verwirrte und irre machte, die ersten Regungen einer fremden Präsenz in meinem Innern waren. Während der kommenden Monate sollte ich zunehmend das Gefühl haben, daß der Geist oder die Persönlichkeit meines Spenders ein Stück weit in mir weiterlebten. Während dieser ersten Woche wußte ich nur, daß der innerste Kern meines Wesens nicht ganz zu mir gehörte, sondern nach seinem eigenen Rhythmus funktionierte und pulsierte und etwas von mir Abgetrenntes, Eigenständiges war. Ich konnte nicht verstehen, was mit mir vorging – aber was immer es auch sein mochte, ich fand es ungeheuer verstörend.

Ich probierte jede erdenkliche Technik aus, um wieder auf die richtige Schiene zu kommen. Meditation. Visualisierung. Affirmation. Aber es brachte alles nichts. Ich sprach mit Gail und sagte ihr, mein Schicksal sei besiegelt, ich könne nicht mehr weitermachen. Gail war sehr beunruhigt. Sie rief Barbara Katz an, doch diesmal konnte selbst Barbara mir nicht helfen. Ich war drauf und dran, meinen Lebenswillen zu verlieren.

Ich hatte Platzangst, ein Gefühl, als schlössen sich die Wände immer enger um mich, während ich bewegungsunfähig in der Falle saß. Es war dasselbe Gefühl wie damals, als ich mit Amara schwanger war. Daß ich ein Kind bekam, hatte mich mit freudiger Erregung erfüllt, doch zugleich war um dieses unbestimmte Leben in mir etwas Fremdes und nicht Erfahrbares gewesen, das sich nicht kontrollieren ließ. Dieses geheimnisvolle neue Wesen, dieses künftige Kind war so kostbar und empfindlich, daß ich keine andere Wahl hatte, als ganz besonders achtsam mit ihm umzugehen, was gleichbedeutend damit war, ganz besonders achtsam mit mir selbst umzugehen. Nach der Transplantation hegte ich ähnliche Empfindungen gegenüber meinem neuen Herzen und meiner neuen Lunge: daß sie fremd und außerhalb meiner Kontrollmöglichkeit waren, zugleich aber etwas furchtbar Kostbares und Empfindliches.

Für die Baby- und Schwangerschaftsträume, die ich kurz

vor der Transplantation gehabt hatte, ergab sich damit eine weitere Interpretationsebene. Meine neuen Organe hatten etwas mit einer Schwangerschaft gemein, was ich gerade erst zu begreifen begann: Ähnlich wie ein Embryo stellten sie eine neue Lebenskraft in meinem Inneren dar, deren Gegebenheiten und Ausmaße mir noch unklar waren. Kein Wunder, daß ich mich bedrängt fühlte!

Mitten in meiner Depression erschien Dr. Baldwin, so wie er es seit der Transplantation zu jeder Tages- und Nachtzeit getan hatte. Ich konnte es nicht glauben, aber wenn ich um drei Uhr morgens nieste, tauchte er plötzlich aus dem Nichts auf und wünschte mir »Gesundheit!« Wenn ich aus einem Traum aufschreckte, war er da. Es war fast so, als ob auch er sein gesamtes Leben im Krankenhaus verbrachte. Dann erzählte mir eine der Schwestern, daß es tatsächlich so war. Die ganze erste Woche nach der Transplantation schlief er in seinem Sprechzimmer, wo seine Kleidungsstücke verstreut herumlagen, und setzte keinen Fuß vor das Gebäude.

Was für eine Erleichterung es war, ihn jetzt zu sehen! Obwohl ich schon vor langer Zeit aufgehört hatte, zu Ärzten wie zu höheren Wesen aufzuschauen, so machte ich für Dr. Baldwin eine Ausnahme. Seitdem er dieses Wunder vollbracht hatte, war er mir unfehlbar und fast wie ein Gott vorgekommen. Und als ich jetzt zu ihm aufblickte, hatte ich das sichere Gefühl, daß er mit seiner großen Erfahrung mir helfen konnte. Die Schwestern hatten mich als Pionierin und als wahre bionische Frau bezeichnet. Ich hatte eine Reißverschlußbrust mit neu verpflanzten Organen. Aber ich hatte auch einen Kopf, in dem sich alles drehte.

»Dr. Baldwin, Sie haben sich um meinen Brustkorb gekümmert. Könnten Sie mir einen Psychologen schicken, der sich um meinen Kopf kümmert?«

»Ich halte nichts von Psychologen«, antwortete er knapp. Das war ein Schock für mich. Daß er nichts von Valium hielt, konnte ich noch verstehen, aber inwiefern Psychologen? Wir schienen uns auf völlig verschiedenen Wellenlängen zu befinden. Meine Gefühle hatten anscheinend überhaupt keine reale Bedeutung für ihn. Nur mein Körper war etwas Reales.

»Konzentrieren Sie sich aufs Radfahren«, sagte Dr. Baldwin. »Verschwenden Sie bloß keine Gedanken an Ihren Kopf. Verhalten Sie sich einfach normal.«

»Aber für mich ist es normal, über meinen Kopf nachzudenken!«

»Hören Sie, Claire. Sie müssen mit diesem Psychoquatsch aufhören und einfach weitermachen. Schließlich sind Sie wegen dieses radikalen Eingriffs zu mir gekommen und nicht zu Bernie Siegel.«

Ich war wie erschlagen von seinen Worten. Ich glaubte und glaube noch heute, daß die Ausübung der Medizin sowohl auf den Baldwins wie auf den Siegels beruht, und ich erwarte, daß in nicht allzu ferner Zukunft Ärzte und Heiler Wege finden werden, um ihre unterschiedlichen Ansätze miteinander zu kombinieren und zu vereinigen. Doch auch wenn es den Anschein hat, als ob wir uns bereits in diese Richtung bewegen, so braucht es seine Zeit, bis sich neue Einstellungen durchsetzen. Vorläufig war ich jedenfalls Patientin in einem Krankenhaus, in dem Dr. Baldwin das Sagen hatte. Und jetzt mischte sich in die ungeheure Dankbarkeit, die ich ihm gegenüber hegte, ein Gefühl des Verrats. Obwohl er diese schwierige Operation durchgeführt und seine Sache brillant gemacht hatte, schien er nicht die geringste Ahnung davon zu haben, wie sich die Situation für den Empfänger anfühlt. Und noch mehr verstörte es mich, daß er anscheinend gar nicht daran interessiert war, es herauszufinden.

Heute sehe ich, daß es unrealistisch von mir war zu erwarten, daß Dr. Baldwin mir auch auf der Ebene der Gefühle helfen würde. Jeder sieht die Welt mit seinen Augen, und wenn Dr. Baldwins Sichtweise mir auch sehr beschränkt vorkam, so war er doch ein angesehener Chirurg, der das

Leiden von Hunderten von Menschen erheblich erleichtert hatte. Und auch wenn es mich noch so sehr frustrierte, daß er nicht über die Sensibilität und Sichtweise Bernie Siegels verfügte, war es schließlich Dr. Baldwin gewesen, der mir das Leben gerettet hatte.

Als er den Raum wieder verließ, stieg ich gehorsam auf den Heimtrainer und strampelte wie verrückt.

»Verhalten Sie sich normal«, hatte der Arzt gesagt. Aber was hieß »normal«? Ich war vorher nicht normal gewesen, und mit Sicherheit war ich es auch jetzt nicht.

Wenn ich deprimiert bin, passiert es mir oft, daß ich um so kreativer werde, je schlechter ich mich fühle. Während ich auf dem Heimtrainer saß, faßte ich den Entschluß, eine Selbsthilfegruppe für Transplantationspatienten zu gründen, sobald ich kräftig genug dazu war. Denn obwohl in diesem Krankenhaus bereits seit Jahren Herztransplantationen vorgenommen wurden, gab es nirgendwo einen Ort, an dem die betroffenen Patienten miteinander reden konnten. Wer außer ihnen konnte denn sonst wissen, wie diese Operation war und was sie mit sich brachte?

Die körperliche Anstrengung des Trainings nahm meiner Wut den Stachel, aber an meiner schmerzlichen Verwirrung änderte sich nichts. Nach solcher Todesnähe ins Leben zurückgeworfen und neu geboren zu sein, war überwältigend. Es wäre leichter gewesen – nicht unbedingt besser, aber leichter und natürlicher –, wenn ich einfach losgelassen hätte. Der Tod hätte mir ein natürliches, friedliches Ende geschenkt. Einer der Gründe, weshalb ich der Operation so zwiespältig gegenübergestanden hatte, war der, daß dies im Erfolgsfall bedeutete, daß ich zweimal sterben müßte. Nach einer Transplantation wirst du mit dem Bewußtsein wieder ins Leben gestoßen, daß du den ganzen Prozeß des Sterbens eines Tages noch einmal wirst durchmachen müssen.

Mein Verstand sagte mir, daß mein neues Leben mit großer Sicherheit ein Segen für mich war, auch wenn davon vorläufig noch nichts zu spüren war. Aber vom Gefühl her war meine Wiedergeburt eine schmerzhafte und furchtbar schwierige Sache – genauso wie es die Geburt für einen Säugling sein muß, wenn er den Mutterschoß verläßt und mit einem Klaps zum Atmen gebracht wird. Die physische Realität der Transplantation war so immens, daß selbst ich, die ich einen so großen Teil meines Lebens in der Welt der Gefühle verbracht hatte, nicht in der Lage gewesen war, über die medizinischen Fakten hinauszublicken und mir die enormen emotionalen Weiterungen auszumalen. Ich wünschte, es hätte mich irgend jemand rechtzeitig darauf vorbereitet, daß damit eventuell zu rechnen war.

Ein oder zwei Tage danach erwachte ich aus einem kurzen Schlaf und erblickte einen mir völlig unbekannten Mann von etwa Mitte Dreißig am Fußende meines Bettes. Er stellte sich als Gary Thorpe vor und erklärte, er habe vor fünf Jahren eine Herztransplantation an ebendiesem Krankenhaus gehabt. Immer wenn er zu einer seiner regelmäßigen Nachuntersuchungen zurückkäme, würde er von Gail gebeten, sich mit einigen der neuen Patienten zu unterhalten (wie sie es später auch mit mir halten sollte). Gary schien genau zu verstehen, was in mir vorging, und seine Anwesenheit hatte für mich eine enorme Bedeutung und war ein großer Trost – einfach schon deshalb, weil er am Leben war und mit mir redete. Obwohl er ein völlig Unbekannter für mich war, hatte ich plötzlich das Gefühl, daß er mir näherstand als irgend jemand sonst auf der Welt. Er wußte, was ich wußte.

Schon nach wenigen Minuten durchflutete mich eine Welle der Hoffnung. Gary wußte genau, wie es sich anfühlt, wenn dir dein Herz aus dem Leib genommen und durch das Herz eines Fremden ersetzt wird. Und wenn dieser Mensch, der dir das Leben schenkt, nicht irgendein x-beliebiger ist, sondern jemand, der seinen Tod weder gewünscht noch gewählt hat.

»Wie ist es Ihnen nach der Entlassung aus dem Krankenhaus ergangen?« wollte ich von ihm wissen, denn ich hatte

keine Ahnung, wie ich mit dem Leben draußen zurecht-
kommen sollte, wenn es soweit war. Im Moment konnte ich
mir kaum vorstellen, die Intensivstation zu verlassen, in der
ich mich trotz meines traurigen Zustands doch sicher und
geborgen fühlte. Dauernd sahen die Ärzte und Schwestern
zu mir hinein.

»Bewältigen Sie immer nur einen Tag zur Zeit«, sagte
Gary. »Lassen Sie's anfangs ganz langsam angehen. Es wird
ständig besser, Sie werden schon sehen.«

Nach Gary Thorpes Besuch war meine Depression vorüber. Gleich nachdem er gegangen war, dachte ich wieder
über die Gründung einer Selbsthilfegruppe nach. Ich war
diesem Mann so dankbar, daß ich das Gute, das er mir getan hatte, an andere weitergeben wollte. Schließlich wurde
die Zahl derer, die eine Herz- oder Herz-Lungen-Transplantation überstanden hatten, ständig größer, und es war
sonnenklar, daß wir einander brauchten. Niemand sonst
konnte uns in spiritueller wie emotionaler Hinsicht wirklich verstehen.

Inzwischen hatte ich noch mehr Grund zur Dankbarkeit.
Gleich nach der Operation hatte Dr. Baldwin meine alten
Organe in die Pathologie geschickt, und nach der Einschätzung eines der Ärzte war meine Lunge so stark zerstört, daß
ich ohne die Transplantation innerhalb von vier Wochen tot
gewesen wäre. Um mein Herz hatte es sogar noch schlechter gestanden; die rechte Seite war bereits völlig funktions-
untüchtig gewesen. Es war gut, daß Gail mich noch im Mai
einbestellt hatte; im Juni hätte es schon zu spät sein können.

Zum damaligen Zeitpunkt wußte ich noch nicht, daß bei
einer Transplantation zwei wesentliche Veränderungen zur
gleichen Zeit bewältigt werden müssen: der Verlust der eigenen lebenswichtigen Organe und die gleichzeitige Akzeptanz der neuen Organe. Und dazu kommt noch – als wären
diese Veränderungen nicht schon kompliziert genug – die
Tatsache, daß das Ganze nur stattfinden kann, wenn jemand

sein Leben verliert – ein Leben, über das der Organempfänger wenig oder nichts weiß, außer der Tatsache, daß ein Stück davon in seinen eigenen Körper verpflanzt wurde, um ihm Leben zu schenken. Das sind Dinge von großer Tragweite. Die Operation ist nur eine Sache von Stunden, doch ein Organempfänger mit einer Neigung zur Selbstbeobachtung kann Jahre damit verbringen, mit all den weitverzweigten Folgen seiner Transplantation fertig zu werden.

Und was war mit den fehlenden Organen? Auch wenn sie noch so krank gewesen waren, waren sie doch ein Teil von mir. Wir waren uns vertraut wie uralte Freunde. Auch wenn sie mir Schmerzen und Leid bereitet hatten, so hatten wir doch vieles gemeinsam durchgestanden. Ich habe irgendwo gelesen, daß die Menschen, vor die theoretische Wahl zwischen verschiedenen Krankheiten gestellt, in den meisten Fällen ihrer eigenen den Vorzug geben. Deine Krankheit mag zwar unangenehm sein, aber wenigstens ist es deine. Sie ist dir vertraut, und du weißt, wie du damit fertig wirst. Natürlich fehlten mir mein altes Herz und meine alte Lunge nicht wirklich, ebensowenig wie meine alte Krankheit. Aber es war schwerer als erwartet, sich daran zu gewöhnen, daß sie nicht mehr da waren.

Und es dauerte auch länger. Erst einige Jahre nach der Transplantation kam mir eines Abends, als ich die Straße entlangging, der Gedanke, daß sich mein Leben siebenundvierzig Jahre lang um die Tatsache gedreht hatte, daß ich einen Herzfehler hatte. Ich hatte zwar getanzt, aber dennoch hatte im Mittelpunkt eines Großteils meiner Aktivitäten und meiner Identität mein Herzgeräusch gestanden. Plötzlich fiel mir ein: Ich habe ja gar keinen Herzfehler mehr. Und erst jetzt traf es mich mit voller Wucht: Ich habe ja nicht einmal mehr das Herz!

Mein Leben lang hatte ich die sorgenvollen, angespannten Mienen der vielen Ärzte beobachtet, wenn sie mit ihrem Stethoskop mein altes Herz abhorchten. Jedesmal fragte ich mich: Was hören sie eigentlich? Wie schlimm ist es? Und nun, nach der Transplantation, hatte ich das seltsame, befreiende Erlebnis, zuzusehen, wie die Ärzte dasselbe taten – ganz ohne Stirnrunzeln! Es gab sogar welche im Krankenhaus, die lächelten, wenn sie mein Herz abhorchten.

Als sich mein Aufenthalt auf der Intensivstation seinem Ende näherte, erhielt ich einen Anruf von Ira aus New Hampshire mit der Ankündigung, er wolle mich noch einmal besuchen und werde sich gleich auf den Weg machen. Einige Minuten später kam eine Schwester zu mir und sagte, daß mein geschiedener Mann im Wartezimmer sei.

»Das kann nicht sein«, erwiderte ich. »Ich habe gerade eben mit ihm telefoniert, und er kann nicht vor heute abend hier sein.«

»Also, ich weiß nicht, Claire. Er ist da draußen, und er sagt, er ist Ihr Exmann.«

Während ich noch überlegte, wer das sein könnte, kam David, mein *zweiter* Exmann, zur Tür herein.

Nach allem, was ich inzwischen wußte, war es nichts Ungewöhnliches, daß jemand, der mit einem fremden Herzen in der Brust aufwacht, auch den einen oder anderen geschiedenen Ehemann vergißt. Vielleicht passiert das allen. Wie gut, daß es nur zwei sind, dachte ich. Wenigstens *glaube* ich, daß es nur zwei sind. In meinem derzeitigen Zustand schien mir alles möglich zu sein.

Als David eintrat, bekam ich tatsächlich heftiges Herzklopfen. Unsere Scheidung war bitter gewesen, und danach hatten wir jahrelang keine Verbindung mehr gehabt. Sein Anblick löste in mir einen Ansturm gemischter Gefühle aus – Erinnerungen an die Streitigkeiten und Verletzungen, aber auch an Liebe und Leidenschaft. Sein Auftauchen an meinem Krankenbett war der erste emotionale Schock nach der Transplantation, der mich mitten ins Herz traf, und ich befürchtete schon, daß dies zu einer Abstoßung führen könnte.

Dann wurde mir bewußt, daß ich tatsächlich mit meinem neuen Herzen *fühlte*. Dieses Herz, das vor weniger als einer Woche noch im Körper eines anderen Menschen geschlagen hatte, fühlte jetzt meine Gefühle. Und es schien sie stärker zu fühlen als mein eigenes Herz, zumindest in den letzten Monaten. Vielleicht konnte dies neue Herz mehr Gefühle aushalten. Vielleicht war es widerstandsfähiger. Vielleicht hatte mein altes Herz keine scharfen, intensiven Gefühle mehr aushalten können. In den letzten Monaten waren meine Empfindungen immer gedämpfter und verschwommener geworden, nicht mehr so heißblütig, sondern ätherischer und vergeistigter.

Es war mühevoll, sich an dieses neue Ich zu gewöhnen.

9

Stayin' alive – Am Leben bleiben

Dreieinhalb Wochen nach der Transplantation erklärte Dr. Baldwin, nun sei es soweit, ich könne das Krankenhaus verlassen und in ein wenige Kilometer entferntes Apartmenthaus ziehen. Dies war natürlich ein gewichtiges, greifbares Zeichen, daß ich mich nicht mehr in unmittelbarer Lebensgefahr befand. Aber auch diesmal konnten meine Gefühle nicht mit dem rasanten Tempo meiner Genesung Schritt halten. Trotz meiner ambivalenten Einstellung zum Krankenhausleben bekam ich einen Schrecken bei der Aussicht, das hochtechnisierte Hospital – meinen »sicheren neuen Hafen«, wenn man so will – wieder zu verlassen und mich in die gefährliche Welt mit ihren Infektionsgefahren hinauszuwagen. Ich stellte mir vor, daß eine Armee von feindlichen Keimen, kampferprobt und bis an die Zähne bewaffnet, unmittelbar vor den Krankenhausmauern lauerte und einen mörderischen Anschlag auf meinen immungeschwächten Körper vorbereitete.

Und wenn die Keime mich nicht erwischten, gab es immer noch andere, elementarere Gefahren, um die ich mich sorgen mußte. Würde mein neues Herz weiter schlagen, oder würde die Abstoßung einsetzen, sobald ich das Gebäude verließ? Würde meine Lunge weiter arbeiten, oder war sie im Krankenhaus wie durch einen unsichtbaren Zauberschild geschützt worden, dessen magische Kräfte nachließen, sobald ich mich außerhalb seiner Mauern befand?

Trotz dieser Befürchtungen sah ich der Zukunft mit wachsendem Optimismus entgegen. Mit jedem Tag waren meine Kräfte gewachsen. Ich konnte immer sicherer und zuversichtlicher laufen, und jeden Tag wagte ich mich ein Stückchen weiter durch die Flure des Krankenhauses. Nach endloser Zeit zeigten meine Nägel zum erstenmal wieder eine frische rosige Färbung.

Aber als ich zum erstenmal wieder unter der Dusche stand und dabei versehentlich die Seife fallen ließ, geriet ich in Panik. Manches in mir lief noch nach dem vor der Transplantation gültigen Programm ab, und ich wußte aus bitterer Erfahrung, daß ich beim Bücken nach der Seife womöglich einen schlimmen Herzanfall riskierte. Ich wollte schon die Seife auf dem Boden liegen lassen, als mir klar wurde, daß diese Befürchtung zu meinem vorigen Leben gehörte. Als ich das Seifenstück ohne jede nachteilige Auswirkung aufhob, spürte ich, wie in mir Überraschung und Jubel aufbrandeten. Noch ein Sieg! Tag für Tag, genau wie Gary Thorpe es versprochen hatte.

Auch meine Stimmung besserte sich. Seit dem Augenblick, als ich in New Haven angekommen war, war fast jedes Gespräch, waren alle Fragen, Antworten und Bemerkungen verständlicherweise ernst und bedeutsam gewesen. Mit meinen Kräften wuchs zugleich auch meine Zuversicht. Kaum hatte ich eine erste Kostprobe vom Gesundsein erhalten, bekam ich Lust, wieder zu lachen und Spaß zu haben. Mein alter Elan kehrte zurück!

Zur Vorbereitung auf meine Entlassung aus dem Krankenhaus hatte Amara eine lange Liste mit Ge- und Verboten für Leute nach einer Herztransplantation durchgelesen. »Mama«, informierte sie mich, »in etwa sechs Wochen kannst du wieder Sex haben, und ab dann darfst du auch wieder Auto fahren.« Ich fing laut an zu lachen – nicht nur wegen der verblüffenden Zusammenstellung, sondern auch weil es Amara jahrelang peinlich gewesen war, über Sex zu sprechen, und sie sofort das Thema wechselte, sobald ich davon anfing. Über mein Liebesleben zu reden machte ihr anscheinend nicht das geringste aus. Jetzt war Mama an der Reihe, verlegen zu werden.

Für meinen letzten Tag in Yale berief die Krankenhausverwaltung eine Pressekonferenz ein, um die Öffentlichkeit über meine Transplantation zu unterrichten. Gail bat mich, dort ein paar Sätze zu meinen Erfahrungen zu sagen, was mich in Hochstimmung versetzte. Als sie mein Zimmer betrat, um mich abzuholen, schüttelte sie lachend den Kopf. »Claire, kannst du dir bitte das Haar kämmen? Du siehst aus wie ein Stachelschwein!« Nun, da ich dabei war, in die Welt zurückzukehren, war eine weitere große Anpassungsleistung fällig: Von jetzt an würde ich wieder für meine äußere Erscheinung verantwortlich sein. Einfach am Leben zu sein reichte nicht mehr aus.

In der Pressekonferenz, die in einem überfüllten Konferenzzimmer stattfand, bezeugte ich den Ärzten und Schwestern meinen tiefempfundenen, aufrichtigen Respekt. Ich wurde rot vor Stolz, als Dr. Baldwin schilderte, wie gut ich vorankam. Daß er vor der Öffentlichkeit sprach, verlieh seinen Worten zusätzliches Gewicht, und angesichts seiner positiven Zukunftsprognosen und den gebannten Gesichtern der Zuhörer sah ich meiner Entlassung mit größerer Zuversicht entgegen. Während er redete, betrachtete ich meine gesunden rosa Fingernägel und nahm mir vor, nie wieder Nagellack zu benutzen – ein Vorsatz, an den ich mich allerdings schon bald nicht mehr hielt.

Ich war überrascht, daß Dr. Baldwin meine Rekonvaleszenz als »ohne besondere Merkmale« bezeichnete. Erst hielt ich das für einen Scherz, bis mir klar wurde, daß er sich ausschließlich auf die physische Seite meiner Genesung bezog, die in der Tat glatt verlaufen war. Aber ich wunderte mich darüber, daß ein Arzt mit einer derartigen Leichtigkeit den Körper eines Menschen und seine sonstige Existenz voneinander trennen konnte.

Nach der Pressekonferenz fand ein Abschiedsempfang zu meinen Ehren statt, wobei Gail mir heimlich einen Schluck von dem Champagner abgab, den sie am Morgen der Operation aus dem Flugzeug mitgenommen hatte. Als ich mich von allen verabschiedet hatte und meine Tränen wieder getrocknet waren, schob sie mich im Rollstuhl vor den Eingang. Zum erstenmal, seit Bob, Barbara und Amara mit mir zum Krankenhaus gejagt waren, befand ich mich wieder im Freien. Damals, am letzten Nachmittag meines früheren Lebens, hatten sich dunkle Wolken am Himmel geballt, und nur der Regenbogen hatte ihn erleuchtet. Passenderweise schien heute die Sonne so hell, daß ich blinzeln mußte. Langsam und ganz bewußt sog ich die frische Luft tief in meine neue Lunge ein. Es tat zwar ein bißchen weh, doch das war ein Schmerz, den ich nur allzu gern spürte.

Das Apartmenthaus, zu dem wir fuhren, war eine Art medizinische Zwischenstation; ich würde etwa drei Monate dort bleiben und regelmäßig einmal wöchentlich zu einem Check-up ins Krankenhaus zurückkehren. Als Mitbewohnerin sollte ich eine Haushälterin bekommen, und zusätzlich würde sich in den ersten drei Wochen Tag und Nacht ein Pflegedienst um mich kümmern.*

Während dieses Sommers im Apartmenthaus machte ich die seltsam ungewohnte Erfahrung, ein mehr oder weniger normales Leben zu leben, ohne Sauerstoff, Schmerzen oder größere Sorgen. Es gab ein paar kleine Einschränkungen. So sollte ich mich zum Beispiel, um das Infektionsrisiko möglichst gering zu halten, von Tieren und größeren Menschenansammlungen fernhalten.

Angesichts der vielen neuen Freiheiten, die ich genießen durfte, fielen diese Beschränkungen kaum ins Gewicht.

* Ich hatte das große Glück, daß sämtliche mit der Transplantation verbundenen Kosten durch den »Massachusetts Transplant Fund« getragen wurden, eine karitative Stiftung, die Mitte der achtziger Jahre mit Hilfe freiwilliger abzugsfähiger Spenden von Steuerzahlern des Bundesstaats Massachusetts gegründet wurde. Dieser Fonds war berechtigt, Einwohnern des Bundesstaats Massachusetts »alle im Zusammenhang mit einer medizinisch begründeten Transplantation entstandenen Kosten« zu erstatten, und da ich zu den ersten Organempfängern gehörte, die sich darum beworben hatten, waren die Zuschüsse sehr großzügig. Alle Kosten, für die meine Versicherung nicht aufkam, wurden von diesem Fonds übernommen.

Zum erstenmal seit Ewigkeiten durfte ich fast alles essen, was ich wollte. »Meinetwegen können Sie sich eine Pizza bestellen, wenn Sie darauf Lust haben«, hatte der Arzt gesagt. Ich staunte, denn ich hatte erwartet, daß ich nach der Transplantation Hunderte von Diätvorschriften zu beachten hätte, und ich hatte mir vorgenommen, jedes einzelne Verbot brav einzuhalten. Im Vergleich zum Kranksein wäre dies geradezu ein Zuckerschlecken gewesen!

Essen zu dürfen, was mir schmeckte, war eine so erfreuliche Durchbrechung meiner bisherigen Gewohnheiten, daß ich es erst gar nicht glauben konnte. Ich hielt mich weiter vor allem an Obst, Getreidekörner und Gemüse, wenn ich mir auch kurz nach meiner Entlassung bei einem Restaurantbesuch einen Hamburger gönnte. Er wurde dort mit einem Holzspießchen serviert, auf dem eine Olive steckte. Schon der Hamburger war umwerfend, aber worauf ich wirklich Appetit hatte, war die kleine grüne Olive! Ich hatte mich so daran gewöhnt, auf gesalzene Speisen zu verzichten, daß mein erster Impuls war, sie sofort zur Seite zu legen. Aber ich liebe Oliven, und so starrte ich sie sicher fünf Minuten lang an, bevor ich schließlich meinen Gelüsten nachgab. Dabei erwartete ich halb und halb, daß sich die Erde auftun und mich verschlingen würde, aber nichts geschah. Welche Freiheit!

Jetzt konnte ich also wie ein normaler Mensch essen – selbst wenn dieser Mensch nicht ganz wie ich war. Nach der Transplantation entwickelte ich nämlich eine plötzliche Vorliebe für Sachen, die ich vorher nicht gemocht hatte. Ich hatte zwar immer gern Süßigkeiten gegessen, aber jetzt aß ich viel mehr davon als früher, und besonders Snickers und Reese's Peanut Butter Cups.

Außerdem zeigte sich bei mir eine seltsame neue Leidenschaft für grüne Paprikaschoten, die ich bisher immer aus meinem Salat gefischt hatte. Nach der Transplantation stellte ich jedoch fest, daß ich auf einmal grüne Paprikas an alle erdenklichen Gerichte tat, ohne daß mir ein Grund dafür einfiel.

Und als ich schließlich wieder am Steuer sitzen durfte, fuhr mein Wagen wie von selbst zur nächsten Niederlassung von Kentucky Fried Chicken. Das war nun völlig verrückt, denn ich gehe grundsätzlich nicht in Fast-Food-Restaurants. Aber aus irgendeinem unerklärlichen Grund hatte ich nach der Transplantation ein heftiges Verlangen nach Chicken Nuggets. Wie mein gleich zu Anfang aufgetretener Durst auf Bier sollte auch die unverhoffte Leidenschaft für Hähnchen erst zu einem späteren Zeitpunkt eine Erklärung finden.

Im Apartment bildete sich schnell ein bequemer Tagesablauf heraus. Während meine Haushälterin Dot das Frühstück machte, begann ich den Tag mit Yoga, Meditation und zwanzig Minuten auf dem Heimtrainer. Tagsüber machte ich Spaziergänge in der Nachbarschaft, telefonierte, las oder ging mit Dot zum Einkaufen. Es war mir etwas peinlich, wie schnell ich mich daran gewöhnte, eine Haushälterin zu haben, und wie leicht sich das Gefühl einstellte, ohne diesen Luxus nicht mehr existieren zu können. Rasch verließ ich mich in allem auf Dot und vergaß beinahe, daß es noch keinen Monat her war, daß ich mit ganz wenig Hilfe ausgekommen war, selbst an Tagen, an denen ich mich kaum auf den Beinen halten konnte.

Innerhalb der nächsten Wochen gründete ich eine Selbsthilfegruppe für Transplantatempfänger, wobei Gail mich tatkräftig unterstützte, besonders bei der Anwerbung von Leuten, die eine Herz- bzw. Herz-Lungen-Transplantation gehabt hatten oder noch darauf warteten. Zu dem ersten Treffen in meinem Apartment kamen etwa sechzehn Leute. Ich glaube, wir waren alle glücklich und erleichtert über die Entdeckung, daß wir mit unseren Problemen nicht allein dastanden, sondern daß es noch mehr Menschen in der gleichen Lage gab. Ich freute mich besonders darüber, daß ich endlich, nach den vielen Jahren, in denen ich die Hilfe von Verwandten, Freunden und Ärzten in Anspruch genommen hatte, wieder in der Lage war, etwas zurückzuzahlen.

Die Gruppe wurde schnell größer, und nach einiger Zeit teilten wir uns in drei kleinere Gruppen auf: eine für Organempfänger, eine für Leute, die auf eine Transplantation warteten, und eine dritte für Familienangehörige und enge Freunde der Mitglieder der beiden ersten Gruppen. Inzwischen war ich wieder nach Boston gezogen, aber ich besuchte und leitete die monatlichen Treffen weiter. Ich belegte sogar einen Kursus darüber, wie man eine Selbsthilfegruppe leitet, und gab mein neues Wissen dann an andere ehrenamtliche Gruppenleiter weiter.

Sosehr ich mich immer auf die Treffen freute, so waren sie doch meistens auch mit einem gewissen Maß an Traurigkeit verknüpft. Fast jedesmal stellte sich heraus, daß seit dem letzten Treffen wieder ein guter Freund oder Bekannter aus dem Transplantationsprogramm gestorben war. In einigen Fällen war die Ursache eine Transplantatabstoßung, doch häufiger betraf die Nachricht jemanden, der schon monatelang auf eine Transplantation gewartet hatte und dessen Herz nicht mehr mitgemacht hatte, bevor ein passender Organspender gefunden werden konnte. Wir alle wußten, daß die Zahl der Organspender nie für die vielen Leute ausreicht, die darauf angewiesen sind.

Immer wenn ein Patient starb, bemühten sich die Ärzte und das Pflegepersonal darum, daß wir nichts davon erfuhren. Sie forderten uns zwar auf, neuen Patienten durch Besuche auf der Intensivstation zu helfen, doch sie hielten es geheim, wenn einer von ihnen starb. Wir ärgerten uns darüber, denn ganz gleich, ob wir bereits ein neues Organ erhalten hatten oder nicht, wußten wir alle nur zu gut, daß unser Leben jederzeit auf der Kippe stand.

Einer meiner regelmäßigen Besucher in dem Apartment war der neue Mann in meinem Leben. Kal, so hieß er, war Psychologe in Boston. Ich hatte ihn bereits vor der Transplantation gekannt und gemocht, und als ich mich wieder kräftiger fühlte, wurde unsere Beziehung enger. Aber trotz Amaras Hinweis, daß es sechs Wochen nach der Transplantation wieder erlaubt war, Sex zu haben, machte mir die Vorstellung, mit Kal intim zu werden, angst – wahrscheinlich ging es mir so ähnlich wie Männern nach einem Herzinfarkt oder einer Bypass-Operation, die sich oft vorstellen, daß die Rückkehr zu sexuellen Aktivitäten sie umgehend wieder aufs Krankenlager werfen würde, wenn nicht Schlimmeres. Die Vorstellung, mitten in einer leidenschaftlichen Umarmung plötzlich zu sagen: Entschuldigung, ich glaube, mein Herz hat eine Abstoßungsreaktion! hörte sich nicht gerade romantisch an.

Meine Befürchtungen bedeuteten aber nicht, daß ich an Sex nicht mehr interessiert war. Jetzt, wo ich mich wieder mehr wie ein Mensch und nicht mehr als Roboter fühlte, regten sich durchaus wieder erotische Gedanken und Gefühle in mir. Und ich interessierte mich wirklich für Kal. Ich war nur unsicher, ob ich wirklich schon soweit war, diesen Schritt zu tun, und wollte mein Glück nicht überstrapazieren. Vor der Transplantation war ich so krank gewesen, daß es mir jetzt schwerfiel zu glauben, daß ich einfach das normale Leben eines erwachsenen Menschen wieder aufnehmen konnte, ohne wenigstens eine der angenehmen Seiten des Lebens zum Dank für meine neugewonnene Gesundheit opfern zu müssen.

Eines Tages, als Kal sich gerade auf dem Weg zu mir befand, beschlich mich ein seltsamer Gedanke. Auch wenn ich nicht allzuviel über meinen Spender nachgedacht hatte, so war ich mir doch genau bewußt, daß ich mit dem Herzen eines Mannes lebte. Und ich fragte mich: Könnte es sein, daß dies Männerherz Einfluß auf meine Sexualität hat? Wohl kaum, aber wer konnte das mit Sicherheit wissen?

Jedenfalls schien sich mein neues, männliches Herz tatsächlich auf meine Persönlichkeit auszuwirken. Mir fiel auf, daß ich mich nicht mehr einsam fühlte, auch wenn ich allein war. Amara und meine Bekannten konnten an den Werktagen nicht bei mir sein, doch sie fehlten mir dann fast gar nicht. Manchmal hatte ich das Gefühl, daß noch jemand anderes in und bei mir war und daß auf irgendeine nicht näher bestimmbare Weise mein Ichgefühl zu einer Art von Wir geworden war. Zwar konnte ich diese zusätzliche Präsenz nicht immer wahrnehmen, doch manchmal fühlte es sich fast so an, als ob ich meinen Körper mit einer zweiten Seele teilte. Diese eigenartigen Gefühle beschäftigten mich zwar, doch war ich immer noch nicht bereit, sie ernst zu nehmen. Da sie in keine mir bekannte Kategorie paßten, wischte ich sie wieder beiseite.

Doch es kam mir wirklich so vor, als ob diese neue männliche Energie sich auf mich auswirkte. Bis zur Transplantation hatte ich den größten Teil meines Lebens als Erwachsene entweder in einer festen Beziehung mit einem Mann verbracht oder in der Hoffnung, daß sich eine Bindung anbahnen würde. Doch noch Jahre nach der Operation hatte ich zwar noch ein Auge für Männer, aber mein früheres dringendes Bedürfnis nach einem festen Freund war nicht mehr vorhanden. Ich war freier und unabhängiger als vorher, so als hätte ich eine eher männlich geprägte Lebenseinstellung bekommen. Die meisten Männer – jedenfalls aus meinem Bekanntenkreis – haben keine so starke Sehnsucht nach Nähe und enger Verbundenheit wie Frauen. Sie können eine feste Bindung durchaus genießen, aber sie haben nicht das Gefühl, daß ihnen etwas fehlt, wenn sie gerade keine haben. Zum erstenmal in meinem Leben ging es mir ebenso.

Nach der Transplantation dauerte es Jahre, bis ich schließlich wieder eine dauerhafte Beziehung mit einem Mann einging. Ich ging weiterhin mit Männern aus und fühlte mich wohl in ihrer Gesellschaft, doch sobald sich eine größere Vertrautheit zu ihnen einstellte, schien etwas in mir sie zurückzustoßen. Manchmal fragte ich mich, ob mein männliches Herz vielleicht eifersüchtig war, so als ob diese Präsenz, die ich da spürte, mich nicht gern mit jemandem teilen wollte.

Auch meine Persönlichkeit veränderte sich und wurde maskuliner. Ich war jetzt kämpferischer und durchsetzungsfähiger als früher, und mein Selbstvertrauen war größer geworden. Ich hatte das Gefühl, ich wüßte jetzt Sachen, mit denen sich Männer auskennen, Sachen, die ich als Frau nicht gewußt hatte und die von irgendeinem anderen Ort zu kommen schienen. Es war eine Art Ahnung, so als hätte man mir ein geheimes Wissen anvertraut, das ich nicht völlig verstand.

Selbst mein Gang wurde maskuliner. »Mama«, bemerkte Amara, »warum gehst du so komisch? Du schiebst dich durch die Gegend, als wärst du ein Footballspieler.« Als nächstes sagte eine befreundete Tänzerin: »Claire, du gehst wie ein junger Gockel.« Ich erkannte, daß es der Schritt eines virilen jungen Mannes war, derselbe wiegende Gang, den John Travolta in *Saturday Night Fever* benutzt, mit der angeberischen Selbstsicherheit und dem gewissen Lächeln, bei dem alle anderen stehenbleiben und zusehen, wie dieser vor Vitalität strotzende Jugendliche die Straße herauf kommt. Dann fiel mir ein, daß die Erkennungsmelodie dieses Films bezeichnenderweise heißt: *Stayin' Alive* – Am Leben bleiben.

Was immer diese neue maskuline Energie bedeuten mochte, jedenfalls beschränkte sie sich nicht auf meinen Gang. Oder war mein neuer Gang vielleicht eine Metapher für die Art, wie ich mich jetzt ganz ohne Einschränkungen durchs Leben bewegte? Ich spürte eine neue Stärke, die ich mit Männlichkeit, Kraft und Dynamik verband. Eine gewisse weibliche Zögerlichkeit war von mir abgefallen und durch eine neue Selbstsicherheit ersetzt worden.

Einige Jahre nach der Operation sagte mir meine Kusine Sharon, ich hätte mich, als sie mich zum erstenmal nach der Transplantation wieder umarmte, anders angefühlt als vorher. »Dein Körper strahlte eine intensive Hitze aus«, sagte sie. »So wie die Hitze, die du spürst, wenn du einen Mann umarmst.«

Manchmal werde ich gefragt, ob sich durch die Transplantation auch meine sexuellen Vorlieben geändert hätten. Dies hat sich zwar nicht direkt geäußert, aber ich fühle mich jetzt oft zu Frauen hingezogen, die ich aus meiner Sicht als Frau eigentlich nicht sonderlich attraktiv finde. Die Frauen, die mir vor der Transplantation gefielen, waren im allgemeinen groß, schlank und dunkelhaarig, doch danach stellte ich fest, daß ich oft Frauen betrachtete, die kleiner, runder und blond waren – so als ob irgendeine männliche Energie in mir auf sie reagiert.

Und obwohl ich immer eine überzeugte Heterosexuelle war, freundete ich mich nach der Transplantation bei einer Konferenz in Boston mit einer schönen blonden Frau aus Holland an. Wir unternahmen einiges gemeinsam, und als die Konferenz zu Ende war, lud ich sie ein, mich ein paar Tage zu besuchen. Von meiner Seite her war alles ganz unschuldig, jedenfalls dachte ich das, doch sobald wir miteinander allein waren, gab sie mir durch einige anzügliche Verhaltensweisen zu verstehen, daß sie an einem sexuellen Verhältnis interessiert war. Ich ging auf ihre Avancen nicht ein, aber angesichts ihrer Überraschung über mein Desinteresse begann ich mich zu fragen, welche unbewußten Signale ich womöglich ausgesendet hatte. Ich träumte auch mehrmals, daß ich mit einer Frau zusammenlebte oder eine Frau heiraten wollte. Ich konnte mir keinen Reim darauf machen, und auch in den Träumen stellte ich mir häufig die Frage: Warum bin ich mit einer Frau zusammen, wo ich doch selbst eine Frau bin? Sollte ich nicht eigentlich einen Mann als Partner haben? Aber auf diese Fragen gab es nie eine Antwort.

Was Kal anbetrifft, so verlief unser erstes Zusammensein nach der Transplantation recht gut, trotz meiner Befangenheit. Ich war nervös und aufgeregt, und es kam immer wieder zu Unterbrechungen und Neuanfängen, weil ich merkte, daß mein Herz viel schneller klopfte, als ich es gewohnt war. Aber Kal stellte sich total auf mich ein, machte mir Mut und gab mir Sicherheit. Er war seit jeher liebevoll und aufmerksam gewesen. In den Tagen vor der Transplantation, als es mir besonders schlecht ging, hatte er mich oft zu Hause besucht und meine kalten Hände und Füße in warmem Wasser gebadet oder mir auch einmal eine warme Mahlzeit gekocht. Kal umsorgte mich mehr als jeder andere Mann, den ich gekannt habe – er war der sprichwörtliche Kümmerer.

Während meiner Genesungszeit sah es so aus, als hätten wir eine gemeinsame Zukunft. Doch kaum war ich wieder nach Boston gezogen, beendete Kal die Beziehung. Als Grund gab er an, daß er einfach nicht reif für eine feste Bindung sei, was auch stimmen mag, doch ich glaube, es steckte noch mehr dahinter. Manche Menschen – und dazu gehört auch Kal – finden nur dann Erfüllung, wenn sie für jemanden dasein können, der sie auf ganz bestimmte elementare Weise braucht. Sobald ich wieder gesund war, konnte Kal diese Rolle nicht mehr spielen.

Ich war schrecklich traurig, als Kal gegangen war, und ich fragte mich, ob es mir wohl jemals gelingen würde, daß alles zusammenpaßte. Alan hatte mich nur so lange begehrt, wie ich gesund war; Kal war nur so lange bei mir geblieben, wie ich es nicht war. Aber irgendwo, sagte ich mir, gibt es sicher einen Mann, der mich in kranken wie in gesunden Tagen lieben wird. Und wenn ich diesen Mann auch nicht ganz so dringlich brauchte wie früher, wäre es trotzdem ganz reizend, wenn er auftauchte.

Im Frühherbst, kurz vor meiner Rückkehr in mein eigenes Zuhause in Boston, wurde ich von einer Frau, deren Bekanntschaft ich im Krankenhaus gemacht hatte, eingeladen, mit ihr zur Feier des jüdischen Neujahrsfestes Rosch ha-Schana in die Synagoge zu gehen. Während des Gottesdienstes kamen die verschiedensten Gefühle in mir hoch, und meine Augen wurden feucht. Zum einen fehlte mir Amara, die nun nach der Sommerpause wieder zur Schule ging, sehr. Ich mußte auch an meine Mutter denken, deren »Jahrzeit« (ihr Todestag) am Tag davor gewesen war. Und ich war von bittersüßen Erinnerungen an alles, was ich gewonnen und verloren, erfüllt. Ich hatte nie gedacht, daß ich an diesem Tag da sein würde, um mich an alles zu erinnern.

Was würde das neue Jahr bringen? Nach jüdischer Überlieferung markiert Rosch ha-Schana die Zeit, in der Gott über Leben und Tod entscheidet. Nach allem, was ich erlebt hatte, war es eine unglaubliche Vorstellung, daß ausgerechnet ich vor einem Jahr in das Buch des Lebens eingeschrieben worden war. Anscheinend war es Gottes Wille, daß ich lebte. Und wenn ich auch nicht unverschämt sein wollte, so hoffte ich doch, daß Er mein Leben, nach allem, was ich gerade hinter mir hatte, noch um ein paar Jahre verlängern würde.

An jenem Morgen hatte ich ein Kleid angezogen, bei dem man meine Operationsnarbe im Ausschnitt sehen konnte. Eine lange senkrechte Linie lief über meinen Oberkörper und wurde in Höhe des Magens von einer weiteren Narbe durchkreuzt, die von den drei riesigen Drainageschläuchen herrührte, die Dr. Baldwin am Ende der Operation in meine Brusthöhle gelegt hatte. Da saß ich also in einer Synagoge, ein riesiges Kreuz in meinen Körper eingekerbt.

Auf meine Narben war ich so stolz wie ein Kriegsveteran auf seine Verwundung. Ich war dankbar, daß ich am Leben war, und besonders dankbar, gerade hier, in diesem Gottesdienst zu sein, wo ich diesem Gefühl Ausdruck verleihen konnte. Ich wußte, daß meine Narbe mir künftig als eine Art Maßstab dienen würde, eine bleibende Erinnerung an die schwierigen, von Schmerzen geprägten Jahre der Krankheit. Es war immer noch schwer vorstellbar, wenn es nun auch im Bereich der Möglichkeiten lag, daß diese Zeiten vielleicht für immer hinter mir lagen.

Kurz nachdem ich aus dem Apartmenthaus wieder nach Hause gezogen war, hatte ich den unvergeßlichsten Traum meines Lebens. Diesen Traum habe ich bereits ganz am Anfang meiner Geschichte geschildert.

Ich befinde mich irgendwo weit draußen im Freien, um mich nur Gras. Es ist Sommer. Bei mir ist ein junger Mann, groß, dünn und drahtig, mit rotblondem Haar. Sein Name ist Tim – ich glaube, der vollständige Name ist Tim Leighton, aber ich bin mir nicht sicher. Ich nenne ihn innerlich Tim L. Wir necken uns gern und sind gute Freunde.

Für mich wird es Zeit fortzugehen, um bei einer Gruppe von turnenden Akrobaten mitzumachen. Ich beginne mich von ihm zu entfernen, aber plötzlich habe ich das Gefühl, daß zwischen uns noch etwas Unerledigtes ist. Ich kehre um und gehe zu ihm zurück, um ihm Lebewohl zu sagen. Tim steht noch da und sieht mich an, und er scheint sich darüber zu freuen, daß ich zurückkomme.

Dann küssen wir uns. Und während wir uns küssen, atme ich ihn in mich ein. Es fühlt sich an wie der tiefste Atemzug, den ich je getan habe. Und in diesem Augenblick weiß ich, daß Tim für immer bei mir bleiben wird.

Als ich aus diesem Traum erwachte, war ich absolut euphorisch. Als ich Tim eingeatmet hatte, war es so gewesen, als hätte ich ein neues Leben eingeatmet. Außerdem hatte ich das Gefühl, daß ich die neuen Organe endgültig als meine angenommen hatte. Doch was noch wichtiger war, ich wußte auf irgendeine Weise, daß der junge Mann aus meinem Traum mein Organspender war. Ich hatte natürlich keinen Beweis dafür. Aber manchmal ist es so, daß man etwas einfach weiß, und jetzt war es so.

Natürlich wollte ich unbedingt überprüfen, ob ich recht

hatte. Aber das Transplantationsprogramm des Krankenhauses hielt sich an einen strikten Geheimhaltungskodex, und das war nicht nur in Yale der Fall. 1988 befolgte jedes amerikanische Krankenhaus, in dem Transplantationen vorgenommen wurden, die eiserne Regel, die Identität des Spenders niemals dem Empfänger mitzuteilen und andersherum.

Trotzdem rief ich Gail an. Ich wußte zwar, daß sie den Namen des Spenders nicht preisgeben durfte, doch ich hoffte, sie würde mir sagen, ob der Name aus meinem Traum richtig war. Als ich ihr den Traum erzählt hatte und sie nach Tim L. fragte, war es einen Augenblick still in der Leitung.

»Nein, das dürfen Sie nicht wissen«, sagte sie schließlich. »Ich darf mit Ihnen nicht darüber sprechen. Bitte, Claire, lassen Sie's gut sein. Selbst wenn es Ihnen gelingen sollte, die Familie ausfindig zu machen, hieße das womöglich, die Büchse der Pandora zu öffnen.«

»Wie meinen Sie das?«

»Es ist völlig unvorhersehbar, wie die Angehörigen des Spenders darauf reagieren. Die Leute können alle möglichen Reaktionen zeigen, mit denen keiner rechnet. Es ist nur natürlich, daß Sie neugierig auf Ihren Spender sind; ich wäre es auch. Aber lassen Sie's bitte gut sein. Das ganze Thema ist viel zu gefühlsbeladen und brisant.«

Obwohl ich von Gails Reaktion schrecklich enttäuscht war, erklärte ich mich bereit, das Thema fallenzulassen. Doch weitere Träume und weitere Veränderungen sollten mich schon bald dazu zwingen, meine Entscheidung noch einmal zu überdenken.

10

RoboClaire

Einige Wochen danach erschien mir Tim in einem weiteren Traum.

Ich bin zuerst ein Mann, der zu einer Frau geworden ist. Ich fahre in schnellem Tempo durch die Gegend, nehme rasant eine Reihe von Haarnadelkurven und habe ungeheuren Spaß daran. Plötzlich kriege ich eine Kurve nicht und fliege quer über den Highway, über die Mittellinie hinweg und in den Gegenverkehr. Es ist ein befreiendes, wildes Gefühl, so als flöge ich durch die Luft, ein bißchen wie am Ende des Films Thelma und Louise, *als der Wagen von der Klippe abhebt. Ich bin nicht mehr an die Straße gebunden, kenne keine Grenzen mehr.*

Als nächstes finde ich mich bei einer völlig fremden Familie wieder. Alle sind mit Hochzeitsvorbereitungen beschäftigt, denn morgen heiratet die Tochter. Sie ist jung, blond und attraktiv. Nun bin ich wieder ein Mann, und ich erkläre meiner neuen Familie, daß ich mit meinem Flugzeug fortfliegen muß, um ein Mädchen zu treffen, das dort, von wo ich hergekommen bin, auf mich wartet. Dann wird mir klar, daß es nicht richtig ist, wieder zu ihr zurückzugehen, und daß ich hier bleiben sollte.

Ich bin umringt von meinen neuen Familienangehörigen. Sie schildern mir, wie sie mich nach dem Unfall aus den Trümmern gezogen haben. Ich sage ihnen, daß ich dankbar bin, daß man vor dem Tod keine

*Angst zu haben braucht und daß ich mich von dem
Augenblick an, als ich vom Highway abhob, an
nichts mehr erinnern kann. Ich weiß nicht einmal, ob
ich gestorben bin. Es ist so ähnlich, wie wenn du aufwachst und vergißt, was du geträumt hast.*

Ich konnte mit diesem Traum nichts Rechtes anfangen, bis
mir klar wurde, daß das »Ich« in diesem Traum nicht unbedingt ich selbst sein mußte. Im Unterschied zu dem Einatmungstraum schien die Traumhandlung nicht aus meiner
eigenen, sondern aus Tims Perspektive abzulaufen. Jedenfalls schien die Tatsache, daß das Traum-Ich sowohl Mann
als auch Frau war, dafür zu sprechen. Soweit ich wußte,
hatte ich vor der Transplantation noch nie geträumt, daß
ich dem anderen Geschlecht angehörte, sondern war immer
eine Frau gewesen.

Der Traum bekam erst einen Sinn, als ich ihn aus dem
Blickwinkel meines Spenders betrachtete. Er schien davon
zu handeln, daß Tim sich entschied, in dieser fremden
neuen Welt zu bleiben – das heißt also in meinem Körper.
Er flog über die Trennlinie des Highways, aber er über-
querte zugleich eine bedeutendere Grenzlinie: die zwischen
Leben und Tod oder vielleicht die zwischen zwei Leben.
Obwohl er spürte, wie ihn alles zurückzog, traf er die bewußte Entscheidung, dort zu bleiben, wo er war.

Der Traum handelte auch von meinen eigenen ambivalenten Gefühlen gegenüber dem Verbleiben in meiner
neuen Welt – es war dieselbe Ambivalenz, die während meiner schweren Depression nach der Transplantation zum
Vorschein gekommen war. Damals hatte ich mit mir ge-
kämpft, ob ich aufgeben oder mit meiner neuen, veränderten Identität den Sprung zurück ins Leben wagen sollte. Im
Traum bestätigte ich noch einmal die Entscheidung, die ich
im wirklichen Leben bereits gefällt hatte – am Leben zu bleiben. Und Tim – oder sagen wir: der Tim, den ich mir im Unterbewußtsein vorstellte – hatte die gleiche Wahl getroffen.

Und was wurde in diesem Traum gefeiert? Eine Hochzeit, die Verbindung zwischen einem Mann und einer Frau. Das schien ein symbolischer Hinweis darauf zu sein, daß Tims Herz und Lunge in meinen Körper und meine Seele integriert worden waren. Wir hatten uns vereinigt. Tim war jetzt ein Teil von mir, und ich war ein Teil von ihm.

Es ist eine faszinierende Vorstellung, daß ein Organempfänger einen Traum haben kann, der aus der Perspektive des Spenders erzählt wird. Mir fällt dazu eine Geschichte ein, die ich später von einem anderen Organempfänger hörte. Dieser Mann gab an, er erinnere sich grundsätzlich nicht an seine Träume – mit einer einzigen Ausnahme, und das war ein Traum, den er direkt nach der Transplantation hatte. Er träumte, er sei gestorben, doch stürbe man nicht wirklich, wenn man stirbt, sondern schlüpfte nur in den Körper eines anderen. Der Traum fing damit an, daß es um ihn dunkel wurde, und er sah, wie man ein Laken über ihn deckte. Seine Angehörigen und Freunde kamen herbei, und er wußte, daß er beten mußte, damit das Licht zurückkehrte. Der Raum wurde heller und heller, bis er sich an einem strahlend hell erleuchteten, ihm fremden Ort wiederfand, wo alles völlig anders war. Das Ganze war so beängstigend, daß die Angst noch nach Jahren wieder in ihm hochstieg, als er sein Erlebnis schilderte. Auch bei ihm schien die Perspektive des Traumes die seines Spenderherzens zu sein, die einer herumirrenden Wesenheit, die sich plötzlich in einer fremden Welt wiederfand.

Und das ist genau dort, wo ich mich in meinem realen Leben wiederfand: in einer fremden Welt. Vier Monate nach der Transplantation kehrte ich schließlich wieder nach Hause zurück. Doch obwohl ich die vertraute Wohnung mit denselben Möbeln und die alten Freunde vorfand, stellte ich zu meiner Verwunderung fest, daß nichts von meinem alten Leben noch so war, wie ich es kannte. Die vier Monate meiner Abwesenheit kamen mir eher wie vier Jahrzehnte vor.

Meine Freunde und Verwandten waren mir fremd geworden. Ich kannte und liebte sie noch, aber wer um alles in der Welt waren diese Menschen? Es war so ähnlich wie bei einem Klassentreffen nach dreißig Jahren, wenn du rundum bekannte Gesichter siehst, auf denen sich die Spuren des Alters abgelagert haben. Du erkennst die Leute zwar wieder, aber du hast keine Ahnung, wer sie sind. Damals meinte ich, dieser Zustand habe Ähnlichkeit mit einer Amnesie. Heute glaube ich aber, daß ich damals noch nicht genau wußte, wer ich selbst eigentlich war, jetzt nach der Transplantation, und daß ich deshalb solche Schwierigkeiten hatte, wieder mit den anderen in Verbindung zu treten.

Meine holprige Landung erinnerte mich an den Film *RoboCop*. Die Hauptfigur ist ein ehemaliger Polizist, der erschossen und dann in einen Roboter verwandelt wird, in dem aber noch einige Überbleibsel seiner ursprünglichen Persönlichkeit weiterleben. Als RoboCop wieder nach Hause kommt, findet er dasselbe Haus und dieselben Leute vor, die er früher, als er noch ein richtiger Mensch war, gekannt hat, nur mit dem Unterschied, daß Personen wie Sachen irgendwie nicht ganz im Lot zu sein scheinen. Mir ging es bei meiner Rückkehr ähnlich, bis hin zu der Tatsache, daß ich mich nicht mehr als richtiger Mensch empfand.

Ich mußte nun meine Beziehungen zu sämtlichen Personen, die mir etwas bedeuteten, ein Stück weit auf ein neues Fundament stellen, an erster Stelle die zu Amara. Solange ich an der Schwelle des Todes gewesen war, hatte sie sich liebevoll und aufmerksam verhalten, doch nun, wo ich wieder lebendig und fast gesund war, mußten wir uns beide in mancher Hinsicht umstellen. Während meiner Krankheit waren verständlicherweise viele Gefühlsregungen und Anflüge von Verärgerung unausgesprochen geblieben; lange Zeit hatte ich weder die Kraft noch den Schwung gehabt, mich richtig mit ihr auseinanderzusetzen. Wenn sich für ein Problem nicht gleich eine Lösung finden ließ, verschoben wir das Ganze auf später – wobei keine von uns erwartete, daß wir diesen Zeitpunkt noch erleben würden.

Aber nun war dieser unwahrscheinliche Fall doch eingetreten, und das bedeutete, daß einige ganz normale, aber seit langem unterdrückte Spannungen an die Oberfläche kamen. Ein paar Tage nach meiner Rückkehr kam es zwischen Amara und mir zu einer heftigen Auseinandersetzung – worum es dabei ging, weiß ich nicht mehr –, bei der wir uns schließlich gegenseitig anschrien. Während eines besonders lautstarken Ausbruchs sah ich mich zufällig im Spiegel. Plötzlich war mir unser Streit völlig egal. Ich konnte nur noch denken: Meine Güte, was für ein kräftiges Organ! Ich mußte lachen und wendete mich schnell ab, damit Amara nicht dachte, ich würde sie nicht ernst nehmen.

Aber Amara hatte mein Spiegelbild schon gesehen und fing auch an zu lachen.

»Sieh dich vor, Kleine«, sagte ich, »jetzt kann ich lauter schreien als du!«

Es war wunderbar, sich richtig mit ihr streiten zu können und eine Beziehung zwischen uns herzustellen, die sich nicht mehr ausschließlich um meine Krankheit drehte. Ebenso erfreulich war es, daß ich wieder in der Lage war, von meiner Stimme Gebrauch zu machen und meine Gefühle auszudrücken.

Zeitweilig hatten wir zwar erhebliche Schwierigkeiten, aber insgesamt war es erstaunlich, wieviel reifer und tragfähiger unsere Beziehung nach der Transplantation wurde. Jetzt, wo ich wieder gesund war, hatte Amara auch keine Hemmungen mehr, mich wieder so wie früher zu kritisieren und sich mit ihrem trockenen Humor über mich lustig zu machen. Meiner Tochter, diesem Verstandesmenschen, bereitete es ein besonderes Vergnügen, mich wegen meines Meditierens, meiner New-Age-Interessen und meiner Tendenz zum Psychologisieren aufzuziehen. Jedesmal, wenn ich anfing, einen Traum zu erzählen, verdrehte sie die Augen und sagte: »Nun geht das schon wieder los.« Wenn ich wagte, eine metaphysische Erklärung oder eine mystische Deutung abzugeben, konterte sie mit einem: »Was ist der Sinn deiner Rede, o weise Frau?« Amara hatte seit jeher nicht soviel fürs Esoterische übrig wie ich, und sie hatte auch mehr Sinn für Humor. Sie kann spitzzüngig sein, ohne den anderen zu verletzen, und selbst wenn ihre Witze auf Mutters Kosten gingen – was normalerweise der Fall war –, konnte ich meistens darüber lachen. Es war wunderbar, daß auch Amara endlich ihre alte Lebensfreude zurückbekam.

Während meiner Krankheit waren für uns beide die Jahre, die wir davor glücklich und unbeschwert miteinander verbracht hatten, in weite Ferne gerückt. Als kleines Kind hatte Amara sehr gern mit mir getanzt, doch etwa zu der Zeit, als ich krank wurde, hörte sie mit dem Tanzen auf und trieb lieber Sport wie Lacrosse*. In einer bewegenden Geste der Empathie und Identifikation (mit dieser Interpretation war sie allerdings nie einverstanden) bekam sie dann Asthma und fing an, ein Inhaliergerät vor und manchmal sogar während der Wettspiele zu benutzen. Etwa ein Jahr nach der Transplantation, als mein Leben allem Anschein nach nicht mehr unmittelbar bedroht war, brauchte Amara das Gerät nicht mehr. Außerdem nahm sie das Tanzen wieder auf. Sie hatte sich sogar kurz vor der Transplantation von ihrem Freund getrennt, wobei sie allerdings später wieder mit Danny zusammenkam. Die Parallelen in unserem Leben waren ziemlich auffällig.

Ich war erst im nachhinein in der Lage, das wahre Ausmaß ihrer Betroffenheit durch meine Krankheit und deren enorme und deprimierende Auswirkung auf sie zu verstehen. Im Grunde war Amara, ohne etwas dafür zu können, um ihre Jugend betrogen worden. Sie hatte sich danach gesehnt, ein ganz normales Kind zu sein, das sich keine Sorgen wegen einer Mutter zu machen braucht, die ständig mit

---

* Eine Art Hockey, Anm. d. Ü.

einem Sauerstoffgerät im Bett liegt. Sie hatte die Hauptlast meiner Pflege getragen und sich deshalb mehr darum kümmern müssen, mir beim Überleben zu helfen, als sich mit all den komplizierten emotionalen und sozialen Dingen zu befassen, mit denen sich ein Teenager beschäftigt – ganz zu schweigen von einem Teenager, der in einem Ein-Eltern-Haushalt aufwächst, ohne Geschwister und mit einer todkranken Mutter. Während andere Jugendliche die üblichen pubertären Symptome von Identitätssuche und Aufmüpfigkeit aufwiesen, hatte Amara alles über Bankkonten, Schecks und Überweisungen lernen müssen und sich gezwungenermaßen mit solchen Fragen befaßt wie: Wo soll ich wohnen, wenn Mama stirbt, bevor ich die High-School beendet habe?

Nun aber war sie sechzehn Jahre alt und durchlebte eine verspätete Adoleszenz, in der es endlich nicht mehr gefährlich war, sich von mir abzulösen. Es war fast so, als ermöglichte meine neue Lunge auch Amara wieder, richtig durchzuatmen. Allmählich wuchs ihr Vertrauen in meine Stärke und Widerstandskraft, und sie konnte sich die ersten Wutausbrüche mir gegenüber leisten. Doch so laut und heftig sich ihr Zorn auch manchmal äußerte, so galt dasselbe auch für ihre Liebesbezeugungen. Dann packte sie mich, riß mich von den Füßen und wirbelte mich tanzend und lachend im Kreis herum. Daß ich dabei nicht entzweibrechen würde und nicht mehr am Rande des Todes stand, war für uns beide eine unerschöpfliche Freude.

»Ich möchte dir für zwei Sachen danken, Mama«, sagte sie einmal nach der Transplantation zu mir. »Dafür, daß du lebst, und dafür, daß du mir vertraut hast, als du krank warst.«

Erst als Amara im College wohnte, also eine ziemlich lange Zeit nach meiner Transplantation, war es endlich soweit, daß sie die schlimme Zeit als abgeschlossen betrachten konnte. Sie besuchte die Colgate University im Norden des Staates New York, und dort pflegten die Studenten im

Winter, wenn genügend Schnee lag, die steilen Hügel auf den Tabletts aus der Mensa hinunterzurutschen. Anfangs hielt Amara sich noch zurück, aber schließlich probierte sie es auch aus, und es war, als würde sie mit dieser ausgelassenen Schlittenfahrt den langen Lebensabschnitt, in dem sie ständig unter Anspannung gestanden hatte, nun endgültig hinter sich lassen. Ihre Mutter war endlich gesund, und Amara war endlich frei.

Einige Monate davor, bei der Abschlußfeier ihrer High-School, waren bei uns die Tränen geflossen. Dies war der Tag, für den ich gelebt hatte, das Ereignis, das mit meinen inständigen Hoffnungen und Gebeten verknüpft war, weil ich es unbedingt noch miterleben wollte. Während ich zwischen den Zuschauern saß und beinahe von meinen Gefühlen überwältigt wurde, mußte ich daran denken, womit mir Mary Gohlke am Telefon Mut gemacht hatte, als ich erfahren hatte, daß PPH eine tödliche Krankheit war: Sie hatte mir geraten, mir stets Ziele zu setzen, und das hatte ich getan. Es war mein Langzeitziel gewesen, bis zu Amaras Graduierung am Leben zu bleiben, und so unglaublich es war, ich hatte es erreicht. Ich wußte, daß dies nicht allein mein Verdienst war, und deshalb sprach ich ein schweigendes Gebet, in dem ich Gott dankte, daß Er mich am Leben erhalten und mir Kraft gegeben hatte und mich nun diesen unvergeßlichen Augenblick erleben ließ.

Abgesehen von meiner anregenden und beglückenden Beziehung zu Amara gestaltete sich meine Rückkehr ins normale Leben ansonsten mühseliger und problematischer. Ich fühlte mich wie ein Alien, als sei ich ein außerirdisches Wesen, das unvermutet auf diesem seltsamen, fremden Planeten gelandet war. Was sollte ich hier, und wo gehörte ich hin? Und wie konnten es die Menschen nur aushalten, so zu leben, wie sie es taten? Nach den Fernsehbildern zu urteilen, war die menschliche Gesellschaft sogar noch gewalttätiger und in sich zerrissener als in meiner Erinnerung.

Doch warum nur? Ich konnte es nicht begreifen. Inzwischen habe ich gehört, daß es den Astronauten manchmal so ähnlich ergeht, wenn sie auf ihren Heimatplaneten zurückkehren, und daß sie mit dem gleichen Erstaunen und Unverständnis reagieren, wenn sie wieder mit seinen schokkierenden Turbulenzen und wütenden Leidenschaften konfrontiert werden.

Ich schien jetzt alles intensiver zu empfinden, so als sei mein neues Herz tatsächlich zu stärkeren Gefühlen imstande. Wenn ich glücklich war, schwebte ich geradezu im siebten Himmel; wenn ich deprimiert war, litt ich ungeheuer. Auch auf die Leiden anderer reagierte ich empfindlicher. Einmal, als sich eine Packerin im Supermarkt an der Kante einer Papiertüte schnitt, konnte ich ihren Schmerz geradezu körperlich spüren. »Au, das hat sicher weh getan!« entfuhr es mir. Als ich mich entfernte, dachte ich: Da hast du eine Herz-Lungen-Transplantation durchgemacht, und so etwas nimmt dich mit? Aber so war es nun einmal.

Bei ähnlichen Gelegenheiten wurde ich öfters gefragt: »Warum regen Sie sich so auf? Das ist doch eine Kleinigkeit, verglichen mit dem, was Sie durchgemacht haben.« Aber es sind keine Kleinigkeiten. Die Transplantation war real, aber eine Schnittwunde ist es auch. Schmerzen sind Schmerzen.

Noch lange Zeit nach der Transplantation konnte ich den Anblick von Gewalt oder Brutalität nicht ertragen. Es war zuviel für mich, die Abendnachrichten zu sehen, und Spielfilme verstörten mich so, daß ich es oft nicht bis zum Ende aushielt. Der erste Film, den ich in meinem neuen Leben sah, war *Die letzte Versuchung Christi*. Der Roman hatte mir gefallen, doch die Verfilmung wirkte so brutal, daß ich nach wenigen Szenen das Kino verließ. Selbst eine so gutgemachte Komödie wie *Ein Fisch namens Wanda* fand ich so grausam und gemein, daß ich mich nicht darüber amüsieren konnte.

Erst durch *Feld der Träume*, den ich einige Monate später sah, bekam ich wieder Spaß daran, ins Kino zu gehen.

Schon auf Grund des Titels mußte das der ideale Film für mich sein – und so war es denn auch. Zum einen, weil dieser Film Träume ernst nimmt, selbst wenn sie ein bißchen an den Haaren herbeigezogen wirken oder schwer zu entschlüsseln sind. Zum anderen geht der Film respektvoll mit den unterschiedlichen Formen der Realität um, inklusive seltsamer oder »unmöglicher« Ereignisse, für die es keine konventionelle oder wissenschaftliche Erklärung gibt. Drittens deutet der Film an, daß die Grenze zwischen Leben und Tod bzw. zwischen diesem Leben und eventuell möglichen anderen Lebensformen vielleicht nicht so starr und undurchdringlich ist, wie wir normalerweise annehmen.

Dasselbe galt für den Film *Ghost*, den ich einige Monate später sah und der mich fast zu Tode erschreckte. *Ghost* erzählt von einem guten Menschen, der ermordet wurde und dessen Geist für einige Zeit nicht imstande ist, die Welt zu verlassen. Schließlich findet dieser Geist ein Medium, durch das er kommunizieren kann, und einmal übernimmt er sogar die Herrschaft über dessen Körper. Aber die vergeblichen Versuche, die der Geist davor unternimmt, um mit der vertrauten Umgebung in Kontakt zu treten, sind entsetzlich quälend. Sein Körper, den er immer noch bewohnt, ist jetzt unsichtbar, und er hat einige neue Fähigkeiten hinzugewonnen; unter anderem kann er durch Wände gehen, indem er sich dagegenlehnt. Dieses Bild ging mir unter die Haut, denn wenige Wochen nach der Transplantation hatte ich etwas Ähnliches im Traum erlebt.

In diesem Traum war ich direkt durch eine Wand hindurchgegangen. Ich stellte mich dicht davor, drückte mich ganz, ganz vorsichtig hinein und kam direkt auf der anderen Seite wieder heraus. Das Ganze war so leicht und schmerzlos, als hätte mein Körper keine Masse. Ich war euphorisch, weil ich mühelos eine Barriere überwunden hatte, die ich immer für undurchdringlich gehalten hatte – wie die Grenze zwischen Leben und Tod. Ich war keine bloße Sterbliche mehr, ich hatte dem Tod ein Schnippchen geschlagen!

Nachdem ich mich viele Jahre als schwach und gebrechlich erlebt hatte, konnte ich nun wieder atmen, spazierengehen und sogar radfahren. Warum sollte ich nicht durch Wände gehen? Meine Ängste waren verflogen. Ich konnte einfach alles!

Als ich aus dem Traum erwachte, fiel mir sofort die Transplantation ein, bei der ich für kurze Zeit auf die andere Seite des Lebens hinübergewechselt und dann wieder zurückgekehrt war in diese mir jetzt zugleich fremde und vertraute Welt. Ich fühlte mich wie der Geist in dem Film, bevor er das Medium gefunden hatte: Nachdem ich einmal die Trennlinie überquert hatte, hatte ich keine Beziehung mehr zu den Menschen in meiner Umgebung. Damals wußte ich es noch nicht, doch sollte dieses Motiv – das Überschreiten einer Schwelle und die anschließende Rückkehr – noch oft in meinen Träumen auftauchen.

Als ich *Ghost* sah, war ich allein. Während ich auf der Leinwand das Leben zu beiden Seiten der bis dahin undurchdringlichen Mauer des Todes miterlebte, hatte ich das Gefühl, jetzt selbst auf der anderen Seite zu leben. Ich fühlte mich an diesem Abend selber wie ein Geist, so als existierte ich nicht wirklich und hätte keinen Körper. Nach der Vorstellung stieg ich zitternd ins Auto. Wessen Geist war ich? Nun, das war leicht: der Geist von Tim, dem verstorbenen Jungen. In meinem Traum und dann nochmals in diesem Film hatte ich die Transplantation aus zwei verschiedenen Perspektiven wiedererlebt – aus der des lebendigen Organempfängers und der des verstorbenen Organspenders.

Als ich an diesem Abend wieder zu Hause war, wurde ich von hysterischem Weinen geschüttelt. Glücklicherweise war Amara da. »Nimm mich einfach in die Arme«, sagte ich. Ich beruhigte mich zwar bald wieder, doch was war das für ein entsetzlicher Abend gewesen! So hatte noch nie ein Film auf mich gewirkt.

Nach der Transplantation, aber besonders nach dem Traum mit dem Geisterthema hatte ich viel weniger Angst vor dem Tod. Seit ich ihm ins Auge geblickt hatte, war er kein Fremder mehr, vor dem man sich fürchten mußte. Ich war ihm so nah gewesen, daß ich ihm gelassener entgegensah – ich betrachtete ihn als natürlichen Teil des Lebens und nicht mehr als furchtbares Unglück. Der Tod war etwas Elementares, das uns tief berührt, doch unter den meisten Umständen war er nicht an sich schon tragisch.

Bei meinem Versuch einer Rückkehr ins normale Leben bemerkte ich überrascht, wie schwer es mir fiel, wieder die gleiche Ebene der Spiritualität zu erlangen, die ich während meiner Krankheit erreicht hatte. Ich wollte unbedingt die Lehren, die ich damals erfahren hatte, in mir wachhalten – Vergebung, den tieferen Zugang zu mir selbst, das Gefühl der Gelassenheit und die Zuversicht, daß sich das Universum seiner Bestimmung gemäß entfaltet. Doch jetzt, wo ich wieder gesund und stark war, konnte ich fast körperlich spüren, wie die geistige Dimension sich mir immer mehr entzog. Obwohl ich mich sehr bemühte, daran festzuhalten, entglitt mir ein Teil meiner spirituellen Energie. Ich stand wieder mit beiden Beinen auf der Erde, auf dem Boden der Tatsachen, in meiner alten Welt mit ihren alltäglichen Problemen.

Ich behielt zwar die täglichen Meditationen bei, fügte aber nun ein kurzes Morgengebet hinzu: »Lieber Gott, ich danke Dir für den heutigen Tag«, und das half mir, einen gewissen Abstand zu den Dingen zu wahren. Zusammen mit dem Meditieren ermöglichte mir dieser schlichte Satz, mich aus der materiellen Welt mit all ihren betäubenden Einzelheiten und Problemen wenigstens für kurze Zeit zu einem Moment der Klarheit, des Dankens und Erinnerns aufzuschwingen. Ich spreche dieses Gebet jeden Morgen, und immer wenn diese Worte zu anderen Zeiten des Tages in meinem Bewußtsein auftauchen, halte ich kurz inne und erinnere mich daran, an welchem Punkt ich einmal war, und mache mir bewußt, wo ich heute bin. Ich bin dann von Dankbarkeit erfüllt.

Meine Wiedereingewöhnung war aber nicht ausschließlich mit schmerzlichen, komplizierten oder ängstlichen Empfindungen verbunden. Manche Veränderungen, insbesondere die physischen, erfüllten mich auch mit Begeisterung. Ich erinnere mich, wie ich einmal laufen mußte, um den Bus noch zu erreichen; die Haltestelle war fast einen Straßenblock weit entfernt, doch zum erstenmal seit einer Ewigkeit dachte ich keine Sekunde lang an meinen Zustand, sondern rannte einfach los. Als ich dann später im Bus merkte, was ich da gerade getan hatte, war ich selig. Es ging also wirklich!

Was mich zum Staunen brachte, war für andere ein Schock. Viele hatten das Bedürfnis, mich zu berühren, als wollten sie sich davon überzeugen, daß ich wirklich wieder gesund war. Manche wollten mich auch zu meinem »Mut« beglückwünschen, und sosehr das meinem Ego schmeichelte, hatte ich doch immer das Gefühl, das Kompliment gar nicht zu verdienen. Gehörte denn wirklich Mut oder Tapferkeit dazu, sich für die einzige Möglichkeit zu entscheiden, die dein Leben noch retten kann? Wenn du am Ertrinken bist, ergreifst du auch jede Hand, die sich dir entgegenstreckt. Für mich bedeutet Tapferkeit den spontanen Entschluß, einem anderen das Leben zu retten, obwohl man selbst dabei in Lebensgefahr gerät. Und trotzdem war ich stolz auf die Transplantation und wie ich sie durchgestanden hatte.

Die Leute schienen zu erwarten, daß ich an lauter Apparaten hängen oder im Rollstuhl sitzen würde; sie konnten es nicht fassen, daß ich wieder herumlief und auch nicht wie ein hinfälliges altes Mütterchen aussah. Das fand ich verständlich, weil ich es ja selber kaum glauben konnte.

Alles in allem ging meine Genesung besser, erfolgreicher und unkomplizierter vonstatten, als ich es je für möglich gehalten hätte. Nach meiner Krankheit wäre ich schon hochzufrieden gewesen, wenn ich auch nur annähernd so gut drauf gewesen wäre wie in der Zeit, bevor ich an PPH erkrankt war. Aber ich erreichte viel mehr; nach der Transplantation war ich so gesund wie noch nie zuvor in meinem Leben. Wegen meines Herzfehlers hatte ich mich nie getraut, völlig ungehemmt drauflos zu rennen, zu spielen oder zu tanzen. Doch nun stellte ich fest, daß diese lebenslangen Einschränkungen sich klanglos verabschiedet hatten.

Es war schon bemerkenswert: Zwei Jahre nach der Transplantation, im Alter von fünfzig Jahren, hatte ich mehr Kraft und Energie als mit fünfundzwanzig. Ich kam mir vor wie der Mann in dem alten Witz, der den Arzt fragt: »Sagen Sie, Herr Doktor, kann ich nach der Operation Geige spielen?«

»Selbstverständlich«, sagt der Arzt, »dafür verbürge ich mich.«

»Das ist ja prima«, erwidert der Mann, »denn das konnte ich bisher noch nicht.«

Der Zufall gab mir die einzigartige Möglichkeit, bei einem eindrucksvollen Vorher-Nachher-Vergleich den Beweis für meinen Aufschwung anzutreten. 1979, mehrere Jahre vor meiner Erkrankung an PPH, hatte ich bei einer örtlichen Aufführung des Musicals *Oklahoma!* die Hauptrolle getanzt. Dreizehn Jahre später – die Transplantation lag schon einige Zeit zurück – hatten sich der musikalische Leiter und der Choreograph dieser Produktion wieder zusammengetan, um das Stück noch einmal aufzuführen. Als ich im Theater hereinschaute, um alte Bekannte wiederzusehen, fragten die beiden mich, ob ich mich nicht am Vortanzen für meine alte Rolle beteiligen wolle. Aus purem Jux machte ich mit und ging auf die Bühne. Ich fand es schmeichelhaft, daß sie mir daraufhin die Rolle anboten, doch kam es mir etwas albern vor, noch einmal die Laurie in der berühmten Traumszene zu spielen. Laurie ist sehr jung, und ich war schon beim letztenmal zu alt für die Rolle gewesen! Aber meine Freunde redeten mir zu, und je länger ich darüber nachdachte, desto phantastischer fand ich die Idee. Schließlich sagte ich zu, nicht nur, weil es meinem Ego guttat, sondern auch, weil dies eine spannende und außergewöhnliche Chance war. Ich habe nicht im *Guinness Buch der Rekorde* nachgesehen, aber ich möchte wetten, daß nur sehr wenige Tänzer dieselbe Rolle mit zwei verschiedenen Herzen gespielt haben.

Nach der Transplantation hatte ich einfach mehr Energie – übergenug! Ich bemerkte jetzt eine neue, mir bis dahin nicht bekannte Rastlosigkeit, die bis heute anhält. Ich war ständig auf Achse und überlegte andauernd – in einem endlosen Bemühen, bloß nicht stillzustehen –, wohin ich als nächstes gehen und was ich noch alles unternehmen könnte. Manchmal mußte Amara mich ermahnen, mir nicht zuviel zuzumuten. Obwohl ich immer schon eine große Partygängerin gewesen war, war ich doch früher ziemlich früh zu Bett gegangen. Jetzt schien ich mich zu einem richtigen Nachtmenschen zu entwickeln.

Es war also vielleicht nicht verwunderlich, daß ich immer mehr Zeit mit jüngeren Leuten verbrachte und seltener mit Bekannten aus meiner eigenen Altersgruppe zusammen war. Ich hatte zwar immer noch meinen Bekanntenkreis aus der Zeit vor der Transplantation, doch zunehmend fühlte ich mich zu Leuten hingezogen, die jünger waren als ich. Mir fiel auch auf, daß die Männer, die mit mir flirteten, erheblich jünger waren als früher. Vielleicht lag es an meinem Herzen und der neuen Präsenz, die damit zusammenzuhängen schien. Oder vielleicht zeigte ich unbewußt meine stärker gewordene Libido – eine Veränderung, die fast alle Organempfänger betraf, die ich kenne, besonders, wenn sie das Herz eines jüngeren Spenders bekommen hatten. Im Supermarkt fiel mir einmal eine Schlagzeile ins Auge: *Frau nach Herztransplantation verrückt nach Sex.* Es war lächerlich, aber es enthielt ein Körnchen Wahrheit.

Während ich mich langsam an meine neue Persönlichkeit gewöhnte, fand ich es komisch, als fünfzigjährige Frau mit dem Herzen und der Lunge eines achtzehnjährigen Burschen durch die Welt zu gehen. Es war irgendwie seltsam und ungewöhnlich, etwas so nah bei mir zu haben, das ich so gut kannte und das doch zugleich so rätselhaft war. Wie wirkte sich dieses Herz auf mich aus? Wer war dieses neue Wesen, zu dem ich geworden war? Und was bedeutete es, ein Wunder am eigenen Leib zu erleben, das vor noch gar nicht langer Zeit als Thema für Science-fiction-Romane diente?

In allererster Linie bedeutete es, daß ich ganz besonders vorsichtig sein mußte. Wegen der Medikamente zur Verhinderung der Abstoßungsreaktion, die ich jeden Tag einnahm, mußte ich ununterbrochen Ausschau halten, ob irgendwo eine Bedrohung für mein Immunsystem lauerte. Nach meiner Heimkehr aus New Haven lebte ich in ständiger Angst vor meinem ersten Schnupfen. Schon seit meiner Kindheit war ich sehr anfällig für Erkältungen gewesen, die sich dann meistens zu einer Grippe, Bronchitis oder sonst einer Komplikation auswuchsen. Mit meinem unterdrückten Immunsystem konnte sich eine Schniefnase zu einer lebensgefährlichen Krankheit ausweiten.

Deshalb sah ich mich vor. Ich hielt mich von Leuten fern, die an ansteckenden Krankheiten litten, wusch mir häufiger als früher die Hände und nahm mich besonders vor Tieren in acht; übrigens auch vor Kindern, die ja häufig Keimträger sind. Eine Bekannte von mir, eine Herzempfängerin, die in ihrem früheren Leben kein Risiko gescheut hatte, erfuhr nach der Entlassung aus dem Krankenhaus, daß einige Mitschüler ihrer Kinder an Windpocken erkrankt waren. Obwohl ihre eigenen Kinder gesund waren, zog sie auf Rat ihres Arztes vorsichtshalber eine Zeitlang zu ihrer Mutter. Die Ärzte und Schwestern in Yale hatten keinen Zweifel daran gelassen: Wir konnten gar nicht vorsichtig genug sein.

Nach der Transplantation dauerte es fast ein Jahr, bis mich die erste Erkältung erwischte. Als es passierte, war ich starr vor Angst. Das ist mein sicherer Tod, war mein einziger Gedanke. Gut, im Moment ist es nur eine Erkältung, aber aus einem Schnupfen kann eine Grippe oder eine Bronchitis werden, und von da an konnte es nur noch unaufhaltsam bergab mit mir gehen.

Aber nichts dergleichen geschah. Meine Nase lief, ich hatte Halsschmerzen, und zwei Tage später war alles vorbei. Statt daß es mir, so wie früher, immer schlechter ging, erholte ich mich rasch – wie ein ganz normaler Mensch. Vielleicht lag es an den Antibiotika, die ich jeden Tag nahm, doch die anderen in meiner Selbsthilfegruppe nahmen genau dieselben Medikamente, und manche von ihnen wurden häufig krank. Ich habe immer noch ab und zu eine Erkältung, doch seit der Transplantation scheine ich eine hochwillkommene neue Robustheit entwickelt zu haben. Heute ist ein Schnupfen nur ein Schnupfen und weiter nichts.

Bei einer meiner regelmäßigen Nachuntersuchungen in New Haven erzählte ich Dr. Baldwin, daß ich nicht mehr so häufig Erkältungen und Bronchitis bekam wie früher. »Das ist einleuchtend«, sagte er. »Bei Ihrer Transplantation haben wir auch einen Teil Ihrer Bronchien entfernt und sie durch seine ersetzt.«

Das war also die Erklärung. Oder doch nicht? In jedem Fall war es ein eigenartiges Gefühl, daß ich mehr vom Körper meines Spenders erhalten hatte, als mir bereits bekannt war. Dr. Baldwin hätte über meine Hypothese gelacht, daß es vielleicht das Herz und die Lunge meines Spenders und seine Vitalität waren, die mich immer so schnell wieder gesund werden ließen. Falls das Wunder geschah und ich jemals Kontakt zu dessen Angehörigen bekommen sollte, konnte ich vielleicht herausfinden, ob mein Spender ebenso robust und immun gegen Infektionen gewesen war, wie ich es nun anscheinend war.

Es dauerte Jahre, bis mir klar wurde, in welch vielfältiger Weise sich mein Gesundheitszustand verbessert hatte. Vor der Transplantation hatte ich an schwerer Migräne gelitten, mit den klassischen Symptomen wie Gedächtnisverlust, visueller Aura und halbseitigem Taubheitsgefühl – fast wie ein

Schlaganfall im kleinen. Im Laufe der Zeit hatte ich die verschiedensten Medikamente gegen die Kopfschmerzen ausprobiert, aber nicht eines hatte geholfen. Die Migräne pflegte etwa einmal im Monat aufzutreten, und als ich noch jünger war, litt ich ständig unter der Angst, daß dies vor oder während eines Bühnenauftritts geschehen könnte. Einmal passierte es dann auch wirklich, bei einer Aufführung des *Mittsommernachtstraums*, ich vergaß einen Teil meines Textes und konnte mich gerade noch so durchmogeln, indem ich aus dem Stegreif ein paar neue Sätze erfand.

Nach der Transplantation habe ich nie mehr Migräne gehabt. Das mag am Cyclosporin liegen oder sogar am Älterwerden, denn Migräne verschwindet oft mit zunehmendem Alter. Nicht jede der von mir registrierten Veränderungen muß notwendigerweise eine direkte Folge der Transplantation gewesen sein, doch da Organtransplantationen etwas relativ Neues sind, bleiben noch viele Fragen offen.

Ich habe mein Leben lang an niedrigem Blutzucker gelitten, doch auch dieses Problem verschwand nach der Transplantation. Ebenso ging es mir mit meiner lebenslangen Abneigung gegen hohe Luftfeuchtigkeit. Bis zur Transplantation konnte ich es nirgendwo aushalten, wo es feucht und heiß war, weil ich mich dann so matt und ausgetrocknet fühlte, als sei mein gesamter Energievorrat geschmolzen. Aber heute kann ich stundenlang unter Bedingungen tanzen, bei denen ich in meinem vorigen Leben ohne eine Klimaanlage kaum Luft bekommen hätte. Vor der Transplantation habe ich auch nie geschwitzt, was vielleicht eine Erklärung dafür ist, warum mein Körper mit Luftfeuchtigkeit nicht zurechtkam, denn er konnte nicht genug Feuchtigkeit ausscheiden. Nach der Transplantation begann ich stark zu schwitzen, sobald es heiß wurde oder ich hart trainierte. Es hört sich komisch an, aber da ich bisher weder mit Schwitzen noch mit den Ausdünstungen, die bei körperlichem Training entstehen, zu tun gehabt hatte, mußte ich mir ein neues, stärkeres Deodorant zulegen.

Eine der angenehmsten Veränderungen war, daß ich nicht mehr ständig fröstelte, weil ich nun endlich genügend Sauerstoff bekam. Im ersten Winter nach meiner Heimkehr machte es mir auf einmal großen Spaß, draußen spazierenzugehen, jedenfalls, wenn ich dazu richtig angezogen war. Wenn im Oktober die ersten Blätter fielen, freute ich mich jedesmal wieder, daß ich die langen Monate zwischen November und April nun nicht mehr damit verbringen würde, mich ständig über den Winter zu ärgern oder ungeduldig nachzurechnen, wann es endlich wieder Frühling würde. Zwar träumte ich immer noch davon, irgendwann einmal in ein wärmeres Klima zu ziehen, doch vorläufig konnte ich das Neuenglandwetter zumindest aushalten und manchmal sogar genießen.

Einige andere Veränderungen hatten mit den Medikamenten zu tun, die ich einnehmen mußte. Das Steroid Prednison regt bekanntlich den Haarwuchs an, und deshalb wurden meine Wimpern so lang, daß kaum noch Platz für meine Augen blieb, wenn ich meine Brille aufsetzte. In Nase und Ohren wuchsen so viele Haare, daß ich schon überlegte, ob ich irgendwann Schwierigkeiten mit dem Atmen oder Hören bekommen würde. Glücklicherweise hörte das Haar im Gesicht nach einer Weile auf zu wachsen, doch auf dem Kopf war die Haarpracht üppiger denn je, und was die Behaarung an anderen Stellen anging, so wurde jetzt eine regelmäßige Elektrolysebehandlung notwendig.

Es hatte also nicht jede Veränderung, die mit mir vorging, einen direkten Bezug zu diesem anderen, das da in mir war. Manche Dinge hatten mit Sicherheit andere Ursachen – schließlich war ich fast gestorben bzw. wiedergeboren worden. Andere Veränderungen rührten von den Medikamenten her, die ich einnahm, und noch andere wären vielleicht in jedem Fall mit zunehmendem Alter eingetreten. Trotzdem kann ich kaum glauben, daß diese Erklärungen für alles verantwortlich sein sollen, was nun in meinem Leben anders als vorher zu sein schien.

Je mehr mir bewußt wurde, daß sich meine Neigungen und mein Wesen veränderten, desto mehr kreisten meine Gedanken um meinen Spender. Wie war er gewesen – stark und robust? Womöglich hyperaktiv? Konnte das eine Erklärung für meine neue, fast schon frenetische Energie sein? Wie war sein Gesundheitszustand gewesen? Ob ich jemals auch nur das Geringste über ihn erfahren würde? Und inwieweit – wenn überhaupt – deckte sich mein echter Spender mit dem Tim meiner Träume?

11

Herzwechsel

Das berauschende Hochgefühl, das mein erster Traum
von Tim in mir weckte, setzte sich in weiteren Träumen
fort. In einer eigenartigen Umkehr der konventionellen re-
ligiösen Symbolik träumte ich erst von Wiedergeburt und
Auferstehung und danach von Tod und Kreuzigung (darunter auch einen Alptraum, in dem ich mir tatsächlich Nägel aus der Hand zog). Doch bevor diese destruktiven Bilder einsetzten, verlebte ich ein gesegnetes Jahr, in dem die
Begeisterung darüber, daß ich mit dem Leben davongekom-
men war, alles andere überwog. Es war, als ob die höhere
Magie meiner wunderbaren Operation wie ein Betäubungs-
mittel wirkte, das die negativen Bilder von mir fernhielt.

In einem meiner ersten Träume nach der Transplantation
sitzt, für mich unsichtbar, ein Mann hinter mir. Er spricht
mit mir und bewundert mich, aber er erlaubt mir nicht,
mich umzudrehen und ihn anzusehen. Als ich mich schließlich doch umdrehe, stelle ich fest, daß seine Hände und sein
Gesicht von Narben bedeckt sind. Aber ich finde ihn keineswegs häßlich oder abstoßend. Ich streichele seine Hände und sein Gesicht und finde ihn wunderschön.

Der Mann mit den Narben war eine Art Lehrer, doch war
ich noch nicht bereit, seine Lehren zu verstehen. Während
des ganzen ersten Jahres nach der Transplantation konnte
ich es nicht zulassen, die mit der Operation verbundenen
Seelenqualen und alptraumhaften Aspekte wahrzunehmen.
Später wurde mir dann allmählich klar, daß ich nur dann
mit der Transplantation fertigwerden konnte, wenn ich
mich nicht allein auf das Wunder konzentrierte, sondern

auch die Schattenseiten akzeptierte, wozu meine lange Krankheit, das Trauma der Operation und meine Wesensveränderung gehörten. In anderen Worten, ich mußte mich umdrehen und meine Narben annehmen.

Das tat ich schließlich auch, wobei mir meine Träume den Weg wiesen. Kaum war das erste Jahr vergangen, wurden meine Träume merklich düsterer und gewalttätiger. Blutvergießen, Krieg und andere Schreckensbilder häuften sich. In einem der Träume lag ich versteckt unter einem Bett in einem Haus, das gerade von feindlichen Truppen gestürmt wurde. Direkt über mir ertönte ein kreischendes Geräusch, das mir sehr bekannt vorkam. Als ich aufwachte, verband ich es sofort mit der chirurgischen Säge, die zu Beginn der Transplantation meine Knochen durchtrennt hatte. Vielleicht hatte ich das Geräusch auf irgendeiner Ebene doch noch wahrgenommen, auch wenn ich während der Operation in einer weit entfernten Welt weilte. In meinem Traum war es jedenfalls entsetzlich.

In einem anderen Alptraum befand ich mich inmitten einer großen Anzahl von ausgezehrten nackten Körpern in einer Art Erdhöhle gefangen. Wir drängten uns eng aneinander und erwarteten an diesem schaurigen, an Auschwitz gemahnenden Ort das Ende der Welt. Es war nur noch eine Frage der Zeit, wann die Luft aufgebraucht sein würde. Der Eindruck war so furchtbar, daß mich noch heute ein Schauder überläuft, wenn ich daran denke.

Als diese Alpträume nicht aufhörten, wußte ich, daß ich sie nicht mehr ignorieren durfte. Die Bilder stiegen aus meinem tiefsten Inneren empor, und es war klar, daß ich ihrem Ursprung nachgehen mußte. In meinem früheren Leben hatte Rick Pisani mir einmal vorgeschlagen, ich sollte mich, falls ich meine Träume jemals eingehend bearbeiten wollte, an den Psychoanalytiker Robert Bosnak wenden, einen Jungianer, der ein Traum-Seminar am Jung-Institut in Boston abhielt. Doch als ich dort anrief, um mich für Bosnaks Kurs anzumelden, war er bereits ausgebucht. Daraufhin rief ich Bosnak persönlich an, um ihn zu fragen, ob er mich als private Klientin annehmen könnte. Doch er war völlig ausgelastet und hatte keine freien Termine mehr.

»Könnten Sie mir dann jemand anderes empfehlen?« fragte ich. »Ich hatte eine Herz-Lungen-Transplantation und möchte die Träume bearbeiten, die ich seitdem habe.«

Es entstand eine Pause. »Sie hatten eine Transplantation?«

»Ja, letztes Jahr.«

»Tatsächlich? Es könnte sein, daß ich am Dienstag nachmittag noch eine Stunde Zeit habe.«

Er war mir auf den ersten Blick sympathisch. Robbie, wie ich ihn heute nenne, machte einen vitalen, lebendigen Eindruck, und aus seinen dunklen Augen leuchteten mir Empathie und Intelligenz entgegen. Außerdem konnte er sehr konzentriert und aufmerksam zuhören, ganz besonders, wenn ich von der Transplantation sprach. Sobald ich die Operation oder deren Auswirkung auf mich erwähnte, schien er geradezu zu erstarren. Und er war über das Thema so gut informiert, daß ich schon überlegte, ob er auch ein Organempfänger war oder ob seine Frau oder irgendein anderer Mensch, den er gut kannte, auf der Warteliste stand.

Als ich mich nach ein paar Wochen schließlich danach erkundigte, erklärte er mir, daß er seit zwei Jahren an einem Roman über einen Mann schriebe, der eine Herztransplantation durchmacht. Um sich eingehend über das Thema zu informieren, hatte er vor kurzem das Buch, das Mary Gohlke über ihre Transplantation geschrieben hatte, zur Hand genommen, und zufällig hatte er gerade darin gelesen, als ich anrief. Wieder ein Beispiel für Synchronizität!

Es war schon erstaunlich genug, daß Robbie gerade Mary Gohlkes Buch las, doch noch bemerkenswerter war die Geschichte, an der er gerade schrieb. Wie ich später erfuhr, handelte sein Roman von einem Psychiater und seiner Freundin, die beide Opfer eines Überfalls werden. Die Freundin kommt dabei ums Leben, und der Psychiater wird so schwer verletzt, daß er ein neues Herz braucht – und von ihr erhält. Nachdem er endlich genesen ist, merkt der Psychiater, daß er anders empfindet und reagiert als früher, so, als werde er immer noch von seiner Freundin beeinflußt. Er lernt sie dann allmählich sozusagen von innen her kennen, nämlich durch die überraschenden Reaktionen seines Herzens, das vorher ihr gehörte.

Längere Zeit erwähnte Robbie die auffälligen Parallelen zwischen seinem Roman und meiner Geschichte nicht. Als Analytiker wollte er nicht, daß die Gedanken und Deutungen seiner Klientin durch seine eigenen Vorstellungen beeinflußt würden. Während unserer ersten Sitzungen sagte er nur, daß er sein Buch vorläufig zur Seite legen würde, weil er sich lieber auf meine Erfahrungen konzentrieren wollte, statt sich mit den Spekulationen seiner Phantasie zu befassen.

Das brachte mich auf eine Idee. Da ich ein Traum-Tagebuch führte und Robbie vor kurzer Zeit ein Buch mit dem Titel *Dreaming with an AIDS Patient** veröffentlicht hatte, fragte ich ihn rundheraus, ob er Interesse daran hätte, mit mir zusammen ein Buch über die Träume und psychologischen Reaktionen von Herztransplantierten zu schreiben. Robbie gefiel die Idee, und obwohl uns beiden klar war, daß eine solche gemeinsame Arbeit gegen die traditionelle Abgrenzung von Therapeut und Klient verstoßen würde, fanden wir das Thema so faszinierend, daß wir übereinkamen, es zu versuchen. Wir würden meine eigene »Traumarbeit«, wie Robbie es nannte, auf anderer Ebene fortführen, auch wenn klar war, daß sich die Forschungs- und die Traumarbeit sicher manchmal überschneiden würden.

Um den Rahmen des Projekts zu erweitern, planten wir, auch die Träume und Gefühlsreaktionen anderer Herzempfänger zu untersuchen. Zum damaligen Zeitpunkt fuhr

* Das Buch ist später unter dem Titel *Christopher's Dreams* als Taschenbuch erschienen.

ich noch regelmäßig einmal im Monat nach New Haven zum Treffen der Selbsthilfegruppe, die ich zusammen mit Gail Eddy gegründet hatte. Aber inzwischen hatte sich der Schwerpunkt der Gruppe verlagert: Statt um den Austausch von Gefühlen ging es mehr und mehr um den Austausch von Informationen. Ich wollte eine Handvoll Teilnehmer ansprechen, ob sie vielleicht mehr Interesse an einer kleineren, intensiveren Forschungsgruppe hätten, in der wir die Möglichkeit hätten, unter Robbies Leitung unsere komplizierten Gefühle zu untersuchen und über unsere Träume zu sprechen.

Eineinhalb Jahre lang trafen Robbie und ich uns dann einmal im Monat mit sechs Herztransplantierten in New Haven. Diese Gruppe war genau das, wonach ich mich die ganze Zeit seit der Operation gesehnt hatte, eine kleine, intensive Gemeinschaft, in der wir offen und rückhaltlos miteinander über die gesamte Bandbreite unserer Gefühle, von den freudigen bis zu den beängstigenden, sprechen konnten. In manchen unserer Gespräche dominierten Traurigkeit oder Wut, doch immer entschädigte uns das Gefühl, verstanden zu werden. Wir konnten uns einfach alles anvertrauen, selbst intime Gefühle und Vermutungen, die wir keinem Außenstehenden mitgeteilt hätten, weil er uns wahrscheinlich für verrückt gehalten hätte. Wir sprachen über das Leben als Organempfänger – und den Tod.

Auf unterschiedliche Weise glaubten wir alle, daß das neue Herz unser Wesen beeinflußt und sogar verändert hatte. Robbie fiel ebenso wie mir auf, daß die Gruppenmitglieder sich selbst häufig nicht als »Organempfänger«, sondern als »Transplantierte« bezeichneten, also zum Beispiel »Ich bin ein Transplantierter« sagten. Ein Mann, der zuvor eine Operation am offenen Herzen durchgemacht hatte, bei der ihm eine verwirrende Ansammlung von Bypässen gelegt worden war, die dem spaghettiartigen Autobahngeflecht von Los Angeles ähnelte, bestand nachdrücklich darauf, eine Transplantation sei eine qualitativ völlig andere Erfahrung. Darin stimmten wir übrigen ihm zu: Das eine Verfahren ermöglicht dem Patienten, sein normales Lebensalter zu erreichen, während das andere bedeutet, daß seine Lebensspanne über ihre normalen Grenzen hinaus verlängert wird. Das mag auch eine Erklärung dafür sein, warum die Identifikation mit der Operation so stark ist. Eine Transplantation ist nicht nur eine grundlegende Veränderung deiner Identität; eine Zeitlang *ist* sie deine Identität.

Nicht nur ich fand hier endlich die Gelegenheit, meine innersten Empfindungen auszusprechen; auch den anderen ging es so. Der Mann, der uns bei diesem Klärungsprozeß half, hatte zwar selbst keine Erfahrung mit einer Transplantation, aber wir nahmen ihn bereitwillig in unseren exklusiven kleinen Club auf, so als wäre er einer von uns. Wir alle hatten das Gefühl, nun sei uns endlich gestattet, den Schrekken, die Schuldgefühle und die Verwüstung auszudrücken, die durch dieses entsetzliche Entzweigerissen- und Wiederzusammengesetztwerden verursacht worden waren. Wir bildeten eine kleine Gemeinschaft von Humpty Dumptys.

Über diese quälenden Themen reden zu können war eine enorme Erleichterung, denn fast alle, die in unserem Leben eine Rolle spielten – seien es die Mediziner und das Pflegepersonal oder Familienangehörige und Freunde –, waren der Meinung, daß wir für dieses wunderbare Geschenk ewige Dankbarkeit empfinden müßten. Ja, wir *waren* dankbar, doch zugleich war es furchtbar frustrierend, daß keiner, der nicht selbst eine Herztransplantation durchgemacht hatte, zu verstehen schien, wie unsere tiefempfundene Dankbarkeit im Verlauf des langen komplizierten Genesungsprozesses an die dunklen Stellen unserer Seele stieß. Wenn wir überleben wollten, mußten wir die in unserem Inneren widerstreitenden Kräfte verstehen, von der ekstatischen Euphorie bis zu den abgrundtiefen Schrecken.

Wir entdeckten, daß es uns alle mit Groll erfüllte, wenn wohlmeinende Freunde und Verwandte darauf bestanden, wir hätten für die Transplantation dankbar und zufrieden zu sein – als wäre das so einfach. Was wußten sie denn von den Schmerzen und Schwierigkeiten, die wir durchgemacht hatten?

Selbstverständlich waren wir dankbar, allein schon, weil jeder von uns Leute kannte, die vor oder nach der Transplantation gestorben waren oder die hinterher mit großen Schwierigkeiten zu kämpfen hatten.

Aber wir waren doch nicht ständig und überall erfüllt von Dankbarkeit. Einen Großteil der Zeit waren wir elend oder verstört oder starr vor Angst. Manchmal wurde unsere Dankbarkeit durch die furchtbaren Ängste und seelischen Erschütterungen überlagert, die wir nach der Transplantation durchmachten und über die die meisten von uns nur in der intimen Atmosphäre dieser kleinen Gemeinde sprechen konnten. Oder wie es eines der Gruppenmitglieder ausdrückte: »Es kotzt mich an, daß mir jeder ständig sagt, was ich für ein Glück habe, daß ich noch lebe. Mir geht's sauschlecht! Ich versuche immer noch mit der Zeit fertigzuwerden, als mir selbst zum Sterben noch die Kraft fehlte.«

Eine Frau aus der Gruppe beschrieb sich als »die reizende kleine Frau bei der Dinnerparty, die genau weiß, welche Art Konversation von ihr erwartet wird. Niemand will hören, daß ich krank bin. Ganz egal, wie es mir wirklich geht, das Gespräch muß an der Oberfläche dahinplätschern. Ihr könnt euch nicht vorstellen, wie oft ich am Telefon liebreizend daherrede, und wenn ich den Hörer auflege, würde ich mich am liebsten umbringen. Ich kann nur sagen, dagegen war mein voriges Leben Gold.«

Und ein dritter: »Ich frage mich manchmal, ob die Transplantation wirklich das richtige war. Gestern abend habe ich eine Sendung über verletzte Tiere gesehen, die man noch so lange am Leben erhält, bis man sie schlachten kann. So komme ich mir auch manchmal vor. Wenn ich den Rest meines Lebens damit verbringen muß, mich nur darum zu kümmern, wie ich am Leben bleibe, wozu ist das Leben dann noch gut?«

Ein anderes Gesprächsthema war das Gefühl, nicht mehr allein zu sein, das wir alle nach der Transplantation in irgendeiner Weise hatten. Jeder hatte nämlich zu irgendeinem Zeitpunkt das neue Herz spontan als »Fremdkörper«, als ein Gegenüber erlebt, mit dem irgendeine Art von Kommunikation vor sich ging. In einigen Fällen war dieses Gefühl, daß da noch eine andere Person neben einem war, so stark, daß die betreffenden Empfänger geradezu besessen davon waren, die Identität des Spenders herauszufinden. Als sich dies als unmöglich herausstellte, reagierten sie mit Frustration und Zorn auf die maßgeblichen Stellen am Krankenhaus.

Andere Gruppenmitglieder empfanden nur eine unbestimmte Ahnung einer fremden Präsenz in ihrem Innern, und dies zeigte sich darin, daß sie mit ihrem neuen Herzen redeten, in kritischen Momenten sogar laut. Zum Beispiel ermahnte ein Mann jedesmal vor einer Biopsie sein Herz: »Denk dran, wir müssen jetzt mitmachen. Wenn wir uns wehren, müssen wir beide dran glauben.« In mehr oder minder großem Ausmaß betrachteten wir alle das neue Herz in uns als eigenständiges Wesen. Manchmal kam in einem Gespräch zwischen zwei Gruppenmitgliedern plötzlich ein neuer Ton auf, so als hätten sich ihre beiden Herzen eingemischt und setzten ihren eigenen Dialog fort.

Nur eine Frau aus der Gruppe, eine Sozialarbeiterin namens Mary, hatte immer behauptet, daß sie ihr neues Herz niemals als etwas Fremdes empfunden hätte. Doch in der Abgeschlossenheit unseres engen Zirkels berichtete Mary in bewegender Weise davon, wie sie während einer Abstoßungsattacke kurz nach der Transplantation zwei sich bekämpfende Geister in ihrem Inneren vor sich gesehen hätte. »Der eine war ich selbst«, sagte sie, »und der andere war, so denke ich mir, die Organspenderin, die nicht wollte, daß ich ihr Herz erhielt. Ich weiß, daß mein neues Herz von einer Frau stammt, und der Kampf zwischen uns erinnerte mich an typisches Weibergezänk.«

Während dieser Zeit träumte Mary von ihrer Großmutter, die zu ihr sagte: »Du mußt nur etwas verschenken, dann wird alles gut.« So wie Mary diese Botschaft verstand, mußte sie aufhören, um die Oberherrschaft über ihr Herz zu streiten und sich mit der Tatsache abfinden, daß es ihr nicht vollständig gehörte. Als das geschah, besserte sich ihr Zustand.

Trotzdem, so erzählte Mary, redete sie ihr Herz manchmal direkt an und erklärte ihm unverblümt: »Du gehörst jetzt zu mir. Du warst mal das Herz von jemand anders, aber jetzt bist du meins.« Erstaunliche Worte, wenn man bedenkt, daß sie von einer Frau kamen, die immer darauf bestand, daß nichts Ungewöhnliches oder Mysteriöses in ihr vorging.

Thomas, ein Mann Mitte Vierzig, war nach der Transplantation ein völlig anderer Mensch geworden. Nach allem, was wir wußten, war er vorher schüchtern und introvertiert gewesen. Doch als er sich ein paar Monate nach seiner Transplantation der ersten von uns gegründeten Selbsthilfegruppe anschloß, trug er ständig eine Baseballkappe und hatte sich in ein großes, übermütiges, redseliges Kind verwandelt – ein Neunjähriger im Körper eines erwachsenen Mannes. Er war völlig unselbständig geworden und wurde stets von seiner Frau zu den Treffen gebracht. Glücklicherweise war seine extreme Regression nicht von Dauer; vor unseren Augen wurde er von Mal zu Mal ein Stück erwachsener, bis er schließlich zu seiner früheren Reife zurückgefunden hatte.

Man hatte Thomas mitgeteilt, daß sein neues Herz von einem Jugendlichen stammte, der in New York umgekommen war. Er ging von Anfang an davon aus, daß sein Organspender ein Schwarzer war, obwohl dies nie bestätigt wurde. Obwohl Thomas aus einem Milieu kam, in dem Vorurteile herrschten, fühlte er sich nach der Transplantation in Gegenwart von Schwarzen viel wohler. Er fing an, für eine der Schwestern im Krankenhaus zu schwärmen, die ein bißchen wie Tina Turner aussah – es war das erste Mal in seinem Leben, daß er sich von einer schwarzen Frau angezogen fühlte. Er begann sich ganz allgemein mit Schwarzen zu identifizieren – nicht nur mit Afroamerikanern, sondern auch mit Afrikanern. Thomas stellte zu seiner Überraschung fest, daß ihn ein Zeitungsbericht über Kämpfe in Äthiopien beunruhigte. »Ich habe gelesen, daß die Schwarzen sich gegenseitig umbringen«, sagte er. »Sie schießen sogar auf die Leute, die Hilfsgüter bringen, die andere Schwarze vor dem Hungertod bewahren sollen. Vor der Transplantation hätte mich so eine Nachricht völlig kaltgelassen. Aber heute macht mich das wütend.«*

Thomas erzählte uns, daß sich seine Ausdrucksweise nach der Transplantation geändert habe; er habe angefangen, vor seiner Frau zu fluchen, was ihm furchtbar peinlich war. Seine Wortwahl erinnerte ihn an seine Armeezeit, in der er viele vulgäre Ausdrücke benutzt hatte. Angesichts dieser Veränderungen wunderte ich mich, daß er anscheinend nicht besonders daran interessiert war, mehr über die Person seines Spenders zu erfahren.

»Ich denke schon manchmal an den, dessen Herz ich jetzt habe«, entgegnete er daraufhin. »Aber ich darf nicht weiter darüber nachdenken, weil es mir angst macht. Manchmal sehe ich vor mir, wie die Ärzte um seinen Körper herumstehen und auf den Augenblick warten, wo sie sein Herz herausnehmen können, und wie sie es ein paar Stunden später dann mir einsetzen. Ich gehe nicht so weit zu sagen, daß es zwei Menschen in mir gibt, aber ich habe mich verändert. Es wäre wohl etwas anderes, wenn ich eine neue Niere bekommen hätte, doch das Herz wird nun einmal mit

---

* In dem Zusammenhang fällt mir die bemerkenswerte Geschichte von dem »Grand Dragon« im Ku Klux Klan ein, der, nachdem er erfahren hatte, daß seine neue Niere von einem schwarzen Organspender stammte, der NAACP (National Association for the Advancement of Colored People), einer Bürgerrechtsorganisation, beitrat. Siehe Owen S. Surnam: »Psychiatric Aspects of Organ Transplantation«, *American Journal of Psychiatry*, Bd. 146, Nr. 8 (August 1989), S. 972–982, S. 977.

spirituellen, psychologischen und gefühlsmäßigen Vorgängen verbunden. Ich glaube, daß der Geist meines Spenders noch in der Nähe ist, und in diesem Sinne ist er noch immer am Leben.«

Mario, ein energiegeladener früherer Schiffbauer um die Fünfzig, der kein Blatt vor den Mund nahm, hatte das Herz eines Mannes erhalten, der halb so alt war wie er. Vor der Transplantation hatte Mario an sehr schmerzhaften Anfällen von Angina pectoris gelitten. Trotz aller Qualen, die er durchlitt, und obwohl er sich nicht für besonders religiös hielt, hatte Mario einer Transplantation erst zugestimmt, als sein Gemeindepfarrer ihm versichert hatte, daß er damit kein kirchliches Dogma verletzen würde. Als die ersten Organtransplantationen aufkamen, war Mario dagegen gewesen: »Sachen reparieren ist in Ordnung. Aber sie durch andere zu ersetzen? Ich hielt es damals nicht für richtig. Aber ich wollte auch gern am Leben bleiben.«

Nach der Transplantation waren Mario und seiner Frau eine Reihe von Veränderungen seiner Gewohnheiten aufgefallen. Vorher hatte er keine Bananen gemocht; jetzt schmeckten sie ihm. Er hatte selten etwas zum Nachtisch gegessen; jetzt liebte er süße Sachen. Und er war vorher geradezu pingelig ordentlich gewesen, während er jetzt alles viel entspannter sah. Marios Frau fand es völlig natürlich, daß er sich verändert hatte: »Selbstverständlich ist er jetzt anders. In ihm sind doch nun Gene und Energie aus einem fremden Körper. Das muß sich doch auswirken.«

In mindestens einer Hinsicht unterschied sich Marios Erfahrung vollständig von meiner eigenen: Obwohl er fast nichts über seinen Spender wußte, war er überzeugt, daß er das Herz eines trägen Dauerglotzers bekommen hatte und daß dieses ihn langsamer machte. »Ich habe das Gefühl, das Spenderherz ist nicht stark genug, um mich richtig zu versorgen. Ich bin sicher, der Mann war Professor oder einer, der nur herumhockte und für meinen Lebensstil nicht viel übrig hatte. Ich bin immer auf dem Sprung gewesen.«

Mario tanzte leidenschaftlich gern, sein Spender aber, so meinte er vorwurfsvoll, mache ihm seinen Rhythmus kaputt, und er sei jetzt dabei, seinem neuen Herzen das Tanzen beizubringen. »Ich kann nicht mehr ordentlich tanzen«, erklärte er uns. »Es ist nie wieder so wie früher geworden. Ich habe sogar schon in aller Öffentlichkeit laut herausgeschrien, daß ich nicht tanzen kann – also, daß *er* es nicht kann.«

Mario glaubte auch, daß sein Herz seine frühere Geschicklichkeit beim Hufeisenwerfen unterminiert habe. Das war eines seiner Lieblingsspiele, und bis zur Transplantation hatte er immer sehr gut abgeschnitten. Aber nun mußte er zu seiner Bestürzung feststellen, daß seine Würfe seitwärts vorbei gingen oder manchmal zu kurz waren. Auch hier gab er seinem Herzen lauthals die Schuld. »Du Blödmann«, schimpfte er. »Nicht mal das kannst du!«

Etwa ein Jahr nach der Transplantation hatte Mario ein Erlebnis, das ihn wirklich erschütterte. Zusammen mit seiner Frau war er zu Besuch bei Verwandten in der Umgebung von Boston, und am Ostersonntag machten sie einen Spaziergang zu einer kleinen Kirche, in der sich Mario zu seiner Überraschung wie zu Hause fühlte. Selbst der Priester kam ihm bekannt vor. Mario wußte instinktiv Bescheid, wo alles war, und führte seine Frau nach oben zu einer bestimmten Kirchenbank, als ob er schon oft dort gewesen war.

»Sind wir jemals in dieser Kirche gewesen?« fragte er sie.

»Nein, nie«, antwortete sie.

»Also, ich schon«, sagte er.

»Man hat mir nie gesagt, aus welchem Teil von Boston mein Typ war«, erklärte Mario uns, »aber an dem Morgen stand für mich fest, daß das seine Kirche gewesen war.« Mario war von dem Erlebnis so verunsichert, daß er noch dreimal zu der kleinen Kirche ging, bevor er sich wieder wohl fühlte. »Ich glaube, daß in mir ein zweiter Geist ist«, war seine Schlußfolgerung, »und daß wir uns schließlich verbündet haben und irgendwie ein neues Leben für uns gemacht haben.«

Mario war Robbie besonders dankbar, weil dieser ihm geholfen hatte, mit einem beunruhigenden Bild fertigzuwerden, von dem er sich verfolgt fühlte. Seit der Transplantation sah Mario nämlich manchmal ein Gesicht vor sich, das unter der Zimmerdecke schwebte. Nach einem unserer Treffen verabredete sich Robbie mit Mario und forderte ihn auf, sich das Gesicht vorzustellen. Als es erschien, ließ Robbie Mario das Gesicht heranholen, immer näher und näher an sein eigenes Gesicht, bis die beiden Gesichter miteinander zu verschmelzen schienen. Danach trat das geheimnisvolle Gesicht nie wieder in Erscheinung, und Mario war der Meinung, daß er die neuen Organe nun völlig in seinen Körper integriert hatte. Ich mußte daran denken, was in mir nach dem Einatmungstraum vorgegangen war, mit dem Unterschied, daß in Marios Fall das Verschmelzen absichtlich herbeigeführt worden war.

Dorothy, eine kleine freundliche Frau mit dunklem Haar, war die einzige in unserer Gruppe, bei der auch eine Herz-Lungen-Transplantation gemacht worden war. Damit verband uns zwar etwas, doch unsere Erfahrungen nach der Operation waren grundverschieden. Während meine physische Genesung fast perfekt war, hatte Dorothy von Anfang an ernste Probleme mit ihrer neuen Lunge gehabt. Doch während ihres gesamten langen Leidensweges war sie lebensbejahend, tapfer und optimistisch geblieben. Wäre ich an Dorothys Stelle gewesen, hätte ich mich vielleicht beneidet, doch obwohl man in unserer Gruppe Eifersucht und andere unangenehme Gefühle ungestraft ausdrücken konnte, schien Dorothy nur Liebe und Hilfsbereitschaft zu fühlen, nicht nur für mich, sondern auch für die anderen.

Da die Probleme nur mit der Lunge zu tun hatten, konnte Dorothy ihr neues Herz als etwas Gutartiges erleben. In einem besonders lebhaften Traum machte sie eine Reise durch ihre eigenen Blutgefäße, die sie uns in glühenden Farben schilderte, etwa wie eine Fahrt in Disneyland oder durch ein Sonderheft des *National Geographic*. »Das war meine persönliche Methode, von all den Nadeln und Schläuchen im Krankenhaus wegzukommen«, sagte sie. »Dorthin konnte mir niemand nachkommen. Als ich an meinem Herzen ankam, war es rot und pulsierend, weich und schön. Es ist ein tolles Gefühl, mittendrin zu sein und dabei zu wissen, das bist jetzt du, und dein Herz funktioniert wirklich.«

Man hatte Dorothy mitgeteilt, daß ihr Organspender ein Mann war, und als es Probleme gab, hatte sie die Vorstellung, daß ihre neue Lunge noch immer ihm gehörte. Sie fühlte sich von dem Spender betrogen, weil sein Geschenk sie nicht gesund gemacht hatte. »Eigentlich müßte ich ihm dankbar sein«, sagte sie, »aber wenn etwas schiefgeht, würde ich am liebsten zu ihm sagen: ›Du hältst dich nicht an die Abmachung! Wenn deine Lunge besser wäre, müßte ich nicht soviel durchmachen. Angeblich war es ganz großartig von dir, daß du jemand anders ein neues Leben geschenkt hast. Aber sieh dir mal an, was du mir antust!‹«

Dorothys Beschwerden wurden so stark, daß nur noch eine zweite Transplantation sie hätte retten können. Aber sie beschloß, nicht mehr weiterzukämpfen, was wir alle verstehen konnten. »Ich glaube, das zweite Mal wäre es noch schlimmer. Alle meinen, es müßte doch leichter sein, aber das stimmt nicht. Diesmal ist mir vollkommen klar, was dabei alles auf mich zukommen würde.«

»Vor einigen Tagen«, erzählte sie uns, »hat keiner mehr geglaubt, daß ich es noch schaffen würde. Alles war so friedlich, und ich war bereit, mein Schicksal anzunehmen. Dann wachte ich auf und stellte fest, daß ich schon wieder an all diesen Apparaten hing. Ich hätte gern gesagt: Halt, laßt mich in Ruhe! Ich bin gut darauf vorbereitet und habe keine Angst mehr.«

Dorothy ging es bald so schlecht, daß sie nicht mehr zu

unseren Treffen kommen konnte, und als sie starb, war das für uns alle schrecklich traurig. Bald darauf ging unserer Gruppe die Luft aus. Es spielten zwar auch andere Probleme eine Rolle, aber der Tod eines von allen geliebten Gruppenmitglieds bedeutete einen solch großen Verlust, daß wir nicht darüber hinwegkamen.

Lorna mit ihren blonden Locken war Anfang Zwanzig. Sie war unsere Jüngste und hatte am längsten von allen überlebt, schon über vier Jahre. Sie war auch die einzige Organempfängerin, deren Spender älter gewesen war als sie, und vielleicht lag es daran, daß sie sich nach der Transplantation reifer fühlte. Aber verständlicherweise war sie verbittert darüber, daß ihr die Jugend gestohlen worden war. »Als wir in unserer Clique einundzwanzig wurden«, erzählte sie uns, »haben alle anderen Partys gefeiert, während ich nur einen Wunsch hatte: ein Herz. Nach der Transplantation ließen meine Freunde nichts mehr von sich hören. Keiner von den Gleichaltrigen konnte noch etwas mit mir anfangen, und anschauen mochte mich auch niemand mehr, so wie ich aussah.« Lorna hatte durch die Medikamente stark zugenommen, und ihr Gesicht war ziemlich aufgedunsen.

Sie gehörte zu den ersten Frauen, die nach einer Herztransplantation ein Kind bekamen. Trotz der Warnungen der Ärzte hatten Lorna und ihr Mann beschlossen, das Risiko einzugehen. Lorna wußte, daß ihre Spenderin eine Frau gewesen war, und sie wünschte sich sehnlichst, deren Eltern zu sagen, daß sie gut auf das Herz ihrer Tochter achtgab. Es war furchtbar für sie, daß die Verantwortlichen ihr nicht erlaubten, sich direkt mit ihnen in Verbindung zu setzen.

Lorna wußte von der Sozialarbeiterin, daß die Angehörigen der Spenderin das Herz freigegeben hatten, als sie hörten, daß die potentielle Empfängerin eine junge Mutter mit einem kleinen Kind war. »Ich glaube, daß sie auch ein Kind hatte«, sagte Lorna. »Ich habe an die Familie geschrieben und ihnen mitgeteilt – auch wenn sie niemals meinen Namen oder meinen Wohnort erfahren –, daß meine kleine Tochter jetzt vier ist und daß ich vor kurzem noch ein Kind bekommen habe. Ich dachte, sie würden sich vielleicht darüber freuen, daß ich etwas Gutes mit meinem neuen Herzen anfange.«

Von allen Herzempfängern, die ich kenne, hatte Lorna die grausigsten Erlebnisse. Nach der Transplantation bekam sie es mit Geistern zu tun, die so gruselig und unheimlich waren, daß sie nachts nicht schlafen konnte. Sie hätte unbedingt psychologische Hilfe gebraucht, doch das war nicht vorgesehen. Auch dies war ein wichtiges Gesprächsthema in unserer Gruppe: Die Gesellschaft hatte zwar Millionen in die spezielle Ausbildung und Technologie investiert, die zur Bewerkstelligung dieser medizinischen Wundertat notwendig war, doch mit den emotionalen und psychologischen Auswirkungen dieser dramatischen lebensrettenden Operation wurden die Organempfänger fast ganz allein gelassen.

Eines Nachmittags fragte Robbie Lorna nach den geisterhaften Erscheinungen, die sie gesehen hatte.

»Es fing damit an, daß ich Bilder vor mir sah.«

»Was waren das für Bilder?«

»Bilder von einer Frau und einem Mann, die ein kleines Kind tragen. Dann sehe ich, wie die Frau mit einem Beatmungsgerät im Bett liegt. Ihre Eltern sind bei ihr. Ich weiß einfach, daß es ihre Eltern sind. Diese Erscheinung sehe ich tagsüber. Dann ging es nachts los, wenn ich nicht einschlafen konnte. Ich habe kaum noch geschlafen, seit das alles anfing. Wenn alle längst im Bett sind und ich den Fernseher ausschalte, sehe ich einen weißen Schatten in der Tür. Es ist die Erscheinung einer Frau. Ich glaube, es ist die Spenderin.«

»Wie sieht die Frau aus?«

»Sie kommt auf mich zu, ohne den Boden zu berühren. Sie hat weder Füße noch ein Gesicht, es ist eher eine wolkige Erscheinung, und sie macht mir keine Angst. Sie kommt ganz nah zu mir und verschwindet dann wieder.«

»Hat sie irgendeine Absicht dabei?«

»Daraus werde ich nicht schlau. Aber manchmal wird sie von zwei anderen Erscheinungen begleitet. Die sind dunkel und jagen mir Angst ein. Sie haben Messer oder eine Pistole oder Axt oder sonst etwas, und sie wollen mir etwas antun. Sie kommen immer näher. Sie kommen zur Tür herein und beugen sich über mein Bett, als wollten sie mir sagen, daß ich dort nichts zu suchen habe oder daß ich nicht am Leben hätte bleiben sollen. Die nette weiße Wolke versucht mir etwas zu sagen, und die dunklen Erscheinungen versuchen mir Angst zu machen.

Schließlich habe ich nur noch gesagt: ›Laßt mich in Frieden!‹ Das habe ich mehrmals laut gesagt, und jetzt sehe ich wieder nur die weiße Erscheinung.«

»Weißt du noch etwas über diese schwarzen Wesen?«

»Sie haben Kapuzen auf, und sie haben kein richtiges Gesicht. Und keine richtigen Arme. Ich bekomme jedesmal eine Gänsehaut, wenn ich sie sehe. Sie berühren nie den Boden; sie bleiben immer in der Luft. Sie kommen aus dem Schlafzimmer meiner Tochter auf der anderen Seite des Flurs oder aus dem Korridor. Sie bewegen sich schnell bis an die Tür, und dann kommen sie ganz langsam immer näher, von der Tür an mein Bett.«

»Nimmst du sie nur mit den Augen wahr oder auch auf andere Weise? Kannst du etwas hören, riechen oder fühlen?«

»Nein, ich spüre nur, daß sie mir etwas antun wollen oder mich vor etwas warnen. Sie befinden sich oberhalb vom Licht. Wenn ich das Licht anschaltete, würden sie verschwinden. Aber ich werde starr vor Angst. Ich kann mich nicht mehr bewegen. Ich möchte schreien, aber ich kann keinen Ton herausbringen. Manchmal sage ich zu meinem Mann: ›Hast du das eben gesehen?‹«

»Und hat er sie jemals gesehen?«

»Nein, noch nie.« Es klang enttäuscht.

»Und ist ihre Anwesenheit so greifbar wie dieser Stuhl, oder ist es eine andere Form der Realität?«

»Ja, sie ist anders. Ich kann fast durch sie hindurch-sehen.«

»Also sind es Geistererscheinungen?«

»Ja, etwa wie Gespenster.«

Lornas grauenvolle Erlebnisse spiegelten ihre wider-sprüchlichen Gefühle gegenüber der Transplantation wider, soviel läßt sich wohl mit Sicherheit sagen. Die Operation hatte ihr das Leben geschenkt, und sie war ehrlich dankbar für das neue Herz. Doch zur gleichen Zeit hatte es den An-schein, als wünschten ihr die Dämonen den Tod, und darin spiegelte sich möglicherweise der Teil von Lorna, der sich dieses Geschenks nicht für wert hielt.

Unter den Teilnehmern unserer Gruppe stand mir Joseph am nächsten, ein gutaussehender Musiker von Anfang Vier-zig mit Bart und lockigen roten Haaren. Nach jahrelan-gem Leiden an einer entkräftenden Herzkrankheit hatte er schließlich ein neues Herz erhalten. Schon wenige Wochen danach schloß er sich unserer ersten Selbsthilfegruppe an. Joseph war kein großer Redner, aber dank seiner Herzlich-keit und seines Humors wurde er sofort zum Liebling der Gruppe. Seine Frau begleitete ihn zu unseren Treffen, und bald hatten alle das warmherzige, liebevolle Paar ins Herz geschlossen.

Das war jedenfalls unser Eindruck. Doch schon nach ein paar Monaten kam Joseph allein zu den Treffen. Sechs Monate nach der Operation hatte seine Frau ihn verlassen, und er war sehr unglücklich. Wir hatten die Entwicklung nicht kommen sehen, obwohl das, was Joseph passierte, kei-neswegs ungewöhnlich war. Ich selbst hatte ja auch schon die schlimme Erfahrung gemacht, daß eine lange, schwere Krankheit selbst für eine gute Beziehung eine enorme Be-lastung sein kann. Manche Organempfänger haben bereits jahrelange Eheprobleme hinter sich, und die Partner sind schließlich übereingekommen – manchmal explizit, aber oft, ohne es rundheraus zu sagen –, daß sie die Ehe nur so lange aufrechterhalten wollen, bis die Transplantation stattgefunden hat. In anderen Fällen macht der Empfänger nach der Operation eine einschneidende Wesensveränderung durch, was bedeuten kann, daß die gesamte Beziehung wieder neu aufgebaut werden muß – und das ist nicht leicht. Je mehr Einzelheiten ich im Laufe der Zeit über solche schmerzlichen Trennungen erfuhr, desto erleichterter war ich, daß meine Beziehung zu Alan bereits zu einem früheren Zeitpunkt in die Brüche gegangen war. Es ist schon belastend und kompliziert genug, sich nach einer Herztransplantation wieder in der Welt zurechtzufinden, auch ohne zusätzlich noch eine traumatische Trennung mitsamt den Folgen bewältigen zu müssen.

Auch Joseph hatte das Herz eines viel jüngeren Mannes erhalten. Er spielte gern Baseball, und nach der Transplantation hatte er mehr als einmal eine Armverletzung, weil er den Ball nun mit solcher Kraft schleuderte, daß sein Körper völlig überfordert war. Kein Wunder, daß Josephs Träume ähnlich wie meine davon handelten, daß sich ein junges Herz in einem alten Körper eingesperrt fühlt. In einem Traum sah er sich als jungen Baseballspieler, der zusammen mit seinen Mannschaftskameraden mit dem Bus zu einem Wettkampf fährt. Am Ziel angelangt, rannten alle zum Spielfeld, doch Joseph blieb zurück; sein Körper war so alt und verkrüppelt, daß er aus dem Bus kriechen mußte.

Später konnte Joseph in einer bemerkenswerten Serie von drei aufeinanderfolgenden Träumen die erfolgreiche Integration seines neuen Herzens visualisieren. Im ersten Traum saß er im Rollstuhl, weil er nicht gehen konnte. Im zweiten befand er sich hinter dem Rollstuhl und schob ihn die Straße entlang. Im dritten und letzten Traum legte er den Rollstuhl zusammen und stellte ihn weg. Eine Traumsequenz von dieser Deutlichkeit ist selten; um so schöner ist das Gefühl, wenn es so abläuft wie in diesem Fall.

Da Josephs Transplantation Ende Oktober stattgefunden hatte, war er zu Halloween, dem Tag vor Allerheiligen, noch auf der Intensivstation. In dieser Nacht träumte Joseph, daß er darum bettelte, aus dem Krankenhaus entlassen zu werden, damit er wie die jungen Leute von Haus zu Haus ziehen und allerhand Schabernack treiben konnte. Für einen Mann von über Vierzig war das vielleicht eine komische Bitte, doch im Traum ist ja alles möglich. Die Krankenhausverwaltung erlaubte es ihm jedenfalls, unter der Bedingung, daß er nicht zu spät zurückkäme.

Am nächsten Morgen wunderten sich die Schwestern über die Unmenge von Urin, die Joseph produzierte, und eine fragte ihn scherzend, ob er vielleicht die ganze Nacht Bier getrunken habe. »Es müssen mindestens drei Liter gewesen sein«, erzählte Joseph. »Man hätte meinen können, dieser junge Spund hätte die ganze Nacht am Tresen verbracht, so daß ich den ganzen Morgen pinkeln mußte.«

Gleich nach dem Aufwachen an diesem Morgen schrieb Joseph: »Er will unbedingt raus. Ich konnte die Kraft spüren, mit der er meine Fäuste festhielt, um seiner eigenen Wege zu gehen.« Etwas Ähnliches spürten die meisten von uns – ein klaustrophobieähnliches Gefühl, als ob man am Boden gehalten wird, während eine in dir existierende lebendige Kraft verzweifelt nach einem Fluchtweg sucht. Auch ich hatte im Krankenhaus das Gefühl gehabt, daß mein Herz nicht in diesem fremden neuen Körper eingesperrt sein wollte und hinausstrebte.

Etwa ein Jahr nach Josephs Aufnahme in unsere Gruppe und nachdem wir schon eine Weile gute Freunde gewesen waren, entwickelte sich eine Liebesbeziehung zwischen uns. Doch auf Grund all dessen, was wir durchgemacht hatten, war es keine gewöhnliche Romanze. Bei unserem ersten Rendezvous tranken wir zum Beispiel keine Cocktails, sondern Milchshakes mit Cyclosporin, ganz wie es Herzempfängern angemessen war.

Joseph wohnte zwar in Vermont, aber er fuhr oft nach Boston, um sich mit mir zu treffen. Einmal hatten wir uns mit seiner Schwester und deren Mann zu einem gemeinsamen Restaurantbesuch verabredet. Der Schwager saß am Steuer, Joseph und ich auf der Rückbank. Unser Fahrer war ziemlich erkältet und mußte plötzlich mehrmals hintereinander niesen. Schon beim ersten Nieser wußten Joseph und ich, was wir zu tun hatten. Wie die meisten Organempfänger hatten wir zur Sicherheit immer einen Mundschutz dabei. Ohne ein Wort zu verlieren, griffen wir beide automatisch nach unseren Masken und banden sie uns vors Gesicht. Es muß ein komischer Anblick gewesen sein, wie wir da beide schweigend und Händchen haltend auf dem dunklen Rücksitz saßen und dabei kleine weiße Masken trugen. Als sich Josephs Schwester zu uns umdrehte, um etwas zu fragen, konnte sie gerade noch einen Entsetzensschrei unterdrücken.

Ich fand es beruhigend und sogar romantisch, mit einem Mann zusammenzusein, der genau dieselben Gesundheitsprobleme hatte wie ich. Dadurch kam es unter anderem zu einer weiteren lustigen Begebenheit, als wir gemeinsam in einem kleinen Lokal in der Nachbarschaft frühstückten. Joseph nahm genau wie ich jeden Morgen mehr als ein Dutzend Tabletten ein, abends sogar noch mehr. Nachdem wir unsere Bestellung aufgegeben hatten, fingen wir an, unsere Medikamente in einer Reihe vor uns aufzustellen, so wie jeden Morgen. Mittlerweile hatten wir darin so viel Routine, daß wir unsere Unterhaltung nicht unterbrachen, während unsere Finger mit dem Zählen und Sortieren beschäftigt waren. Als alle Medikamente in Reih und Glied lagen, holten wir unbefangen unsere Plastiktauchkolben heraus, die ein bißchen wie kleine Spritzen aussahen, und spritzten damit Cyclosporin in unseren Saft.*

Als ich kurz aufblickte, stand die Kellnerin mit offenem Mund neben uns und starrte uns entsetzt an. Gerade als mir klar wurde, welchen Eindruck dieser Anblick machen

---

* Dieses Verfahren ist inzwischen veraltet, da Cyclosporin heute in Tablettenform erhältlich ist.

mußte, sagte sie in einem Ton ehrlicher Sorge: »Entschuldigung – Sie haben doch nicht vor, sich hier einen Schuß zu verpassen, oder?«

Wir erklärten ihr wortreich, daß wir weder mit Drogen handelten noch Drogensüchtige seien, sondern die vielen Tabletten nur nehmen müßten, weil wir beide usw. usw. ... Doch ich hatte den Eindruck, daß alles, was wir sagten, unglaubwürdig klang, was ja auch nur zu verständlich war. Es war schon reichlich viel verlangt, eine nervöse Kellnerin davon zu überzeugen, daß einer ihrer gesund aussehenden Gäste eine Herztransplantation hinter sich hatte. Aber nun gleich zwei?

Normalerweise nahm ich meine Medikamente zu Hause ein, doch hin und wieder blieb mir nichts anderes übrig, als die diversen Pillen im Flugzeug oder in einem Hotelrestaurant zu schlucken, und dabei hatte ich immer das Gefühl, daß sich alle Augen auf mich richteten. Es gab der Sache ein ganz anderes Gesicht, wenn man dies gemeinsam mit jemand anderem tat, und erst recht, wenn man diesen Jemand liebte – phantastisch! Joseph und ich sahen uns als Seelenverwandte an. Oder sollte man in unserem Fall lieber sagen: Herzensfreunde?

Angesichts der vielen Medikamente, die wir nahmen – von unseren jeweiligen Transplantationen ganz zu schweigen –, machten wir oft Witze darüber, wie gut die »Chemie« zwischen uns stimmte. Wir hatten beide das Herz eines sehr viel jüngeren Menschen bekommen, und in intimeren Augenblicken existierte zwischen uns eine erstaunliche Vitalität, so als träfen vier statt zwei Seelen zusammen.

Zwischen Joseph und mir herrschte auch eine enge spirituelle Verbindung, die sich gelegentlich sogar in unseren Träumen widerspiegelte. Eines Nachts träumte ich von einem kleinen Jungen, der am Ertrinken war und friedlich und ohne Gegenwehr im Meer versank. Seine Atemzüge wurden von Mal zu Mal flacher, bis er schließlich aufgab und losließ. Die Leute am Ufer waren außer sich. Sie wollten den Jungen retten, konnten ihn aber nicht finden. Währenddessen stand Joseph still und zuversichtlich neben mir auf dem Pier. Anscheinend wußten wir etwas, was die anderen nicht wußten, und konnten deshalb so ruhig und gelassen bleiben.

Dann drehte und streckte Joseph seinen Fuß auf magische Weise so weit aus, daß er den untergetauchten Jungen erreichte. Er klopfte ihm leicht mit dem Fuß auf die Brust, dorthin, wo das Herz geschlagen hatte. Dann versuchten alle – wieder »alle Mannen des Königs« –, den Jungen zu retten. Sie rissen ihn aus dem Meer und begannen ihn wiederzubeleben. Jetzt kam der schwere Teil der Sache. Aus seinem friedvollen Zustand des Loslassens wieder ins Leben zurückgestoßen, rang der ertrunkene Junge qualvoll nach Luft, bis er schließlich wieder zu atmen begann.

In diesem Traum gab es zwei Themen von Bedeutung. Erstens, daß ich Joseph liebte, weil er als einziger außer mir wußte, was dem Jungen bevorstand. Nur jemand, der einmal selbst so nah am Tod gewesen ist, kann wirklich nachvollziehen, wie schwierig und schmerzhaft es ist, ins Leben zurückgeworfen zu werden, wenn ein friedlicher Tod bereits zum Greifen nah ist.

Aber es gab noch eine weitere Bedeutungsebene. Bei unserer Bearbeitung des Traums half Robbie mir zu verstehen, daß trotz meines starken Überlebenswillens nach der Transplantation ein Stück von mir immer noch nicht ins Leben zurückgekehrt war. Dies geschah erst jetzt. Es gibt einen Winkel in unserer Seele, wohin nur die Liebe reicht – die Liebe eines Menschen, der uns wirklich versteht –, und dort hatte mich Joseph berührt und mir geholfen, das Leben in seiner ganzen Fülle zurückzugewinnen, so wie er das Herz des Jungen in meinem Traum berührt und ihn wieder ins Leben zurückgebracht hatte.

Wir begannen ähnliche Träume zu haben, sogar Träume, die sich aufeinander bezogen. Ich träumte immer wieder von einem Hund, der mit mir sprach, und obwohl Joseph und ich manchmal über unsere Träume redeten, hatte ich diesen niemals erwähnt. Eines Morgens erzählte mir Joseph, er habe gerade einen Traum gehabt, in dem ein Hund namens Freddie plötzlich anfing, mit ihm zu sprechen. Wow! Jetzt wußte ich, wie der sprechende Hund in meinen Träumen hieß. Dieses Erlebnis war für mich das Zeichen, daß wir auf einer neuen Stufe der Intimität angelangt waren, und dafür liebte ich Joseph sogar noch mehr.

Doch nichts bleibt, wie es ist. Eines Morgens, als ich allein in meiner Küche war, fegte ein kalter Windstoß durch das offene Fenster und wehte die Servietten und Papiere vom Tisch. Ich stand auf, um das Fenster zu schließen, und dabei fiel ein kleines Kristallherz, das Joseph mir geschenkt hatte, herunter und sprang in tausend Stücke. Mein Herz war zersprungen! Ich versuchte, es wieder zusammenzukleben, aber es wollte nicht halten. Daraufhin setzte ich mich an den Tisch und schrieb ein Gedicht über das zerbrochene Herz. Es war nicht gerade Shakespeare, doch immerhin war es das erste Gedicht, das ich selbst verfaßt hatte.

Natürlich überlegte ich, ob das Zerbrechen des Glasherzens ein Omen für unsere Zukunft war. Ich hatte die Befürchtung, daß es so sein könnte. Unsere Verbindung war so eng und stark, daß Robbie, der Joseph aus unserer Forschungsgruppe kannte und sehr gern hatte, mich vorausschauend gewarnt hatte. »Ich freue mich wirklich für euch beide«, sagte er. »Aber es kann sein, daß diese Beziehung so intensiv wird, daß einer von euch beiden das Gefühl hat, er müsse davonlaufen.«

Der eine war Joseph. Im Sommer 1990 gaben Amara und Danny eine Party für mich zu meinem fünfzigsten Geburtstag. Ich lud einundfünfzig Gäste ein – einen für jedes Jahr und als Glücksbringer noch einen obendrauf. Auch Joseph war da, obwohl er angefangen hatte, sich etwas von mir zurückzuziehen. Wir wohnten immer noch in verschiedenen Städten, und er ging seit kurzem auch mit einer anderen Frau aus. Obwohl Joseph es nicht direkt aussprach, hatte ich das Gefühl, daß unsere Beziehung sich dem Ende näherte.

Nach der Party führten Joseph und ich ein ganz allgemein gehaltenes Gespräch darüber, wie erstaunlich es wäre, wenn zwei Herzempfänger heiraten würden. Aber unsere Unterhaltung blieb rein theoretisch.

Einige Wochen später erfuhr ich von gemeinsamen Freunden, daß Josephs neue Freundin zu ihm gezogen war. Es war ein schwerer Schlag, nicht nur, weil es zwischen uns aus war, sondern auch, weil Joseph es mir nicht selbst gesagt hatte. Doch obwohl ich sehr enttäuscht war, hielt ich mich nicht lange damit auf. Ich habe eine Transplantation überstanden, sagte ich mir, da werde ich auch über diese Sache hinwegkommen. Mein Herz hält das aus.

Monate später kam es doch noch zu einem Gespräch zwischen uns. Joseph gab zu, daß unsere Beziehung tatsächlich zu intensiv für ihn gewesen war. Auch wenn wir nicht auf Dauer zusammengeblieben sind, werde ich mich immer auf eine besondere Weise mit ihm verbunden fühlen, denn wir haben uns wirklich geliebt, und uns verband etwas so Einzigartiges, daß wohl keiner von uns noch einmal etwas Ähnliches erleben wird. Ich habe Joseph in mein Herz geschlossen und denke, das wird auch so bleiben. Von Zeit zu Zeit höre ich mir ein Tonband an, das er für mich aufgenommen hat. Darauf singt er ein Lied, das er kurz nach seiner Transplantation komponiert hatte. Der Titel ist *Change of Heart* – was Herzwechsel und Sinneswandel zugleich bedeutet ...

12

Im Bann meines Herzens

Manchmal muß sich eine Situation erst verschlechtern, bevor es wieder aufwärtsgeht. Als ich begann, zusammen mit Robbie meine Träume zu bearbeiten, brachten mich heftige Gefühle und unvorhergesehene Eingebungen mehrfach ins Schlingern. In dieser Zeit ließ ich mich auf einige gewagte Sachen ein, die gar nicht meinem Charakter entsprachen, die aber im Zusammenhang mit meiner Beziehung zu dem unerreichbaren Tim, auf die sich allmählich alles konzentrierte, doch irgendwie ins Bild zu passen schienen. Mein Leben sollte sich zwar schließlich stabilisieren, doch der Weg, der zu meiner neuen Identität führte, verlief nicht ohne Hindernisse.

Es war noch ganz am Anfang meiner Arbeit mit Robbie, als ich dem Charme eines neuen Mannes erlag, einer blendenden Erscheinung. Kirk war groß und schlank und hatte hellbraunes Haar, und als wir uns zufällig in einem Park kennenlernten, funkte es gleich so zwischen uns, daß ich es förmlich knistern hörte. Dem Aussehen nach war er mindestens zehn Jahre jünger als ich, aber wenn ihm dies nichts ausmachte, mich störte es bestimmt nicht. Nach einer längeren Unterhaltung, die keiner von uns beenden mochte, fragte er mich, ob ich mit ihm zum Essen gehen wollte.

Ein paar Tage später lud mich Kirk zu sich nach Hause ein. Schon an der Tür fiel mir eine große Pokalsammlung ins Auge.

»Wofür sind die?« fragte ich und erwartete, etwas über seine Tennistalente oder seine Golfleidenschaft zu hören.

»Ich habe sie beim Motorradrennen gewonnen«, sagte er. »Das ist eines meiner Hobbys.«

Okay, dachte ich. Ein jüngerer Mann, helles Haar, Motorräder – was geht hier eigentlich vor?

Irgendwie kamen wir auf das Thema Eislaufen. Da ich immer schon gern Schlittschuh gefahren bin, erwähnte ich, daß ich mich schon auf den Winter freute, wo ich wieder aufs Eis könnte.

»Bis dahin brauchen Sie nicht zu warten«, sagte Kirk. »Ich zeige Ihnen mal etwas.«

Er ging zum Schrank, holte zwei Paar Rollerblades heraus, gab mir die kleineren und bestand darauf, daß ich sie anzog. Ich hatte noch nie auf Rollerblades gestanden, aber sie paßten, und Kirks Energie war ansteckend. Einen Moment später segelte ich bereits den Hügel vor seinem Haus hinunter. Ich war begeistert, wenn auch etwas befangen. War das nicht ein Sport für junge Leute?

Kirk war nicht dieser Meinung. Allerdings hatte er in seinem Eifer vergessen, mir zu zeigen, wie man anhält. Kaum hatte meine Jungfernreise begonnen, nahm sie auch schon ein ungraziöses, holpriges Ende, weil ich direkt in ein parkendes Auto raste, das am Fuß des Hügels stand. Doch obwohl ich ein paar Prellungen davontrug, hatte ich einen solchen Spaß dabei, daß mir die Schmerzen egal waren.

Ein paar Tage später traf ich zufällig eine Nachbarin auf der Straße. »Stellen Sie sich vor«, sagte sie, »kürzlich habe ich Amara auf Rollerblades gesehen. Aber hinterher dachte ich, daß Sie das vielleicht waren. Das kann aber doch nicht sein, oder? Ich meine, nach der Transplantation. Das ist doch unvernünftig.«

Ja, dachte ich, das ist es wirklich. Aber gerade deshalb machte es ja solchen Spaß. Auch die Sache mit Kirk ist unvernünftig – jedenfalls für eine Frau meines Alters und mit meinen Interessen. Und trotzdem fühlte ich mich unwiderstehlich von ihm angezogen.

Kirk war geschieden, hatte eine eigene Firma und ver-

diente offensichtlich eine Menge Geld. Er war stets zu Strei-
chen aufgelegt, sah großartig aus und war immer auf Achse.
Als überzeugter Anhänger des Lustprinzips hatte er sein
Haus in ein echtes Junggesellenparadies verwandelt, komplett mit Jacuzzi, Whirlpool und sogar einem Wasserbett.
Unter einem ungezwungenen Abendessen verstand er saftig
gegrillte Steaks und eisgekühlte Martinis am offenen Kamin. Er kam mir wie einer von den Männern vor, deren
Vorstellungen vom süßen Leben direkt aus dem *Playboy*
stammen.

Kurz gesagt, er war völlig anders als die Männer, für die
ich mich bis dahin interessiert hatte. Und trotzdem übte er
vom ersten Augenblick an eine unglaubliche Anziehungskraft auf mich aus, noch bevor ich das geringste über ihn
wußte. Ich hatte das Gefühl, daß unsere Herzen von der gleichen Energie erfüllt waren. Aber so gern ich mit ihm zusammen war, ich hatte nie das Gefühl, ihn wirklich zu kennen.
Ich konnte zum Beispiel überhaupt nicht verstehen, daß
Kirk, der adoptiert worden war, nie ein Interesse daran gehabt hatte, nach seinen leiblichen Eltern zu suchen oder irgend etwas über sie herauszufinden. Vielleicht projizierte ich
meine eigene, immer größer werdende Neugier bezüglich
meines Organspenders auf ihn, jedenfalls fand ich es verblüf-
fend, wie gleichgültig ihm seine Herkunft zu sein schien.

Kurz vor dem Ende unserer gemeinsamen Zeit hatte ich
ein eigenartiges und sehr beunruhigendes übersinnliches
Erlebnis. Es begann mit einem Traum: In Kirks Haus läutete die Türglocke, und eine junge, attraktive Frau namens
Suzanne kam herein und fragte nach Kirk. Er begrüßte sie
freudig und nahm sie dann mit nach oben, um ihr das
Schlafzimmer zu zeigen.

Als ich am nächsten Morgen meinen Traum aufschrieb,
fragte ich Kirk, ob er eine Suzanne kannte.

»Nein«, erwiderte er. »Warum willst du das wissen?«

»Oh, ich habe nur etwas geträumt«, sagte ich, ohne weitere Einzelheiten zu erwähnen.

In diesem Augenblick läutete es. Kirk ging zur Tür, um aufzumachen, und ich hörte, wie er »Hi, Suzanne« sagte. Das war wirklich unheimlich! Kirk machte uns miteinander bekannt, und obwohl er die Frau erst vor kurzem kennengelernt hatte, spürte ich sofort die erotische Spannung, die zwischen ihnen herrschte. Als Kirk sie mit nach oben nahm, um ihr das übrige Haus zu zeigen, fing ich an zu zittern. Das Ganze war so beängstigend, daß ich nur noch fort wollte. Noch bevor die beiden wieder herunterkamen, hatte ich mir die Stiefel angezogen und rannte aus dem Haus. Ich war überzeugt, daß meine Zeit mit Kirk zu Ende ging, und so war es dann auch.

Unsere Affäre war elektrisierend, dramatisch und kurz. Die Flammen der Leidenschaft loderten hoch und verglühten rasch wieder. Von Anfang an schien der Reiz, den er auf mich ausübte, seinen Ursprung in einem neuen, mir bis dahin unbekannten Winkel meiner Seele zu haben. Während der wenigen Wochen, die wir zusammen waren, genoß ich es, bei seiner ständigen, fast zwanghaften Jagd nach Action und Spannung mitzumachen. Ich war zwar schon die ganze Zeit seit meiner Transplantation sehr unternehmungslustig, doch zusammen mit Kirk hatte mein Herz anscheinend noch einen Gang zugelegt. Jetzt kam eine neue Energie zum Vorschein, die ihm allein gehörte und mit deren Intensität und Tempo ich kaum Schritt halten konnte.

Natürlich sprach ich mit Robbie darüber, daß die Anziehungskraft, die Kirk auf mich ausübte, mit der Transplantation zusammenzuhängen schien. Nicht umsonst hatte Kirk große Ähnlichkeit mit dem Traumbild meines Organspenders. Robbie wies mich darauf hin, daß ich zum Zeitpunkt, als ich Kirk kennenlernte, gerade mit der Bearbeitung meiner Träume begonnen hatte. Daher lag es nahe, daß sich Tims Bild in den Vordergrund meines Bewußtseins geschoben hatte und ich, kaum hatte ich einen Mann gefunden, der diesem Bild entsprach, schon am Haken zappelte – dazu brauchte ich noch nicht einmal etwas von den Motorrädern gehört zu haben. Wie ich selbst bereits vermutet hatte, fühlte ich mich auf diese intensive und unerklärliche Weise von Kirk angezogen, weil er in Wirklichkeit eine Projektion meiner Phantasien von Tim war, den ich idealisierte. Kirk, so könnte man sagen, war der Liebhaber meiner Träume. Als er sich als doch nicht so ideal herausstellte, war ich sehr niedergeschlagen.

Aber selbst nachdem es mit Kirk vorbei war, blieb die jugendliche Energie in mir lebendig und suchte nach einem neuen Ventil. Ich verspürte immer noch einen starken Drang nach Action und Tempo, der irgendwie an meine neuen Organe gekoppelt zu sein schien. Und warum auch nicht? Meine Lunge regulierte meinen Atem, und mein Herz kontrollierte mein Tempo – warum sollte es nicht möglich sein, daß ihr Vorhandensein in meinem Inneren eine profunde Auswirkung auf meinen Lebensrhythmus hatte?

Einige Wochen später, als ich immer noch nicht imstande war, meine innere Unruhe zu kontrollieren, flog ich aus einem Impuls heraus nach Frankreich. Aber statt das Land in der einer bürgerlichen Dame mittleren Alters angemessenen Weise zu bereisen, benahm ich mich eher wie ein College-Kid in den Semesterferien. Stundenlang hockte ich in staubigen Bahnhöfen auf dem Fußboden und wartete zwischen rucksacktragenden Studenten, die von Jugendherberge zu Jugendherberge zogen, auf den nächsten Zug. Rings umher lagen Kleidungsstücke, türmten sich Schlafsäcke und Backpacks. Es war nicht das erste Mal, daß ich in Europa war, doch so war ich noch nie gereist, auch nicht, als ich noch jünger war. Ich war jetzt fünfzig und trieb mich in hektischem Tempo in Frankreich herum – und das ohne irgendeinen Grund.

Es hätte lustig sein können, doch die meiste Zeit war ich völlig durcheinander. Was tust du hier eigentlich, fragte ich mich immer wieder. Warum unternimmst du so eine Reise, wenn es dir nicht einmal Spaß macht?

Die beste Antwort, die ich darauf geben konnte, war, daß mein Herz mich hierher zu führen schien. Es hört sich ein bißchen übergeschnappt an, aber so empfand ich es nun einmal. Mein Körper war erschöpft, doch dieses starke Jungenherz trieb eine müde Frau mittleren Alters weiter und weiter. Mein Herz schien das Kommando übernommen zu haben, während der Rest meiner Person – mein älteres Selbst – nur mit Mühe Schritt halten konnte.

Zum Teil waren diese Wochen das reine Elend. Keiner kam mir zu Hilfe, sei's bei meinem holprigen Französisch, sei's mit den schweren Taschen, die ich die langen Treppen zum Bahnsteig hinaufschleppte. Wenn ich endlich oben angelangt war, konnte mir niemand sagen, wo die Fahrkarten verkauft wurden. Überall standen lange Schlangen, und die gesamte Bevölkerung Frankreichs schien in Zigarettenqualm zu ersticken und die Luft zu verpesten, die ich zum Atmen brauchte.

Während ich atemlos mein Gepäck von einem Bahnsteig zum anderen schleifte, verlief ich mich immer wieder und war völlig konfus. Welchen Zug suchte ich eigentlich? Wo sollte er ankommen? War das jetzt das richtige Gleis? Selbst als mein Körper schon längst erschöpft war, trieb mich mein Herz immer weiter.

Als ich dann schließlich in den richtigen Zug hineingestolpert war, geriet ich in eine lebhafte Unterhaltung mit meinem Sitznachbarn, einem warmherzigen, geselligen Typ aus Brooklyn, dunkelhaarig und höchstens Mitte Zwanzig. Während wir zusammen durch die lange, dunkle Nacht fuhren, hörte er mir so teilnehmend zu, daß ich mein ganzes Unglück vor ihm ausbreitete und gar nicht wieder aufhörte. Seit dem Augenblick, wo ich in Paris gelandet war, und das war erst einige Tage her, hatte ich das Gefühl gehabt, daß ich für die Franzosen unsichtbar war, zum Teil wohl, weil ich die Sprache nicht konnte. Jetzt hatte ich zum erstenmal seit Tagen wieder das Gefühl, sichtbar zu sein – auch wenn es im Zug ziemlich dunkel war.

Als mein Reisegefährte merkte, daß ich weinte, streichelte er meinen Arm. »Möchten Sie sich bei mir anlehnen?« fragte er. Ich fühlte, wie mein jugendliches Herz ihm entgegenhüpfte. Obwohl ich seine Mutter hätte sein können, kam ich ins Träumen. Das unerwartete Angebot beschwor eine romantische Vorstellung herauf – die einsame Frau, die im Nachtzug durch ein fremdes Land fährt und plötzlich überwältigt in die Arme eines schönen jungen Fremdlings sinkt.

Wer hat hier eigentlich zu sagen? fragte ich mich. Du oder dein Herz? Und wer bin ich, bitte schön? Eine wagemutige Weltreisende oder eine umsichtige Mutter?

Diesmal siegte mein Verstand über mein Herz. Mir gingen zwar einige verführerische Phantasien durch den Kopf, wohin diese Begegnung führen könnte, aber ich setzte nichts davon in die Tat um. Dies ist kein Roman von Erica Jong, sagte ich mir, sondern dein eigenes Leben!

In der folgenden Nacht lag ich im sicheren Hafen meines Hotels im Bett und dachte darüber nach, was um alles in der Welt mit mir vorging. Was hatte ich hier zu suchen, Tausende von Meilen weit weg von meinem Zuhause, vom Krankenhaus, von Amara? Und was wäre, wenn mir etwas zustieß? Gab es in Frankreich überhaupt Transplantationsärzte? Und warum war ich überhaupt hierhergekommen, in dieses wildfremde Land mit seiner fremden Währung und seiner fremden Sprache, in dem ich nicht einmal wußte, wie man ein Telefon bedient? Die ganze Zeit seit der Transplantation war ich mir selbst fremd gewesen. Warum machte ich es mir noch schwerer, indem ich immer mehr Fremdes dazupackte und außerdem auch noch allein unterwegs war?

Es war mein älteres, vernünftiges Ich, das diese Fragen stellte, aber das war nicht die Person, die den Flug nach Paris gebucht hatte. Nicht mein altes Selbst hatte mich hierhergeschleppt, sondern die jugendliche Energie meines Herzens und meiner Lunge, die gerade erst zwanzig waren.

Hier in Frankreich war ich stärker als je zuvor von dem Gefühl beherrscht, daß sich zwei Menschen denselben Körper teilten.

Mir fiel der wunderbare Film *Solo für 2* wieder ein, in dem die Seele einer älteren Frau (Lily Tomlin) in den Körper eines jüngeren Mannes (Steve Martin) wandert. Da er nun zwei verschiedene Persönlichkeiten in sich trägt – männlich die eine, weiblich die andere –, ist dieser arme, verwirrte Mann gezwungen, seine Identität neu zu bestimmen. In einer besonders gelungenen Szene versuchen die beiden Seiten seiner Persönlichkeit gemeinsam, aber jede auf ihre Weise, den Gehweg zu überqueren, so daß es zu einem grotesken Tauziehen kommt. Obwohl meine Zweigeteiltheit keinesfalls daran heranreichte, bewegte mich der Film sehr stark, als ich ihn nach meiner Transplantation zum zweitenmal sah, vor allem die Szenen, in denen die Hauptperson sich daran gewöhnen muß, daß noch jemand in ihr steckt. Auch beim zweiten Anschauen war es wieder komisch, aber ein ganzes Stück glaubhafter.

Kein Wunder, daß sich dieser innere Kampf auch in meinen Träumen spiegelte, die sich zunehmend um Tim drehten. Zu den ersten Themen, die ich mit Robbie besprochen hatte, gehörten Träume, in denen Babys vorkamen, darunter auch die, die ich etwa einen Monat vor der Transplantation geträumt hatte. Warum ausgerechnet Babys? Weil ich meinen Spender nach seinem Tod – und sogar schon vorher – symbolisch wieder ins Leben zurückgebracht hatte. Oder, wie Robbie es ausdrückte: »In deiner Traumwelt wurde ein neues Selbst geboren.«

Im Laufe der Zeit trat Tim nicht nur als Baby oder junger Mann auf, sondern auch in Gestalt eines Jungen. In einem Traum befinde ich mich auf einem Passagierdampfer, wo ich mit einer Familie, zu der zwei kleine Jungen gehören, in näheren Kontakt komme. Zu dem jüngeren habe ich ein besonderes Verhältnis, anscheinend schwärmt er für mich. Er zeichnet eine rote Rose und bietet sie mir zum Geschenk.

Dann wird auf dem Schiff bekannt, daß der Junge gestorben ist. Obwohl niemand an Bord mit mir darüber reden will, weiß ich, daß sein Tod etwas mit mir zu tun hat.

»Was fühlst du jetzt?« fragte Robbie, als wir den Traum bearbeiteten.

»Eine große Traurigkeit. Meine Kehle ist wie zugeschnürt. Ich spüre es hier im Bauch und im Hals. Ich weiß nicht, ist es Sehnsucht, Bedauern oder Dankbarkeit.«

»Und das hat mit dem kleinen Jungen zu tun, der dir seine Rose schenkt?«

»Ja, er gibt mir etwas von sich, das sehr kostbar ist.« Dann fiel mir ein, daß ich vor vielen Jahren meinem Mann ein Blatt Papier geschenkt hatte, auf das ich eine Rose gemalt und eine Liebeserklärung geschrieben hatte. Es war dieselbe Rose gewesen wie in meinem Traum.

»Was hast du damals gedacht oder geschrieben, als du deinem Mann das Bild gabst?« fragte Robbie.

»Mit Liebe im Herzen, mit meinem ganzen Herzen – irgend etwas in der Art.«

»Also schenkt dir der kleine Junge sozusagen sein Herz?«

»Ja.« Daran bestand kein Zweifel. Der Junge mit der Rose war eine weitere Manifestation von Tim, dessen Tod allerdings etwas mit mir zu tun hatte.

In einer anderen traumhaften Erscheinung in dieser Zeit war es Tims Lebendigkeit, seine dynamische Energie, die sich auf mich auswirkte. An einem Frühlingsmorgen, am Tag bevor ich wieder nach Yale zu meinem jährlichen Belastungstest fahren mußte, lag ich ausgestreckt auf meiner langen braunen Samtcouch. Ich hatte die Augen geschlossen und machte meine tägliche Meditation. Ich hatte gerade eine tiefe Stufe der Kontemplation erreicht, als mir Tim erschien – wie im Traum. Er war gesund und jung und trug Jogging-Shorts, ein T-Shirt und Turnschuhe. Er befand sich auf einem Laufband und rannte auf der Stelle, genau so, wie ich es am folgenden Tag tun würde. Der Schweiß lief an ihm hinunter, als ob er für Olympia trainierte. Er fühlte sich in Hochform und brannte darauf, endlich loszulegen. Ich konnte förmlich spüren, wie seine Energiewellen den Raum durchpulsten.

Am nächsten Tag konnte ich während des Belastungstests deutlich seine grenzenlose Energie in mir wahrnehmen. Ich stieg schneller und schneller den simulierten Berg hinauf, und die Schwestern staunten über meine Ausdauer. Auch ich wunderte mich darüber, mit welchem jugendlichen Elan es eine Fünfzigjährige vorantrieb, ähnlich wie bei Margot Fonteyn, als sie in fortgeschrittenem Alter mit dem zwanzigjährigen Nurejew tanzte. Es war, als ob dieser junge Mann und ich jetzt ein einziges Wesen waren, dessen Herz und Lunge so stark waren, daß wir ohne Ende weitermachen konnten. Als hätte ich einen neuen ständigen Tanzpartner in meinem Inneren.

Schließlich machten meine Beine nicht mehr mit. Meine Muskeln und mein alter Körper konnten einfach nicht mehr mit meinen jüngeren Körperteilen Schritt halten. Das, was von Tim übriggeblieben war, pumpte tapfer weiter mein Blut durch einen Körper, der seiner Tatkraft nicht gewachsen war. Einen Moment lang spürte ich die Zukunft, die er nie haben sollte, und seinen jugendlichen Geist, der in einen Körper eingesperrt war, der ihm nicht gewachsen war.

Tim hätte noch ewig auf dem Laufband bleiben können, doch die Schwester mußte den Test abbrechen. Erschöpft wurde ich in einen anderen Raum geführt, wo ich das Flußdiagramm meines Herzens sehen konnte. Durch das Kontrastmittel, das mir während des Belastungstests in die Blutbahn injiziert worden war, wurde mein Kreislauf sichtbar, und ich konnte tatsächlich sehen, daß ich Tim war und Tim ich war.

Auch hier erlebte ich die Transplantation wieder aus der Perspektive meines Spenders. Während meine Lebensreise weiterging, wurde mir die andere Seite der Gleichung zunehmend bewußter. Welcher Schock muß es für Tims Herz und Lunge gewesen sein – und für alles, was außerdem von seinem Geist dabeigewesen sein mochte –, im Körper einer Frau mittleren Alters aufzuwachen. War ich verrückt, oder deuteten meine Träume und Veränderungen darauf hin, daß das menschliche Herz mehr war als nur eine mechanische Pumpe?

13

Überraschungsabend

Das Wochenende begann wie jedes andere. An einem feuchtwarmen Freitag abend im August 1990 ging ich mit meiner Freundin Anne und meinem Neffen Stuart zu einem Überraschungsessen (bei dem man seine Tischnachbarn vorher nicht kennt) ins Theater. Als gegen neun die Nachspeise serviert wurde, begann ich meine Tabletten aufzureihen und gab meine Abenddosis Cyclosporin in ein kleines Gefäß mit Orangensaft. Wenn ich meine Medikamente in der Öffentlichkeit einnehmen muß, sehen die Menschen oft weg, doch an jenem Abend hatte ich freundliche, aufgeschlossene Tischgenossen, die mein Tun mit echtem Interesse beobachteten. Jemand fragte mich, ob ich gerade eine Apotheke ausgeraubt hätte, und als ich daraufhin erklärte, warum ich so viele Pillen nehmen mußte, bestürmte man mich mit Fragen über die Transplantation.

Später kam einer von den an unserem Tisch sitzenden Männern zu mir herüber, um das Gespräch fortzusetzen. Fred, ein gutaussehender Bursche aus Florida, stellte sich als »Regenbogenmacher« vor. Während wir uns unterhielten, überlegte ich, ob Fred sich wirklich für die Transplantation interessierte oder sie nur als Vorwand für einen Flirt mit mir benutzte. Oder vielleicht beides?

»Wissen Sie, wer Ihr Spender war?« fragte er.

»Eigentlich nicht. Nur, daß es ein Achtzehnjähriger aus Maine war, der bei einem Motorradunfall ums Leben kam.«

»Sonst nichts?«

Ich erklärte ihm, daß die Krankenhäuser keine Informationen freigaben und ich genaugenommen schon mehr wußte, als ich durfte.

Als Fred weiter nachfragte und dabei erwähnte, daß er sich besonders für Träume interessierte, ergriff ich die Gelegenheit und erzählte ihm von dem Traum, in dem ich einen jungen Mann namens Tim L. geküßt und dann mit dem Atem eingesogen hatte, und daß ich ihn für den Spender hielt. Obwohl Gail angedeutet hatte, daß der Name nicht stimmte, glaubte ich das immer noch, weil der Traum so überzeugend gewesen war.

Fred war von dem Traum fasziniert und erkundigte sich nach weiteren Einzelheiten. Er habe nämlich übersinnliche Fähigkeiten, erklärte er, was ich mit einem höflichen Nikken quittierte. Ich hatte allmählich das Gefühl, es handelte sich doch um eine Anmache. Doch irgend etwas an ihm gefiel mir, und als er mich um meine Telefonnummer bat, gab ich sie ihm.

Schon am nächsten Morgen rief er bei mir an und wollte sich unbedingt mit mir verabreden. Als ich ihm (wahrheitsgemäß) erklärte, ich hätte den Tag schon total verplant, sagte er: »Ich muß Ihnen aber etwas sagen. Heute Nacht habe ich geträumt, daß ich in einer Zeitung aus Maine den Nachruf Ihres Spenders sah, direkt auf der Mitte der Seite.«

Nun wurde ich hellhörig. Ich wurde zwar aus Fred noch nicht richtig schlau, doch um die Träume anderer Leute einfach abzutun, war ich wohl kaum die geeignete Person. Es klang zwar ziemlich abenteuerlich, doch warum sollte ich der Sache nicht nachgehen?

»Wir könnten folgendes tun«, schlug ich vor. »Ich rufe in der Staatsbibliothek in Boston an und finde heraus, ob sie dort Tageszeitungen aus Maine haben. Wenn ich nicht zurückrufe, treffen wir uns dort heute nachmittag um zwei Uhr.«

Während ich die Telefonnummer der Bibliothek heraussuchte, überlegte ich, warum ich nicht selbst auf die Idee gekommen war, nach der Todesanzeige meines Spenders zu forschen. Ich kannte schließlich den ungefähren Zeitpunkt seines Todes und glaubte auch, seinen Namen zu wissen. Trotzdem war es mir nie in den Sinn gekommen.

»Maine ist nicht gerade klein«, sagte die Bibliothekarin zu mir, »wir beziehen aber nur eine einzige Zeitung aus diesem Bundesstaat. Ehrlich gesagt, hört sich das Ganze wie die Suche nach der Stecknadel im Heuhaufen an. Aber wenn Sie wollen, kommen Sie doch vorbei und sehen sich um. Fragen Sie einfach nach der Microtext-Abteilung.«

Ich kam etwas zu früh, doch Fred war bereits da und ging am Bildschirm die Ausgaben der Woche, in der ich transplantiert worden war, durch. Ich stellte mich hinter ihn und sah ihm über die Schulter, während die Seiten vorbeiglitten.

Mein Gott! Da war der Artikel, nach dem wir suchten – mitten auf der Seite!

Ich spürte, wie mir plötzlich die Knie weich wurden.

»Das ist es«, sagte ich und sank auf einen Stuhl. »Das muß er sein.«

Ich war mir völlig sicher. Das Datum war mit dem der Transplantation identisch, und alle Einzelheiten paßten zu dem, was ich bereits wußte.

Er war achtzehn. Die Todesursache war ein Motorradunfall. Und sein Name war Timothy Lasalle.*

Mir wurde schwindelig. Also war mein erster Traum von Tim doch wahr gewesen.

Aber wie sollte es weitergehen? In dem Nachruf, den ich gleich fotokopierte, wurden fünf Schwestern und zwei Brü-

---

* Auf Wunsch der Angehörigen habe ich zum Schutz ihrer Privatsphäre ihre Namen und den Namen ihres Wohnorts verändert. Tims Nachname fing aber tatsächlich mit einem L an. Der erste Satz des Nachrufs lautete folgendermaßen: »MILFORD. Timothy Lasalle, 18, wohnhaft in der Chestnut Street 29, starb am Freitag im Bangor-Hospital an den Folgen eines Motorradunfalls in Milford.«

der erwähnt. Vor mir hatte ich die Familie meines Herzens auf einem Stück Papier. Was sollte ich jetzt tun?

Bis zu diesem Augenblick war ich nicht einmal hundertprozentig sicher gewesen, daß überhaupt eine Transplantation stattgefunden hatte. Die ganze Sache war so weit außerhalb jeder Normalität gewesen, daß es fast schon einfacher war, sie als ein Wunder zu betrachten. Und durch die Tatsache, daß ich Namen und Adresse meines Spenders nicht wissen durfte, war das Gefühl, es handele sich um ein mystisches Geschehen, noch zusätzlich verstärkt worden. Bisher hatte ich mein Wissen über den Spender hauptsächlich aus inneren Bildern und Träumen bezogen, die sich nur schwer aufschlüsseln und schon gar nicht bestätigen ließen.

Nun aber wußte ich auf einmal, daß es den Spender wirklich gab und daß er Angehörige hatte. Ich hatte den Beweis in der Hand: Name, Adresse, Wohnort.

Fred und ich gingen in ein nahe gelegenes Café. Er setzte mir mit Fragen zu – was ich jetzt tun würde, ob ich mich mit der Familie in Verbindung setzen würde.

Ich antwortete, daß ich es nicht wüßte, es aber auf jeden Fall in Betracht zöge. Wahrscheinlich würde ich ihnen einen Brief schreiben, aber ich wollte nichts überstürzen. Als wir das Café verließen, um unserer Wege zu gehen, verabschiedete ich mich von Fred und bedankte mich herzlich für seine Hilfe. Ich hatte ihn erst am Vortag kennengelernt und würde ihn wahrscheinlich nie wiedersehen, doch an diesem Tag hatte er möglicherweise mein Leben entscheidend verändert. Welche geheimnisvolle Macht hatte diesen »Regenbogenmacher« zu mir geführt? Wie war er zu dem Traum gekommen? War es nur ein Zufall, daß die Bibliothek ausgerechnet diese Zeitung bezog, oder hatte Fred meinen Lebensweg gekreuzt, damit zwischen mir und Tims Familie eine Verbindung hergestellt wurde?

Ich war in Versuchung, Gail umgehend anzurufen, doch ich beschloß, damit noch ein paar Tage zu warten. Ich würde demnächst sowieso in New Haven sein und wollte ihr lieber alles direkt erzählen. Außerdem war ich nicht sicher, ob Gail dem, was ich gerade erfahren hatte, noch viel hinzufügen konnte.

Aber Robbie erzählte ich alles, und er reagierte sehr erregt auf den Nachruf. In gewisser Weise erschütterte ihn dieser greifbare Beweis von Tims realer Existenz sogar noch stärker als mich. Trotz seiner Empathie und Aufgeschlossenheit hatte Robbie nämlich bis zu dem Moment, wo er den Nachruf tatsächlich vor sich sah, darauf beharrt, Tim nur als »Tim« zu betrachten, also als eine in Anführungszeichen zu setzende Traumfigur, die zwar eine Verbindung zu meinem Spender haben konnte, aber ebensogut auch nicht. Für Robbie war »Tim« ein psychologisches Phänomen, und von Bedeutung war einzig, wie ich dieses erlebte.

Aber nun mußte Robbie sich notgedrungen mit etwas befassen, was für mich schon lange feststand – nicht nur, daß es einen »echten« Tim gab, sondern daß einige seiner Eigenschaften in mir weiterlebten. Robbie schrieb dazu folgendes:

Ich fühle, wie sich der Standpunkt verschiebt, von dem aus ich die Dinge betrachte. Mein vehementes Festhalten an der psychologischen Sichtweise von »Tim« kommt ins Wanken, je näher für Claire die Erfüllung ihres Wunsches rückt, Tims Familie kennenzulernen. Ich fange allmählich an zu glauben, daß etwas von Tims innerstem Wesen auf Claire übergegangen ist. Als ausgebildeter Therapeut weiß ich, daß Energie und Widerstandsfähigkeit Teil des Charakters, des Temperaments und der Identität sind. Falls auf irgendeine Weise Spuren seines Temperaments, seiner Persönlichkeit und Identität durch die Transplantation weitergegeben wurden, wäre es möglich, daß psychologische Reste des realen Tim L. (und nicht nur die bloße Vorstellung eines »Tim«) jetzt in Claire wohnen.

Ich spüre förmlich, wie die Anführungszeichen sich auflösen, während ich den festen Boden der Psychoanalyse verlasse und in den heiklen Bereich des Glaubens hinüberwechsele.

In New Haven aß ich mit Gail zu Abend.

»Können Sie sich noch an meinen Anruf erinnern, als ich von dem Traum erzählt habe, in dem mein Spender vorkam?«

»Ja, natürlich.«

»Also, jetzt weiß ich, daß es der richtige Name war.«

Sie sah mich an. »Warum sind Sie sich so sicher?«

»Ich habe in einer Zeitung seinen Nachruf gefunden, und es war der Name aus dem Traum, den ich Ihnen genannt habe.«

Sie seufzte. »Claire, bei Ihrem Anruf damals wußte ich nicht, was ich sagen sollte. Ich fand es richtig unheimlich. Aber ich durfte den Spendernamen nicht bestätigen, da es nur ein Traum war.«

Ich erzählte ihr von Freds Traum und wie dieser uns auf Tims Nachruf gebracht hatte, wobei ich mich fragte, ob sie mir Glauben schenken würde. Ich war mir in diesem Moment nicht einmal sicher, ob ich mir selbst glaubte.

»Ich möchte Sie etwas fragen, das die Sache vielleicht teilweise erklären könnte«, sagte ich. »Halten Sie es für möglich, daß einer der Ärzte während der Operation Tims Namen genannt hat und ich das irgendwie mitbekommen habe, obwohl ich nicht bei Bewußtsein war?«

»Ich habe auch schon daran gedacht«, sagte Gail. »Es wäre die einzig mögliche Erklärung. Aber die Ärzte erwähnen den Namen des Spenders nie; sie kennen ihn gar nicht. Außerdem war Ihre Transplantation die erste Operation von Dr. Baldwin, bei der ich dabei war, und deshalb kann ich mich noch genau daran erinnern. Es herrschte eine solche Stille, daß man eine Nadel hätte fallen hören. Das ist typisch für Dr. Baldwins Arbeitsweise: Es wird kein Wort gesprochen.«*

Wir gingen zu anderen Gesprächsthemen über, doch gegen Ende des Essens wiederholte Gail ihre frühere Warnung, daß es vielleicht keine gute Idee sei, mit den Angehörigen in Verbindung zu treten.

»Ich weiß noch nicht, was ich tun werde«, erklärte ich ihr. »Ich muß das erst einmal verarbeiten. Ich habe mich noch nicht bei seiner Familie gemeldet, aber ich überlege es mir ernstlich.«

Einer der wenigen Menschen, denen ich von dem Nachruf erzählte, war John, ein Krankenhauskaplan in Boston, der sich um die Angehörigen der Unfallopfer kümmerte und oft um Informationen und Ratschläge in der Frage der Organspende gebeten wurde. John und ich pflegten ein freundschaftliches Verhältnis und hielten gelegentlich gemeinsam Vorträge, wobei er die Umstände einer Organtransplantation aus der Perspektive der Spenderfamilie schilderte, während ich beschrieb, was es bedeutet, auf der Empfängerseite zu stehen.

Für den Fall, daß ich wirklich Kontakt zu Tims Angehörigen aufnehmen würde, hatte ich überlegt, ob John eine Vermittlerrolle spielen könnte. Vorausgesetzt, daß die Familie einverstanden war, hatte ich vor, mit Robbie und John nach Maine zu fahren – oder wenigstens mit einem der beiden. Obwohl es mich mit aller Macht dorthin zog, wollte ich die Fahrt nicht allein unternehmen. Dazu war meine Angst zu groß – vor dem Unbekannten, das auf

* Gail stand nicht allein mit diesem Eindruck. »Im Gegensatz zu vielen anderen Chirurgen redet Baldwin beim Operieren fast gar nicht«, bemerkt Sherwin Nuland in einem ausführlichen Bericht über eine Herztransplantation im Yale-New Haven Hospital. »Die Szene erinnerte mich an die alten Hollywoodfilme, in denen zwei geschickte Geldschrankknacker mit höchster Sorgfalt und ohne jedes Zeichen von Eile am Werk sind und allein gegen das Ticken der Uhr anarbeiten.« Sherwin B. Nuland: »Transplanting a Heart.« *The New Yorker*, 19. Februar 1990, S. 82–94, S. 90.

mich zukam, vor der Frage, wie man mich aufnehmen würde, vor meinen emotionalen Reaktionen und denen der Familie.

John war sofort bereit, mir zu helfen. »Ich werde mich an den dortigen Gemeindepriester, einen Freund von mir, wenden«, sagte er. »Er könnte versuchen, soviel wie möglich herauszufinden, und sich vielleicht sogar bei Tims Angehörigen erkundigen, ob sie an einem Treffen interessiert sind.«

Als eine Woche vergangen war, ohne daß ich von John gehört hatte, rief ich ihn wieder an.

»Haben Sie Ihren Freund erreichen können?« fragte ich.

»Ja«, begann er. Dann zögerte er. »Er konnte zwar die Familie nicht persönlich sprechen. Aber nach allem, was er gehört hat, meine ich, daß ein Abbruch das Beste wäre.«

Ein Abbruch? Noch bevor ich den Sinn von Johns Worten aufgenommen hatte, fiel mir der Ausdruck auf. Eine seltsame Wortwahl für einen Pfarrer, dachte ich.

»Warum?« fragte ich. »Worauf wollen Sie hinaus?«

»Sehen Sie, es fällt mir schwer, Ihnen das zu sagen, aber anscheinend hat es niemanden überrascht, als Timothy ums Leben kam. Er war dafür bekannt, reichlich schnell zu fahren. Ich weiß es zwar nicht genau, aber ich habe den Eindruck, daß es außerdem noch weitere Probleme gab. Vielleicht Drogen oder Alkohol. Der junge Mann hat ein riskantes Leben geführt, und ich vermute, daß er viele Probleme hatte.«

»Oh, mein Gott.« Es war furchtbar hart, hören zu müssen, daß der junge Mann, dessen Herz und Lunge ein Teil von mir geworden waren, in Wirklichkeit vielleicht ganz anders gewesen war als die Erscheinung, die ich vor meinem inneren Auge und in meinen Träumen gesehen hatte.

»Tut mir leid, Ihnen das sagen zu müssen, Claire, aber das ist nun einmal das, was ich herausfinden konnte.«

Ich war am Boden zerstört. Wie betäubt. Mein Held war soeben vom Sockel gestürzt. Alkohol und Drogen ... Aber konnte das denn sein – wurden Organspender denn nicht auf solche Mißbräuche hin überprüft?

Gails Warnung klang mir wieder in den Ohren. *Rühre nicht an diese Büchse der Pandora!* Warum hatte ich nicht auf sie gehört? Ein Gedanke führt zum anderen, bis ich mich schließlich fragte, ob Gail womöglich mehr über die Familie wußte, als sie zugab.

Ich rief Robbie an, um ihm die letzten Neuigkeiten zu erzählen. »Ich glaube, wir sollten nicht weitermachen«, sagte ich. »Es tut mir zu weh.«

»Warum? Weil der wirkliche Tim vielleicht doch nicht so wundervoll war? Ja, vielleicht hat er getrunken. Vielleicht hatte er noch andere Probleme. Jeder Mensch hat seine Schattenseite.«

Aber das konnte ich noch nicht ertragen. »Ich meine, wir sollten die Suche aufgeben«, sagte ich.

»Die Entscheidung liegt bei dir«, meinte er.

Bei der nächsten Sitzung sprachen Robbie und ich noch einmal darüber, daß ich eine idealisierte Vorstellung von Tim mit mir herumgetragen hatte. Obwohl Robbie respektierte, daß ich einen Rückzieher machen wollte, legte er mir doch nahe, aufgeschlossen zu bleiben. »Die Menschen sind nun mal kompliziert«, erinnerte er mich. »Der wahre Tim war höchstwahrscheinlich eine vielschichtige Persönlichkeit, in der sich gute und schlechte Eigenschaften vermengten. Willst du wirklich die Suche aufgeben, weil er vielleicht anders war als die Phantasiegestalt deiner Träume?«

Robbie war in einer heiklen Lage. Seitdem ich den Nachruf entdeckt hatte, konnte er es kaum erwarten, die Angehörigen zu besuchen. Sollten sie damit einverstanden sein, so wäre dies eine wunderbare Gelegenheit, zu erfahren, wie Tim L. wirklich war und ob es überhaupt irgendwelche Übereinstimmungen mit dem »Tim« meiner Phantasien gab. Doch obwohl Robbie dagegen war, daß ich allzu schnell aufgab, machte er keinen Versuch, mich unter Druck zu setzen.

Nach dem Gespräch mit dem Kaplan war ich ein oder

zwei Wochen lang sehr traurig. Ich vergrub mich in die neuen Tatsachen und ließ mich von ihnen überwältigen.

Und selbstverständlich hatte ich auch wieder einen Traum: Ich befinde mich, zusammen mit anderen Leuten, in einem Fahrstuhl; mir gegenüber lehnt ein dunkler Mann mit dem Rücken an der Wand. Er trägt einen dunkelblauen Pullover. Ich lege beide Hände auf seine Brust und sage zu ihm: »Timmy, du bist mein Bruder.«

Ich hätte kein besseres Drehbuch schreiben können. Nachdem ich vor der möglicherweise negativen Kehrseite des realen Tim Angst bekommen hatte, war aus dem Tim meiner Träume ein dunkler Typ in Blau geworden. Die hochgewachsene Gestalt mit dem goldenen Haar, von der ich vorher geträumt hatte, hatte sich in einen handfesten, nicht ganz so idealen Charakter verwandelt. Das Bild war jetzt nicht mehr so romantisch, dafür aber realistischer. Wenn wir wirklich Geschwister waren, dann waren Tims Angehörige auch meine Familie. Trotz meiner Befürchtungen schien ich einen weiteren großen Schritt zu ihnen hin zu machen.

Der blaue Pullover aus dem Traum hatte noch eine weitere Bedeutung: Während der Wintermonate trug Robbie immer einen blauen Pullover. Daß Robbie und Tim miteinander verschmolzen, war nicht verwunderlich, denn während der analytischen Arbeit mit Robbie projizierte ich oft Züge von Tims unsichtbarer Erscheinung auf ihn. Die Übertragung, die ich mit Robbie erlebte und auch untersuchte, erleichterte es mir, meine Gefühle für Tim zu erforschen und sogar eine Beziehung zu ihm herauszubilden. In gewissem Sinne war auch Robbie mein Bruder, der sich mir bei der Suche nach Tim angeschlossen hatte. Seitdem wir den Nachruf gefunden hatten, war meine Bindung an Robbie immer stärker geworden, während wir uns in immer enger werdenden Kreisen Tim näherten.

Der Traum mit dem blauen Pullover enthielt eine starke Botschaft der Akzeptanz, und zwei Tage später hatte ich meine Bedenken wieder überwunden. Robbie hatte recht. Selbst wenn es stimmte, was der Kaplan über Tim gesagt hatte, mußte das nicht unbedingt heißen, daß ich keinen Kontakt zu seiner Familie aufnehmen sollte. Vielleicht war das, was von Tim noch existierte, sein reinerer Wesenskern. Falls sein Leben eine Qual gewesen war, so war er jetzt doch frei wie ein Vogel und konnte die Schwingen ausbreiten – und genau das schien er durch mich zu tun. Während ich darüber nachdachte, fand ich mich nach und nach mit Tim ab – ganz gleich, als was für eine Art von Mensch er sich entpuppen würde.

Ich rief Gail an und fragte sie: »In welcher Weise würde es sich auf das Herz auswirken, wenn ein Spender drogenabhängig ist oder zuviel trinkt?«

»Mir fehlen die medizinischen Fachkenntnisse, um das zu beantworten«, sagte sie, »aber ich kann Ihnen versichern, daß das Ärzteteam sehr viele Tests vornimmt, bevor es den Spender akzeptiert. Niemand würde die Mühe und Kosten einer Transplantation für ein Organ aufwenden, das nicht gesund ist. Ich weiß nicht genau, worauf Sie hinauswollen, aber da auch die Leber Ihres Spenders verpflanzt wurde, muß sie gesund gewesen sein. Soweit ich weiß, gab es keine Hinweise auf irgendwelche Probleme.«

Gails Antwort half mir ebenso wie die Gespräche mit Robbie. Aber entscheidend war sicher, daß ich mir Zeit gab, mich an die neue Situation zu gewöhnen. Als dieser Prozeß hinter mir lag, war Tim erst recht mein Held. Ich war überzeugt, daß irgendein Teil von ihm in mir weiterlebte und dafür sorgte, daß ich auf irgendeine Weise zu seiner Familie geführt wurde. Früher oder später würde ich mich mit ihr in Verbindung setzen, und wenn es soweit war, würde ich es wissen.

Das Leben geht weiter. Als Amara die High-School beendet hatte und ich keinen Kindesunterhalt mehr bezog, beschloß ich, mein Apartment in Brookline aufzugeben und zurück nach Hull zu ziehen, ein paar Meilen südlich von Boston. Das Haus ist klein, aber es steht auf einer Klippe hoch über dem Meer; wenn ich dort bin, habe ich immer das Gefühl, daß ich buchstäblich ein Leben am Rande des Abgrunds führe. Vor meiner Erkrankung hatten Amara und ich dort die Wochenenden und den Sommer verbracht. Während meiner Krankheit war ich in Brookline geblieben, doch der Gedanke an diesen friedlichen, ruhespendenden Ort am Meer mit dem großartigen Blick über die Weite des Ozeans hatte mich stets begleitet.

Ich zog am 1. Mai 1991 zurück nach Hull. In derselben Nacht noch träumte ich von Tim. Er trug ein schwarzes Cape und war im Begriff, auf eine Höhe zu steigen, die wie der Horizont aussah.

»Wohin gehst du?« fragte ich ihn.

»Zum Sterben«, erwiderte er. »Ich gehe auf die andere Seite.«

»Und wie ist es dort drüben?«

»Ach, ich komme gleich wieder.«

Er war ganz schön selbstsicher und machte dies anscheinend nicht zum erstenmal. Hin- und herzugehen schien für ihn kein Wagnis, sondern Routine zu sein. Wie in dem Geist-Traum waren auch hier die normalerweise undurchdringlichen Wände und Grenzen durchlässig geworden.

Also folgte Tim mir – er war mir nach Hull gefolgt, und er würde mich zu seiner Familie führen. An ebendem Tag, an dem ich in ein Haus mit Blick auf den ganzen weiten Horizont einzog, erschien mir Tim in einem Traum über den Horizont. Als ich aus dem Traum erwachte, wußte ich, daß es Zeit war, Kontakt zu seiner Familie aufzunehmen. Es waren fast neun Monate vergangen, seit ich den Nachruf gefunden hatte, doch unternommen hatte ich immer noch nichts.

Nun aber waren die Barrieren gefallen. Wenn Tim sich zwischen den verschiedenen Welten hin- und herbewegen konnte, konnte ich es auch.

In der zweiten Nacht in Hull träumte ich von einem jungen Mann, der von Geburt an schwerbehindert ist. Er will für immer bei mir bleiben. Wir gehen zu ihm nach Hause, wo seine Familie lebt, und erklären seinen Angehörigen, daß wir immer zusammenbleiben werden.

Dieser Traum, der dem anderen auf dem Fuß folgte, verstärkte meinen Entschluß, mit der Familie Verbindung aufzunehmen. Ein behinderter junger Mann, der in einem anderen Reich vielleicht auf sein Herz und seine Lungen reduziert war, wollte für immer bei mir sein. Das erinnerte an meinen allerersten Traum von Tim, in dem ich ihn eingeatmet hatte in dem Bewußtsein, daß wir für immer vereint sein würden. In diesem, dem letzten Traum, waren wir zusammen nach Hause gegangen, um seine Familie zu besuchen. Wenn das kein Zeichen war!

Wie ich es sah, hatte Tim alles Erdenkliche getan, um mich auf den Weg zum Haus seiner Eltern zu bringen.

Deshalb schrieb ich ihnen folgenden Brief:

Liebe Mrs. Lasalle, lieber Mr. Lasalle,
wieder ist ein Jahr vergangen, und ich möchte Ihnen noch einmal für das Geschenk danken, das Sie mir gegeben haben. Meine Dankbarkeit läßt sich nicht in Worten ausdrücken. Das vergangene Jahr war sehr fruchtbar für mich: Arbeit an einem Buch über Herztransplantationen, die Aufführung eines neuen Stücks, für das ich die Choreographie gemacht habe, die Freude über das erste College-Jahr meiner Tochter und die tägliche Freude an den ganz normalen Alltagsdingen, und das ist etwas, was ich nicht mehr für selbstverständlich halte. Ich habe auch eine Selbsthilfegruppe gegründet für Menschen, die Organempfänger oder Kandidaten für eine Transplantation sind.

Die Verantwortlichen haben mir weder Ihren Namen noch Ihre Anschrift gegeben. Diese habe ich auf eine andere Weise erfahren, und ich habe mir die Freiheit genommen, an Sie persönlich zu schreiben.

Wenn Sie mir nicht antworten wollen, habe ich dafür Ver-

ständnis. Wenn Sie jedoch, so wie ich, eine Verbindung auf-
nehmen möchten, können Sie mich in … oder telefonisch
unter … erreichen.
In großer Dankbarkeit
Claire Sylvia

Ein paar Tage später fuhr ich nach New Haven zum monatlichen Treffen unserer Forschungsgruppe. Da unsere Sitzungen morgens begannen und meistens den ganzen Tag
andauerten, fuhr ich schon am Nachmittag des Vortags
dorthin und übernachtete in einem Hotel. Am Morgen des
Treffens weckte mich ein Anruf von Amara, die bei einer
Freundin zu Besuch war.

»Hallo Mama, auf dem Anrufbeantworter waren gestern
ein paar Nachrichten.«

»Ist etwas Wichtiges darunter?« fragte ich.

»Nun, ich dachte, es würde dich interessieren, daß Mr.
Lasalle gestern angerufen hat.«

Wirklich? Obwohl ich gehofft und sogar damit gerechnet
hatte, daß Tims Angehörige auf meinen Brief reagieren würden, versetzte mich diese Nachricht in solche Aufregung,
daß ich eine Zeitlang nicht mehr wußte, wo ich war oder
was ich in diesem Hotelzimmer zu suchen hatte. Doch dann
fiel mein Blick auf die Uhr – gleich würde unser Treffen beginnen. Ich rannte unter die Dusche.

Ich war dabei, mein Haar zu föhnen, als Robbie an die Tür
klopfte. Er kam direkt aus Boston und sah erschöpft aus.

»Ich habe wunderbare Neuigkeiten«, erzählte ich ihm.
»Mr. Lasalle hat mich angerufen.«

»Wirklich? Was hat er gesagt?«

»Ich habe nicht mit ihm gesprochen. Amara hat es mir
bestellt.«

»Irgendeine Andeutung, daß sie dich sehen wollen?«

»Das hat er nicht gesagt. Amara war bei einer Freundin,
deshalb ist seine Nummer zu Hause. Ich rufe ihn heute
abend an, wenn ich zurück bin.«

Als ich wieder in Boston war, machte meine Freundin Pam mir den Vorschlag, Mr. Lasalle von ihrer Wohnung aus zurückzurufen, damit ich dabei nicht allein wäre. Sie machte es mir auf der Couch bequem und drückte mir ein Glas Wein in die Hand.

»Ich bin unglaublich nervös«, gestand ich ihr.

»Erzähl doch mal«, sagte sie. »Warum hast du an die Familie geschrieben? Was versprichst du dir davon, sie zu besuchen?«

Es war eigenartig, die Frage so nüchtern gestellt zu hören. Bisher hatte ich vor allem aus dem Bauch heraus gehandelt.

»Ich habe das Gefühl, als ob noch ein anderer Mensch in mir steckt, und ich möchte wissen, wer das ist. Außerdem möchte ich Tims Familie kennenlernen.«

»Warum?«

Ja, warum eigentlich? Ich hatte das bisher noch nie richtig mit Worten ausgedrückt, aber nun begann ich Pam davon zu erzählen – und gestand es dabei zugleich mir selbst ein –, daß ich mir seit der Zeit, als ich noch ein kleines Kind war und wir aus der Wohnung meiner Großeltern ausgezogen waren, immer gewünscht hatte, zu einer großen, warmherzigen, liebevollen Familie zu gehören. Und vielleicht war Tims Familie so eine.

»Und eines der Familienmitglieder ist tot.«

»Ja, er ist nicht mehr da, und statt dessen bin ich hier. Oder vielleicht ist er auf irgendeine Weise auch hier. Ich habe so ein Gefühl, als ob Tim die ganze Zeit dabei war, mich nach Hause zu führen, und wenn ich seine Familie besuche, ist das seine Art, zu ihnen zurückzukehren.«

Pam lächelte. Sie stellte schwerwiegende Fragen, doch meine augenblicklichen Sorgen waren klein und praktischer Natur.

»Was soll ich nur sagen«, fragte ich sie, »wenn jemand ans Telefon geht?«

»›Guten Abend‹ wäre passend.«

»Nein, im Ernst, was soll ich zu ihnen sagen? ›Hallo,

Mama und Papa? Ich bin ein Teil Ihres Sohnes?‹« Wie aufgeregte Teenager verfielen wir in nervöses Kichern.

Schließlich nahm ich den Hörer ab. Während ich die Nummer wählte, konnte ich mein Herz laut pochen hören.

Tüüt.

Wie lange soll ich warten? Vielleicht gehen sie nicht ran. Vielleicht möchte ich sogar, daß sie nicht rangehen.

Tüüt.

Vielleicht sollte ich es nicht tun. Vielleicht hat Gail doch recht.

Tüüt.

Mit jedem Augenblick kamen neue Ängste hinzu. Was wäre, wenn der Kaplan recht hatte? Was, wenn Tim ein Drogenhändler war? Was, wenn ich jetzt auflegte?

Tüüt.

Erleichterung. Anscheinend ist niemand zu Hause.

Tüüt.

Nein, Augenblick noch, seid bitte zu Hause. Laßt mich dies nicht noch einmal durchmachen müssen!

Tüüt.

Keiner nimmt ab, kein Anrufbeantworter meldet sich. Nun dann, gute Nacht, Tims Familie, wo immer du steckst. Enttäuscht legte ich den Hörer auf und sackte in mich zusammen.

»Geh nach Hause und schlaf dich aus«, sagte Pam. »Morgen versuchst du es noch einmal. Und sorge dafür, daß jemand bei dir ist.«

In Anwesenheit einer anderen Freundin versuchte ich es am Sonntag morgen noch einmal. Wieder nahm niemand den Hörer ab. Vielleicht waren sie in der Kirche.

Den ganzen Tag über schlich ich um das Telefon, und am Nachmittag beschloß ich, es noch einmal zu versuchen. Du bist zwar allein, aber was soll's? Du hast es oft genug hinausgeschoben, sagte ich mir. Sie müssen jetzt zu Hause sein. Ruf sie an und bring es hinter dich!

»Hallo?« Eine leise Frauenstimme.

»Hallo, hier ist Claire Sylvia.«

»Wie geht es Ihnen?« Sehr sachlich, als ob ich dauernd bei ihnen anriefe.

»Danke, sehr gut. Und vielen Dank, daß Sie mich neulich angerufen haben. Es bedeutet mir sehr viel. Wie ich gehört habe, hat Ihre Familie nicht nur mir das Leben gerettet, sondern noch einigen anderen Menschen.«

»Wir hatten uns zusammengesetzt und waren uns einig, daß dies in seinem Sinne wäre.« Keine Erwähnung von Tims Namen. Hatte das etwas zu bedeuten?

»Wie haben Sie uns gefunden?« fragte sie.

Ich hatte gehofft, sie würde nicht danach fragen – jedenfalls noch nicht. Im Bewußtsein, was sie dabei empfinden mußte, erzählte ich ihr von dem ersten Traum, in dem Tim mir erschienen war. Ich sprach langsam, jedes Wort abwägend. Mein Herz fühlte sich zittrig an, und ich konnte nicht still sitzen. Als ich zum Ende meiner Erklärung kam, merkte ich, daß sie gleichzeitig ein Gespräch geführt hatte, das mit unserem nichts zu tun hatte. Zum Schluß erklärte ich, wie ich Tims Nachruf in der Bibliothek gefunden hatte.

»Das ist eine hübsche Geschichte, meine Liebe«, sagte sie. Obwohl sie es offensichtlich nicht boshaft gemeint hatte, zuckte ich bei dem Wort »Geschichte« zusammen.

»Und wie geht es Ihnen?« fragte sie mich noch einmal.

Ihre geistesabwesende Reaktion traf mich wie ein schwerer Stein. Ich weiß nicht, was ich eigentlich erwartet hatte, dies jedenfalls nicht. Ich unternahm trotzdem einen weiteren Vorstoß.

»Wären Sie einverstanden, daß ich Sie einmal besuchen komme?«

»Ja.« Eine Frau, die nicht viele Worte macht.

Ich wußte, daß Robbie montags Zeit hatte, und fragte weiter: »Wäre es Ihnen morgen in einer Woche recht? Ich würde gern in Begleitung eines Bekannten kommen, da es ein weiter Weg ist.«

»Nun, ich muß an dem Tag arbeiten, aber Sie könnten trotzdem kommen und meinen Mann besuchen.« Das war eigenartig. Wollte sie mir aus dem Weg gehen?

»Würde es Ihnen an einem Sonntag besser passen?«

»Ja, sonntags geht es auch, solange Sie erst im Laufe des Nachmittags kommen.«

Was ist los? Warum zeigt sie überhaupt keine Gefühle?

Wir einigten uns darauf, daß ich sie am ersten Sonntag im Juni besuchen würde.

Ich mußte lachen, als ich den Hörer auflegte – nicht weil das Gespräch komisch gewesen war, sondern aus Unsicherheit darüber, daß es so seltsam verhalten und unterkühlt gewesen war. Ich sah mich als Überbringerin von Neuigkeiten, die den Sohn dieser Frau betrafen, doch ihr war nichts anzumerken, keine Begeisterung, keine Aufregung. Glaubte sie, ich sei nicht ganz richtig im Kopf? Oder hatte sie ihre Gefühle nur so lange beherrscht, wie sie mit mir, einer völlig Fremden, telefoniert hatte?

Ich rief Robbie an, dem der Termin paßte. Dann rief ich noch einmal bei Mrs. Lasalle an, um die Uhrzeit zu vereinbaren und mir den Weg beschreiben zu lassen.

Etwas war jetzt anders: »Ich habe mir inzwischen überlegt, daß ich mit jemandem bei der Arbeit tauschen könnte, so daß Sie früher kommen könnten.«

Ich war erleichtert. Es war der erste Hinweis darauf, daß ihr unsere Begegnung doch etwas bedeuten könnte. Aber als sie mich an ihren Mann weiterreichte, damit er mir den Weg erklärte, landeten wir wieder im emotionsfreien Raum. Er beschrieb mir den Weg zu einem Parkplatz in der Nähe ihres Hauses und sagte, daß er uns in einem braunen Auto erwarten würde. Ich hatte den Eindruck, es hätte ebensogut um die Ablieferung von einer Ladung Kaminholz gehen können.

Zieh keine falschen Schlußfolgerungen, sagte ich mir. Viele Leute sind am Telefon zurückhaltend. Wahrscheinlich sind sie anders, wenn du ihnen erst einmal gegenüberstehst.

Am 2. Juni war es sehr heiß. Robbie und ich sprachen während der Fahrt nicht viel, allerdings erwähnte Robbie, daß seine Tochter, die ein Jahr jünger als Amara war, unsere Reise für »abartig« hielt. Vielleicht dachte Amara das gleiche, obwohl sie sich nicht weiter dazu geäußert hatte.

»Wie stellst du dir die Eltern vor?« fragte mich Robbie. Ich wußte nicht, was ich sagen sollte. Mein Kopf war leer, und alle meine bisherigen Vorstellungen von Tim hatten sich in Luft aufgelöst. Da war nichts mehr – weder ein jugendlicher Tunichtgut noch die warmherzige Familie, die mich in ihrem Schoß willkommen hieß. Ebensowenig wie die Heimkehr der verlorenen Tochter. Ich hatte keine fertigen Vorstellungen mehr, und ich war nur froh, daß ich einen Blumenstrauß bei mir hatte.

Ich hatte die Hoffnung, daß ich mit Ungeduld erwartet würde. Einerseits wollte ich mich bei Tims Angehörigen bedanken, daß sie mir das Leben wiedergegeben hatten, andererseits hatte ich gehört, daß eine Organspende den Hinterbliebenen häufig dabei hilft, ihre Trauer zu bewältigen. Ich wollte mir selbst einreden, daß ich in irgendeiner Weise auch ihnen etwas Gutes erwies. Zwar konnte ich mir kein Bild davon machen, was in ihnen vorging, doch ich war überzeugt, daß ich ihnen einen Teil von Tim zurückbrächte.

»Werden die übrigen Familienmitglieder auch da sein?« fragte Robbie.

»Ich habe keine Ahnung.«

Schließlich fanden wir zu dem Parkplatz, der an diesem Sonntag völlig leer war.

»Wofür mag dieser Platz wohl dienen?« fragte ich Robbie.

»Das ist sicher der Platz, an dem sich die Organempfänger mit den Angehörigen ihrer Spender treffen«, erwiderte er. Wir mußten beide lachen, und unsere Spannung löste sich.

Als wir aus dem Wagen stiegen, um uns die Beine zu vertreten, bog ein brauner Toyota auf den Platz ein. Mein Herz tat einen Sprung.

Eine Frau fuhr vor und beachtete uns nicht. Das Auto trug Nummernschilder aus Vermont.

Robbie sah ihn zuerst. Ein großer brauner Kombi kam langsam näher. Robbie winkte, und der Fahrer, ein Mann, winkte zurück. Ich fühlte einen Druck im Magen. Es schien eine Ewigkeit zu dauern, bis der Mann das Auto richtig eingeparkt hatte. Schließlich hielt er neben uns.

Als wir ihm entgegengingen, kam mir alles wie ein Traum vor. Nur das Quietschen der Wagentür unterbrach die Stille.

Er war allein. Ich hatte gedacht, daß sie zu zweit kommen würden, aber vielleicht lag ihr nichts daran. Oder vielleicht hatte sie doch zur Arbeit gehen müssen.

Mr. Lasalle war kleiner, als ich erwartet hatte, und seine Begrüßung fiel flüchtig aus. Da brachte ich ihm das Herz seines Sohnes zurück, und alles, was er sagte, war »Guten Tag«. Ich erwartete eine tiefe Erschütterung, und er sagte bloß: »Fahren Sie hinter mir her.«

»Das war ja furchtbar beiläufig«, sagte ich zu Robbie, als wir wieder im Auto saßen. »Aber wenigstens macht er einen freundlichen Eindruck.«

»Er ist wahrscheinlich auch nervös«, sagte Robbie. Das war einleuchtend. Ich hatte mich so auf diesen Moment konzentriert, daß ich mich überhaupt nicht in die Lage der Angehörigen versetzt hatte.

Die Welt, in der Tims Eltern lebten, bestand aus frischgemähten Rasenflächen und großen Schindelhäusern. Mr. Lasalle bog in eine Auffahrt ein. Links von uns stand auf dem Rasen eine Steinfigur der Muttergottes vom Heiligen Herzen.

Ich spürte, daß mir übel wurde. Ich mußte auf die Toilette. Ich atmete schnell und umklammerte den Blumenstrauß.

Als wir hinter Mr. Lasalle zur Haustür gingen, kam seine Frau heraus und lächelte uns zu. Ich mochte sie sofort. Zerbrechlich und standfest zugleich, machte sie den Eindruck, als sei sie gewohnt, die Dinge hinzunehmen, wie sie waren.

Mein Bauch entspannte sich ein wenig, doch meine Schritte waren unsicher und tastend. Sie sah aus, als gehörte sie zu den Menschen, die einen mit Handschlag begrüßen, und deshalb streckte ich ihr die Hand entgegen. Ich war überrascht – und unsagbar froh –, als sie mich statt dessen umarmte.

Ich wandte mich zu Robbie um und stellte ihn vor. Ihre Begrüßung war etwas förmlicher, aber an Robbies Augen sah ich, daß sie ihm gefiel.

Als wir ins Haus traten, war es, als stürzte ich vom Rand einer Klippe und landete in einer ganz neuen Welt.

14

Die Familie meines Herzens

Robbie und ich folgten Mrs. Lasalle in ein großes, helles Wohnzimmer, wo sich drei junge Frauen – Tims Schwestern – erhoben, um uns zu begrüßen. Dann setzten wir uns alle hin, wobei ich mich mit einem kurzen Seitenblick vergewisserte, daß Robbie an meiner Seite war. Ich war unglaublich nervös.

Wir sprachen über die Hitze und die hohe Luftfeuchtigkeit, die Unterhaltung plätscherte unverbindlich dahin und zog sich immer mehr in die Länge. Ließ sich denn gar kein Absprung finden? Tims Herz saß auf Tims Sofa neben Tims Mutter – und worüber wurde geredet? Übers Wetter! Und über die Anreise und ob es besser war, den Highway von Boston zu nehmen oder doch vielleicht die Mautstraßen.

Natürlich waren wir zur gleichen Zeit dabei, uns gegenseitig zu begutachten. Während ich mit seiner Frau plauderte, warf mir Mr. Lasalle prüfende Blicke zu. Und wie mir Robbie später erzählte, beobachteten mich die Schwestern derweil mit Argusaugen.

Der Mangel an echter Kommunikation wurde schließlich so unerträglich, daß ich mich entschuldigte, um auf die Toilette zu gehen. Bei meiner Rückkehr wurde Eistee serviert, und wir verfielen wieder in unser verlegenes Geplauder. Es war ein Elefant im Zimmer, aber keiner wollte ihn sehen. Würde das den ganzen Nachmittag so weitergehen?

Nun kam noch eine junge blonde Frau mit blauen Augen und gesunden roten Wangen hinzu. Es war Annie, die vierte Schwester, die Tim vom Alter her am nächsten gestanden hatte. Sie lehnte sich an den Kamin, sah mir direkt ins Gesicht und sagte: »Also, dann schießen Sie mal los. Was war das für ein Traum, von dem Sie meiner Mutter am Telefon erzählt haben? Und ein Buch wollen Sie auch schreiben?«

Am liebsten wäre ich aufgesprungen und hätte sie umarmt, weil sie so natürlich war. Doch zuerst waren wir alle über ihre direkte Art schockiert. Mit einem Streich hatte sie dem seichten Geplauder den Garaus gemacht. Robbie und ich sahen uns an und mußten lachen.

Annie wurde rot und sagte: »Also, ich dachte, ich frag' einfach mal.«

Ich versicherte ihr, wie wichtig mir ihre Fragen waren und daß ich sie dafür küssen könnte. Sie errötete noch stärker und schenkte mir ein bezauberndes Lächeln.

Ich hatte gemerkt, daß Robbie über die Erwähnung des Buchprojekts entsetzt war. »Woher wissen Sie etwas von dem Buch?« fragte ich.

»Sie haben es in dem Brief an meine Eltern selbst erwähnt.«

Richtig, das hatte ich getan. Ich kannte Robbie so gut, daß ich förmlich sehen konnte, wie sein Analytiker-Mißtrauen erwachte. Und daß er überlegte, ob alles nur Theater bleiben würde, wenn alle wußten, daß wir an einem Buch schrieben. Würden sie Tim daraufhin nur als makellosen Sonnyboy hinstellen?

Jetzt kam noch ein Mann im Unterhemd dazu, der den hinteren Eingang benutzt hatte. Es war John, einer der beiden älteren Brüder von Tim. Tims fünf Schwestern und zwei Brüder waren in diesem Haus aufgewachsen, so wie Tims Vater mit seinen acht Geschwistern in der Generation vor ihnen. Carla, eine der Schwestern, sagte, zu ihrem Bruder gewendet: »Claire wollte uns gerade erzählen, wie sie uns ausfindig gemacht hat.«

Als ich mit meiner Geschichte anfing, beugten sich alle gespannt vor. Meine Erzählung wurde gelegentlich von leisen Ausrufen begleitet. »Unglaublich!« sagte jemand, als ich den Einatmungstraum beschrieb. Als ich endete, hatten einige feuchte Augen bekommen.

»Von den anderen Leuten, die seine Organe bekommen haben, hat niemand von sich hören lassen«, sagte Carla.

»Nein«, widersprach eine andere Stimme. »Der Mann mit den Augen hat uns zu Ostern eine Karte geschrieben.« Außer Herz und Lunge hatte die Familie auch Tims Hornhäute, Nieren und Leber zur Spende freigegeben.

»Am Anfang«, sagte Mrs. Lasalle, »wollte ich das nicht. Ich wollte nicht, daß man ihn aufschneidet.« Ihre Stimme war belegt.

»Es war gut, daß wir zwei Tage Zeit hatten, um uns zu entscheiden«, fügte eine der Schwestern hinzu, »sonst hätten wir es nicht getan. Wir mußten uns erst an den Gedanken gewöhnen. Aber schließlich einigten wir uns darauf, daß mein Bruder es so gewollt hätte.«

»Möchten Sie ein Foto von Tim sehen?» fragte Mrs. Lasalle. Es berührte mich stark, seinen Namen aus ihrem Munde zu hören.

»O ja«, erwiderte ich. Ich war ungeheuer gespannt darauf. Sie ging nach nebenan und kam mit einem gerahmten Bild zurück. Nachdem sie sich wieder hingesetzt hatte, drehte sie es zu mir, damit ich es betrachten konnte. Ich rückte näher heran. Anders als in meinem Traum trug er eine Brille. Auf dem Foto sah er aus, als sei er etwa vierzehn Jahre alt. Er hatte einen Anzug an und stand neben einem Priester. Trotz der Brille konnte man seine lebensprühenden Augen gut erkennen.

Mrs. Lasalle wollte etwas über Tim sagen, doch plötzlich brach ihre Stimme und ihr kamen die Tränen. Ich zog sie an mich, und während wir uns umarmten und weinten, konnte ich die Trauer in ihrem schmalen, festen Körper deutlich spüren. Ich fühlte mich auf eine Weise mit ihr verbunden, wie ich es noch nie erlebt hatte.

»Mrs. Lasalle«, begann ich, aber sie unterbrach mich und sagte: »Nenn mich einfach June, Liebes.«

»Und dein Mann heißt Carl?« fragte ich und drehte mich zu ihm um. Irgendwie machte er einen weniger gefestigten Eindruck als seine äußerlich so zarte Frau. Er schien etwas sagen zu wollen, traute sich dann aber doch nicht. Zwischen Carl und Tim schien etwas Unausgesprochenes, noch nicht Erledigtes zu existieren. Es wurde nicht angesprochen, aber ich spürte es in meinem Herzen.

»Möchtest du Tims Zimmer sehen?« fragte June. Darauf hatte ich gar nicht zu hoffen gewagt. Ich erhob mich vom Sofa, und es war, als handelte mein Körper aus eigenem Willen. Ich drehte mich nach Robbie um, der mir zulächelte und mit nach oben ging. Tims Zimmer sah wie ein typisches Jungenzimmer aus. Es war nichts Besonderes daran, außer daß es Tims Zimmer war.

June führte uns auf die andere Seite des Flurs zu einem Gästezimmer. Dort standen auf einem niedrigen Bücherbord die Fotos der Kinder sowie ihre bronzierten Babyschühchen.

Sie bückte sich nach Tims Bild und reichte es mir.

Ein süßer Fünfjähriger lachte mich an. Aus seinen hellwachen Augen blitzte ein Geist, den ich sogleich wiedererkannte; er hatte mich seit der Transplantation begleitet. Wie war er hier noch klein – ein lebhaftes Bürschchen, den Kopf voller Flausen.

Aber richtig zu verstehen war es nicht, daß ich Tims Bild in meinen Händen hielt und sein Herz in der Brust trug. Ich mußte tief einatmen, und Tims Lunge füllte sich mit Luft. Das heißt, inzwischen war es ja meine Lunge. Die ich zum Atmen brauchte, hier, in Trauer vereint, Seite an Seite mit seiner Mutter. Einen Moment lang hielt die Zeit an, während ich dort stand, mit Tims Bild und Tims Mutter.

June streckte die Hand nach dem Bild aus, aber meine Finger wollten es nicht loslassen. Ich preßte es ans Herz, bevor ich es zurückgab. Die Zeit setzte wieder ein.

Dann waren wir wieder unten. Im Eßzimmer neben dem Wohnzimmer hing ein eingerahmtes Gedicht an der Wand.

Tims ältere Schwester hatte es vor ein paar Tagen geschrieben, für die Gedenkmesse an seinem dritten Sterbetag. Während ich mich über die dritte Wiederkehr des Tages freute, an dem mein neues Leben begonnen hatte, hatten sie noch einmal seinen Tod betrauert.

Ich versuchte, das Gedicht zu lesen, doch mir verschwammen die Buchstaben vor den Augen. Ich war erschöpft von den vielen Gemütsbewegungen und fragte mich, wie lange mein Herz noch mitmachte. Wenn es das alles nun plötzlich nicht mehr ertrüge und ich hier auf der Stelle stürbe, ausgerechnet hier!

Nein, das durfte man ihnen nun wirklich nicht zumuten. Ich sollte mir lieber einen anderen Ort zum Sterben suchen.

Inzwischen wimmelte es im Wohnzimmer von Verwandten. Jeder wollte mich kennenlernen und meine Geschichte hören. Tims Kusine saß neben mir auf dem Sofa und fragte mich, ob sie mich anfassen dürfe. Ich spürte kleine, leichte Berührungen auf meinen Händen und Armen, als wolle sie sich davon überzeugen, daß ich wirklich existierte.

»Ich habe Tim sehr nahegestanden, und ich hatte keine Gelegenheit, mich von ihm zu verabschieden«, erklärte sie mir, und wir umarmten uns.

Ihr Mann hatte ein Videoband mitgebracht, auf dem Tim ein paarmal zu sehen war. Es hieß, daß er kamerascheu war, und natürlich war er nur von hinten beim Reparieren eines Staubsaugers zu sehen und weigerte sich, sich umzudrehen. Sein Körper war mager und drahtig, wie in meinem Traum. Dann sagte er: »So, nun ist er wieder heil.«

Jemand erwähnte, daß Tim kurz vor seinem Tod verschiedene Familienmitglieder gefragt hatte, ob sie noch irgend etwas zu reparieren hätten, bevor er fortginge. Als ich den Satz »bevor er fortginge« hörte, lief mir ein Schauer den Rücken hinunter. War es möglich, daß Tim wußte, daß er sterben würde? Ich dachte an den Traum, den ich vor einem Monat gehabt hatte und in dem Tim mir sagte, daß er auf die andere Seite gehen würde. »Es ist ganz einfach«, sagte er in dem Traum. »Ich bin gleich wieder da.«

Auf dem Video neckte sich Tim inzwischen mit seinen Schwestern und schnitt Fratzen in die Kamera. Seine Ausgelassenheit erinnerte mich an den Tim meiner Träume.

»Er macht einen sehr aktiven Eindruck«, bemerkte Robbie. Ein Kommentar, der in Wirklichkeit eine Frage war.

June sagte, daß Tim eine enorme Energie hatte. Seine Schwestern erzählten, wie schwierig es gewesen war, auf ihn aufzupassen, als er noch klein war; er habe immer wegzulaufen versucht, bis sie ihn schließlich mit einem Seil angebunden hätten.

»Er war immer auf dem Sprung«, fügte jemand anders hinzu, »hatte mindestens drei Jobs gleichzeitig und all so was.«

Ich nickte heftig mit dem Kopf. Das konnte ich mir gut vorstellen. June sagte, Tim habe mehr Energie gehabt als all ihre anderen Kinder.

»Deshalb fand er Motorräder auch so toll«, sagte eine der Schwestern.

Ich mußte daran denken, wie ich wie ein Wirbelwind durch Frankreich gesaust war und wie oft ich dank der ständigen Unternehmungslust von Tims Herz völlig erledigt gewesen war.

»Hat er gern Bier getrunken?« fragte ich.

Seine Schwestern nickten. Dann sagte sein Bruder: »Soviel war's auch wieder nicht.« Ende der Diskussion. Ich hatte das Gefühl, daß Tim gern Bier trank, sein Bruder jedoch nicht wollte, daß wir diesen Eindruck hatten.

Als ich erzählte, daß ich schon kurz nach der Operation Lust auf ein Bier gehabt hatte, schmunzelten alle in der Runde.

»Hatten Sie auch mal Lust, einen Lastwagen mit sechzehn Rädern zu fahren?« fragte Josie mit einem verschmitzten Lächeln. »Tim wollte immer einen von diesen riesigen Dingern fahren.«

»Nein«, erwiderte ich. »Jedenfalls bis jetzt noch nicht.«
Alle lachten.

»Er wollte immer Trucker werden«, sagte Carl.

Es war so erstaunlich, überhaupt hier zu sein, daß ich
mich darauf besinnen mußte, daß ich bestimmte Fragen im
Gepäck hatte. Ich fragte, ob Tim oft erkältet war und ob er
schnell wieder gesund wurde.

»Er war eigentlich nie krank«, sagte jemand. »Und wenn
es ihn doch mal erwischte, war er ganz schnell wieder auf
den Beinen.«

Die Antwort war eindeutig. Vielleicht hatte ich wirklich
seine Widerstandskraft geerbt.

Ich fragte, ob er gern grüne Paprikaschoten aß.

»Machen Sie Witze? Er war richtig gierig danach«, sagte
eine der Schwestern. »Er hat sie immer in der Pfanne ge-
schmort, mit einer ganzen Bratwurst.«

Ich erklärte, daß ich vor der Transplantation Paprikaschoten überhaupt nicht gemocht hatte.

»Aber worauf er total abfuhr, waren Chicken Nuggets«,
sagte Annie.

»O nein!«

»Was ist denn, Claire?«

»Mir ist gerade etwas eingefallen, was ich noch keinem erzählt habe. Als ich nach der Transplantation endlich
wieder Auto fahren durfte, bin ich als erstes zu Kentucky
Fried Chicken gefahren. Ich hatte einen irren Heißhunger
auf Chicken Nuggets, was mir vorher noch nie passiert
war.«

Alle mußten lachen. John sagte, man habe am Unfallort
eine Packung Chicken Nuggets unter Tims Jacke hervorge-
zogen. Er hatte sie bei sich, als er starb.

Jetzt öffnete sich die Vordertür, und Tims Tante trat ein.
Als sie mir guten Tag sagte, war sie den Tränen nahe. Tim
hatte in den letzten Monaten seines Lebens bei ihr gewohnt, weil er wegen der Anschaffung des Motorrads Streit
mit seinem Vater gehabt hatte. Tims Tante blieb nicht lange.

Vielleicht konnte sie die widersprüchlichen Gefühle nicht ertragen, die mein Besuch in ihr weckte.

Gerade als sie wieder gehen wollte, kam Junes Mutter – eine schöne Frau in den Achtzigern, elegant und geschmackvoll gekleidet. Alle redeten darüber, wie schnell sie sich von einer erst kürzlich erfolgten Operation erholt hatte, und mir kam der Gedanke, daß Tims – und damit auch meine – erstaunlichen Widerstandskräfte vielleicht auch von Tims Großmutter stammten.

Sie ging direkt auf mich zu und umarmte mich mit Tränen in den Augen. »Es ist wunderbar, daß du gekommen bist«, sagte sie. »Du gehörst ja auch zur Familie.« Auf diese Worte hatte ich gewartet, und jetzt hatte auch ich Tränen in den Augen. Ich fühlte mich in den Schoß dieser großen, warmherzigen, liebevollen Familie aufgenommen, der Familie, nach der ich mich gesehnt hatte, der Familie, die Tim mir hinterlassen hatte.

June gab mir einen Zeitungsausschnitt aus dem Jahr 1988. Es war ein Artikel über meine Transplantation, in dem mein Name genannt wurde und daß ich in Brookline lebte. Ich war wie vor den Kopf geschlagen.

»Ihr habt es also die ganze Zeit schon gewußt«, platzte ich heraus.

»Wir wollten uns mit dir in Verbindung setzen, doch die Leute vom Krankenhaus haben uns strikt davon abgeraten.« Ich warf Robbie einen Blick zu. Er schüttelte ärgerlich mit dem Kopf, genauso wie damals in der Gruppe, als Lorna von ihrem sehnlichen Wunsch berichtet hatte, ihre Spenderfamilie kennenzulernen, das Krankenhaus jedoch jede Mithilfe abgelehnt habe.

»Was waren wir glücklich, als du uns geschrieben hast!« sagte June.

Danach wandte sich die Unterhaltung verschiedenen anderen Themen zu, bis plötzlich eine Frage im Raum stand:

»Welcher Religion gehörst du eigentlich an, Claire?«

Ich zögerte. Wenn es nun für sie problematisch wäre, daß ich Jüdin bin – was dann? Wie würden sie darauf reagieren, daß Tims katholisches Herz jetzt in einem jüdischen Körper wohnte?

»Ich bin Jüdin.«

Schweigen. Vielleicht kannten sie keine Juden. Aber als das Gespräch in unverändertem Ton wieder einsetzte, war ich erleichtert.

»Möchten Sie Tims Grab sehen?« fragte Josie. Die Idee war mir unheimlich; ich wußte nicht, was in mir vorgehen würde, wenn ich dort stand. Aber ich konnte jetzt keinen Rückzieher machen. Ich war bis hierher gelangt, nun mußte ich den Weg auch zu Ende gehen.

»Ja, gern.«

Schon bald rüstete sich alles zum Aufbruch. Ich wurde allseits umarmt und geküßt und in die verschiedensten Ekken von Maine eingeladen.

Wir begaben uns auf den Weg zum Friedhof. Josie saß am Steuer. Carla daneben und Robbie und ich hinten. Unterwegs zeigten sie uns zwei Häuser, in denen Tanten von ihnen wohnten.

Josie drehte sich um und fragte: »Willst du sehen, wo er den Unfall hatte?«

O Gott, dachte ich, muß das sein? Aber ich sagte wieder: »Ja, gern.« Auf subtile Weise waren die Weichen neu gestellt: Bis dahin hatte ich die Familie an meinen Erlebnissen mit Tim teilnehmen lassen, die sie sehnsüchtig erwartet hatten. Eben im Haus hatte sich in meine Erzählung noch etwas von einem Bühnenauftritt eingeschlichen – ein ähnliches Gefühl wie das, wenn ich die Bühne betrete und zu tanzen beginne. Aber jetzt hatte sich das Zentrum verlagert, und nun waren sie es, die mir Einblick in ihren Tim gaben. Ich spielte die Rolle des Publikums und wußte nicht, was auf mich zukommen würde. Ich war mir nicht sicher, ob ich diese neuen Tanzschritte wirklich lernen wollte, ebensowenig wie ich wußte, wohin sie führen würden.

Die Schwestern deuteten auf ein braunes Haus auf der linken Seite. »Tim hat es noch kurz vor dem Unfall neu gestrichen«, sagte Carla. »Er war sehr stolz darauf, und wir glauben, daß er sich wahrscheinlich gerade bewundernd danach umgedreht hat, als das andere Fahrzeug in die Einfahrt abbog.« Josie hielt neben einem riesigen Baum an.

»Hier ist es passiert«, sagte sie. »Die Frau, die das Auto gefahren hat, mußte es hier stehenlassen. Sie schaffte es nicht, sich noch einmal hineinzusetzen. Es blieb wochenlang dort stehen, bis es schließlich abgeschleppt wurde. Kurz bevor Tim hier vorbeikam, ist er an unserem Haus vorbeigekommen, und Dad hat noch hinter ihm hergerufen, daß er langsamer fahren sollte. Dad wollte immer, daß er langsamer fuhr.«

»Er ist mit dem Kopf voran gegen den Baum geflogen, ohne Helm«, sagte Josie. »Sein Gehirn lag völlig frei, als der Krankenwagen kam.«

Ich war schockiert über ihre drastische Beschreibung der Einzelheiten von Tims Tod. So genau wollte ich es gar nicht wissen. Aber Robbie studierte den Baum, als wolle er ihn sich in allen Einzelheiten einprägen. Ich war sehr froh, daß er bei mir war.

Bedrückt stiegen wir wieder in den Wagen, jeder mit seinen Gefühlen beschäftigt. Niemand sagte ein Wort.

Der Friedhof war voller Statuen – zumeist Christusfiguren mit ausgebreiteten Armen und tröstende Madonnen. Ich blieb vor Tims Grab stehen. Der Stein war aus einem hellen polierten Granit. Seitlich davon standen frische Blumen in einer Vase. »Die hat Dad gebracht«, sagte Carla.

Die Schwestern knieten nieder und beteten. Ich wollte einen Stein auf das Grabmal legen, wie man es auf jüdischen Friedhöfen macht, und fragte die Schwestern, ob ihnen das recht sei.

»Selbstverständlich«, war die Antwort. Robbie reichte mir einen Kieselstein, und ich führte dieses kleine, jahrhundertealte Ritual durch. Aber statt von Gefühlen überwältigt zu werden, war ich wie taub.

Als ich den Stein hinlegte, las ich, was über Tims Namen und den Jahreszahlen eingemeißelt war: FÜR IMMER VEREINT. Mir lief es kalt den Rücken hinunter. Ich wußte nicht, wie die Worte gemeint waren, doch für mich hatten sie eine eigene Bedeutung; nach dem Traum, in dem ich Tim zum erstenmal gesehen und in mich eingeatmet hatte, war ich überzeugt gewesen, daß wir für immer vereint waren.

Ich umarmte die jungen Frauen. Nun weinten wir alle.

Als wir ins Haus zurückkehrten, luden June und Carl uns zusammen mit Josie und Carla zum Essen in ein Restaurant in der Nähe ein. Tim zu Ehren bestellte ich Chicken Nuggets, und diese Geste wurde anscheinend gut aufgenommen. Jetzt verlief das Gespräch leicht und locker und drehte sich um Dinge, die nicht mit dem Zweck unseres Besuchs zu tun hatten.

»Ich bin keine gute Briefschreiberin«, sagte June zu mir, »und werde sicher nicht oft schreiben. Aber du sollst wissen, daß du uns jederzeit willkommen bist, wenn du Lust hast.«

»Wir werden dir schreiben, wenn du einverstanden bist«, sagte Carla.

»Das fände ich sehr schön. Und natürlich könnt ihr mich jederzeit besuchen.«

Carl lehnte sich zurück, lächelte und zahlte die Rechnung.

Als Robbie und ich mit June und Carla zu Fuß zurück zum Haus gingen, fragte June, ob wir noch Lust hätten, auf einen kleinen Nachtisch hereinzukommen.

Ich blickte Robbie an. »Das würden wir gern tun«, sagte er, »aber wir sollten uns jetzt wirklich auf den Heimweg machen. Es ist schon spät, und wir haben noch eine lange Fahrt vor uns.« Ich war der gleichen Meinung. Ich wollte zwar noch nicht fort, aber ich war erschöpft.

»Na ja, in Ordnung«, sagte sie. »Ich hatte bloß einen kleinen Kuchen gebacken, falls wir noch Kaffee trinken würden.«

Robbie und ich sahen uns noch einmal an. »Natürlich kommen wir dann noch mit hinein«, sagten wir beide zugleich.

Drinnen verschwand June und kam mit einer riesigen Torte zurück, die mit einem einzigen Wort in großen Buchstaben dekoriert war: WILLKOMMEN.

Als die Mutter meines Herzens mir den Kuchen anbot, strahlte sie über das ganze Gesicht.

»Schokolade«, sagte sie. »Den mochte Tim am liebsten.«

15

Noch mehr über Tim

Als Robbie und ich uns auf die Rückreise nach Boston machten, war ich total erschöpft und konnte vor Müdigkeit kaum noch sprechen. Doch zugleich erfüllte mich ein Hochgefühl, als ich diesen wahrhaft unvergeßlichen Tag noch einmal vor mir ablaufen ließ. Hatte ich doch gerade erfahren, daß viele der Träume, Erscheinungen und Ahnungen, die sich auf meinen Spender bezogen, weitgehend mit dem übereinstimmten, was seine Angehörigen über ihn wußten. Und nicht nur, daß sie mir von Tim erzählt hatten, sie hatten mich sogar als Familienmitglied begrüßt! Es war schon erstaunlich: Noch am Morgen dieses Tages waren diese Menschen für mich gesichtslose Fremde gewesen, eine bloße Ansammlung von Namen in einer Todesanzeige. Jetzt waren sie im Verlauf eines einzigen Nachmittags zu temperamentvollen, lebendigen Wesen geworden. Und ich gehörte zu ihnen!

Während wir die dunklen Landstraßen entlangfuhren, versuchten Robbie und ich uns jede Einzelheit dieser ausgedehnten, bewegenden und zutiefst befriedigenden Begegnung, jedes Wort und jede Geste ins Gedächtnis zurückzurufen. Tims schöne, stattliche Großmutter hatte uns beide tief beeindruckt, und die Art und Weise, wie diese großherzige Frau mich ohne jeden Vorbehalt unter Tränen in den Kreis der Familie aufgenommen hatte, bildete einen der vielen Höhepunkte meines Besuchs. Wir hatten aber auch eine gewisse Zwiespältigkeit in bezug auf meine Ankunft bemerkt, die sich anscheinend an der Geschlechtszugehörigkeit festmachte. Tims Mutter und Großmutter, seine Schwestern und seine Kusine waren allesamt glücklich und aufgeregt über die Bekanntschaft mit mir gewesen und waren offensichtlich aufgeschlossen gegenüber der Möglichkeit, daß irgendeine Art von metaphysischer oder spiritueller Verbindung zwischen Tim und der Frau, die nun mit seinem Herzen lebte, bestand. Tims Vater und insbesondere sein Bruder waren jedoch abwartender und reservierter gewesen, und zwei seiner Geschwister waren gar nicht erst gekommen. Und beim Abschied von Carl hatte ich das starke Gefühl gehabt, daß es zwischen Vater und Sohn noch unerledigte Angelegenheiten gab. Ich spürte es tatsächlich in meinem Herzen.

Für Robbie, der diese seltsame Wiedervereinigung mit mehr Distanz und Objektivität beobachtet hatte, war die Begegnung eine willkommene Gelegenheit gewesen, seine eigenen Mutmaßungen über Tim zu überprüfen. Vor allem hatte Robbie wissen wollen, ob Tim während seines kurzen Lebens tatsächlich die ungeheure Betriebsamkeit aufgewiesen hatte, auf die er aus meinem Verhalten geschlossen hatte. Nach allem, was seine Angehörigen gesagt hatten, war es tatsächlich so gewesen. Immer wieder war von Tims enormer Energie und Rastlosigkeit die Rede gewesen – angefangen von seinen Versuchen als kleiner Junge, den großen Schwestern auszureißen, bis hin zu seiner noch nicht ganz so weit zurückliegenden Entscheidung, neben der Schule mehrere unterschiedliche Jobs zugleich zu übernehmen.

Während wir im Auto diese Geschichten noch einmal durchgingen, mußten wir beide an meine Frankreichreise denken, bei der ich von einem eigenartigen, fast manischen Drang angetrieben wurde, der aus irgendeiner fremden Quelle zu stammen schien. Nun überlegte ich, ob die Tatsache, daß ich ausgerechnet in Frankreich gelandet war, irgendeine besondere Bedeutung hatte. Tims Familie war frankokanadischen Ursprungs. War das eine weitere Verbindung, oder übertrieb ich es jetzt bei meiner Suche?

Einige Tatsachen, die wir in Maine erfahren hatten, waren zu auffällig, um sie auf sich beruhen zu lassen: Tims

Vorliebe für Chicken Nuggets zum Beispiel, oder daß er grüne Paprikaschoten so gern mochte. Und Robbie und ich waren – auch wenn keiner seiner Verwandten seine Gesundheit für etwas Besonderes hielt – von Tims großer Widerstandsfähigkeit gegen Erkältungen und Infektionen beeindruckt. Natürlich wirkt es bei einem gesunden Menschen völlig normal, daß er nicht krank wird, und niemand nimmt Notiz davon. Mir dagegen kommt es wie ein Wunder vor.

Eines blieb uns allerdings ein Rätsel, nämlich die Frage, was es mit der negativen Darstellung Tims auf sich hatte, die von John, dem Kaplan, stammte. Wie paßte Johns Beschreibung von Tim als eines problematischen jungen Mannes zu den Dingen, die wir gerade erfahren hatten? Natürlich bestand eine entfernte Möglichkeit, daß Tims gesamte Familie sich verstellt und uns etwas vorgemacht hatte, möglicherweise sogar ohne sich selber darüber im klaren zu sein. Aber diese Vorstellung erschien uns recht unwahrscheinlich, und nach allem, was wir heute wissen, war die Beschreibung, die Tims Familienmitglieder von ihm gaben, zutreffend. Alles spricht dafür, daß er warmherzig, gutmütig und hilfsbereit war. Ich muß annehmen, daß die Aussage des Kaplans falsch war, wenn es auch ein Rätsel bleibt, warum und wie es dazu kam.

Im Laufe der Zeit ist es mir mit Hilfe von Tims Eltern, Lehrern und Freunden gelungen, weitere Einzelheiten über ihn herauszufinden. Ich war immer schon neugierig auf Tims Freundin gewesen, sofern es eine gab. Heute weiß ich, daß Tim keine feste Freundin, dafür aber einen großen Schwarm hatte, der nur seine Gefühle nicht erwiderte. Als dieses Mädchen sich einem anderen zuwendete – es war sogar ein enger Freund von Tim –, war er sehr niedergeschlagen.

Über dieses Mädchen machte ich mir jahrelang Gedanken. War es möglich, daß sie dem Frauentyp ähnelte, der mir plötzlich und ohne erkennbare Ursache nach der Transplantation auffiel und nach dem ich mich immer wieder umdrehte? Anscheinend war es wirklich so. Ich habe sie nie persönlich kennengelernt, aber ich weiß jetzt, daß Tims Gefühle einer ziemlich kleinen, kurvenreichen Blondine mit lockigen Haaren galten. Kurz nach der Transplantation, in dem Traum, in dem ich mich in einen Mann verwandelte und dann wieder zur Frau wurde, war mir genauso ein Mädchen begegnet, das gerade im Begriff war zu heiraten. Ihr Äußeres hat sich mir tief eingeprägt, und ich kann sie noch heute vor mir sehen – Gesicht und Figur sind völlig anders als bei den größeren, dunkleren Frauen, die ich früher attraktiv fand. Könnte es möglich sein, daß zwischen Tims Herzensdame und der Frau aus meinem Traum eine Verbindung besteht?

Ich erfuhr auch, daß nicht nur Tims Vater, sondern beide Eltern nicht mit dem Motorradfahren einverstanden gewesen waren. »Ich möchte nicht, daß du dir eins kaufst«, hatte June zu ihm gesagt. »Du brauchst keins, und außerdem ist es zu gefährlich.«

»Ma«, hatte er geantwortet, »wenn ich mit dem Motorrad verunglücke, fliege ich auf direktem Weg in den Himmel.«

Als ich dies hörte, vor allem das Wort »fliegen«, mußte ich an zwei meiner Träume denken. In dem Traum, in dem ich mein Geschlecht gewechselt hatte, war Tim quer über den Highway geflogen und in einer anderen Welt gelandet. Und in dem Traum, der schließlich zu dem Kontakt mit seiner Familie geführt hatte, war Tim im Begriff gewesen, weit über den Horizont hinaus zu fliegen.

»Wohin willst du?« hatte ich ihn gefragt.

»Zum Sterben«, erwiderte er. »Ich gehe hinüber auf die andere Seite.«

»Wie ist es dort drüben?«

»Ach, ich bin gleich wieder zurück.«

Ob der wirkliche Tim wohl glaubte, daß mit dem Tod nicht alles vorbei ist? Oder hatte er einen Todeswunsch? Auch wenn ich schließlich einige Antworten fand, so führte doch jede neue Antwort wieder zu weiteren Fragen.

Wie June mir später erzählte, hatte es eine Weile gedauert und einiges Überlegen erfordert, bis die Familie in die Organspende eingewilligt hatte. Nachdem die Ärzte mit der Bitte an sie herangetreten waren, hatte es eine Diskussion in der Familie gegeben.

»Die Kinder fragten: ›Ma, was willst du tun?‹ Und ich antwortete: ›Also, das müssen wir alle zusammen entscheiden.‹«

Dann meldete sich eine der Schwestern zu Wort. »Hört mal. Solange Timmy einen Penny in der Tasche hatte, schenkte er ihn her, und wenn es sein letzter war. So ein Mensch war er doch.«

Darüber gab es keine Diskussion. Als die Familie darüber nachdachte, wofür Tim immer eingetreten war, stand die Entscheidung fest. Später unterzeichneten auch Tims Eltern und sämtliche Geschwister Organspenderausweise.

Während meines ersten Besuchs bei der Familie war mir nicht klar gewesen, daß Tim in der ganzen Stadt für seine vielen Gefälligkeiten bekannt war. Später jedoch bekam ich einige entsprechende Begebenheiten zu hören. Zum Beispiel hatte seine Familie einen Nachbarn, der alt und schwach war. Tim nahm es im Winter immer wieder auf sich, mitten in der Nacht bei diesem Mann Schnee zu schaufeln, damit morgens seine Auffahrt frei war. Und als Tim in der Schule einmal zufällig mitbekommen hatte, wie eine seiner Lieblingslehrerinnen einen bestimmten Turnschuh bewunderte, der gerade bei den Schülern modern war, fand er heimlich ihre Schuhgröße heraus und kaufte ein Paar für sie. Einer anderen Lehrerin schenkte er Blumen und Ohrringe für ihre kleinen Töchter. Er machte andauernd Geschenke und tat anderen Leuten einen Gefallen. Und ich bekam auch noch einmal zu hören, daß Tim in der Woche vor seinem Tod bei Freunden, Verwandten und Lehrern hereingeschaut hatte, um zu sehen, ob es bei ihnen irgend etwas gab, das unbedingt erledigt werden mußte. Jedesmal, wenn ich daran denke, bekomme ich eine

Gänsehaut. Es ist, als hätte er gewußt, daß er sie verlassen würde.

Ich glaube, es läßt sich einfach nicht vermeiden: Jedesmal wenn ich etwas Neues über Tim erfahre, versuche ich mich daran zu erinnern, ob es nicht irgendeine entsprechende Veränderung meiner Gewohnheiten oder meiner Persönlichkeit gibt, und sei sie noch so klein. Gab es irgendeine Verbindung zu Tims Großzügigkeit? Ich denke schon, auch wenn es nichts besonders Dramatisches ist. Meine Schwester und Ira haben mir beide gesagt, daß ich seit der Transplantation einfühlsamer und aufmerksamer geworden bin. Ich habe immer gern Geschenke gemacht, aber anscheinend tue ich es heute häufiger als früher.

Von Zeit zu Zeit grüble ich immer noch über Veränderungen in mir nach, die eventuell damit im Zusammenhang stehen, daß ich jetzt ein Männerherz habe. Nach der Transplantation habe ich zum Beispiel die Lust am Kochen verloren. Ich war früher eine recht geschickte Köchin, aber das ist heute nicht mehr so. Hat diese Veränderung mit Tim zu tun, oder gibt es eine andere Erklärung dafür? Im Gegensatz zu früher bin ich auch nicht mehr so leicht gekränkt und rege mich nicht mehr so heftig über kritische Bemerkungen auf, was mir wie ein weiterer Schritt in Richtung Maskulinität vorkommt.

Vor der Transplantation hatte ich ein Talent, meine Kleidung geschickt zusammenzustellen, und kam auf die witzigsten Kombinationen. Hinterher wußte ich nicht mehr, wie man sich vorteilhaft anzieht, so als hätte ich meinen femininen Touch eingebüßt. Auch meine Lieblingsfarben änderten sich: Früher sprachen mich warme, leuchtende Farben an, wie Rot, Pink und Gold. Blau oder Grün dagegen mochte ich nie leiden und trug sie ganz selten. Doch seit der Transplantation fühle ich mich immer wieder von kühleren Farbtönen angezogen, besonders von dunklem Tannengrün. Ich habe dieser Veränderung keine besondere Bedeutung beigemessen, bis jemand mich darauf hinwies, daß

Grün weltweit ein Symbol für neues Leben ist. Aber ebenso stimmt es, daß sich die meisten Männer von auffälligen Farben fernhalten, so wie ich heute.

Immer wieder sprachen die Menschen, die Tim gekannt hatten, über seinen Drang, ständig unterwegs zu sein. Anscheinend zeigte sich dies schon früh. Als er zwei war, verschwand er eines Morgens spurlos, als sein Vater ihn nicht ins Auto steigen ließ. Eben hatte er noch in seiner Windel auf der Veranda gestanden, im nächsten Moment war er weg. Als June ihn nirgendwo entdecken konnte, rief sie verzweifelt die Polizei an. Glücklicherweise hatten zwei Mädchen aus der Nachbarschaft einen kleinen Jungen gefunden, der die Straße entlangtappelte.

Später verlagerte sich Tims Bewegungsdrang auf das Autofahren. Noch bevor er den Führerschein hatte, machte er für eine Nachbarin Besorgungen mit deren Auto. »Keine Sorge«, sagte sie zu ihm. »Ich bezahle das Bußgeld, wenn du erwischt wirst.« Bevor Tim das Motorrad anschaffte, hatte er einen Lieferwagen gekauft und seine spärliche Freizeit damit verbracht, ihn zu reparieren. Seine Freunde können sich gut daran erinnern, wie gern er daran herumbastelte und wie er ständig darüber nachdachte, welches Fahrzeug er als nächstes kaufen sollte.

Er war ständig auf Achse. Er haßte es, untätig herumzusitzen, und hatte mit Fernsehen oder Kino nichts im Sinn. Er arbeitete ohne Unterlaß – morgens, nachmittags, abends, an den Wochenenden und an Feiertagen –, auf dem Bau, als Anstreicher, Tellerwäscher, Schneeräumer. Im ganzen Städtchen war man einer Meinung. »Er war andauernd am Arbeiten.« – »Er arbeitete wirklich gern.« – »Äußerst fleißiger Typ.« – »Ein Workaholic.« – »Völlig verrückte Arbeitszeiten.« Der Besitzer eines Supermarktes, bei dem Tim regelmäßig gearbeitet hatte, erinnerte sich, daß Tim selbst dann hereinschaute, wenn er frei hatte, so als mache es ihm schon Freude, nur in der Nähe von Arbeit zu sein.

Es war nicht überraschend, daß Tims zahlreiche Jobs ihm

nicht viel Zeit für die Schule ließen. Er schwänzte viele Stunden, und obwohl er ein enges Verhältnis zu vielen seiner Lehrer hatte, war ihm die Schule eine Last. Er war gut in Mathematik, aber er schien eine Lernbehinderung zu haben, die ihm das Lesen erschwerte. »Jemand, der nicht lesen kann, hat es schwer in einer konventionellen High-School, wo man sein Problem nicht versteht«, sagte eine seiner Lehrerinnen. »Er war clever und hochmotiviert. Er hatte nur eine andere Art von Intelligenz und reichlich gesunden Menschenverstand.«

War Tim Legastheniker? Wenn ja, könnte das vielleicht eine der weniger auffälligen Veränderungen erklären, die ich nach der Transplantation an mir bemerkte. Ich war früher exzellent in Rechtschreibung, aber in den letzten Jahren habe ich ohne offensichtlichen Grund immer wieder Buchstaben vertauscht. Ich mache auch Fehler, wenn ich mir Richtungsangaben notiere, und bei Telefonnummern verdrehe ich die Ziffern. Das kann natürlich alles mit dem Alter zu tun haben. Und diese Irrtümer kommen auch nicht häufig vor, aber vor der Transplantation passierten sie mir überhaupt nicht.

Hört sich das alles so an, als sei Tim ein Heiliger gewesen? Selbstverständlich war er keiner. Wie viele Jugendliche stellte er gelegentlich etwas an. In der achten Klasse wurden er und seine Freunde zeitweilig vom Unterricht ausgeschlossen, weil sie Alkohol getrunken hatten. Einmal sprang er, von oben bis unten mit Schlamm beschmiert, in den Swimmingpool eines Lehrers. Außerdem neigte er zu Wutanfällen, und obwohl er ein gutes Verhältnis zu seinen Geschwistern hatte, balgte er sich oft mit ihnen. Es gab Prügeleien, darunter auch mit seinem Vater. »Grundsätzlich hielt er sich schon an die Regeln«, erinnerte sich ein Lehrer, »aber wenn er meinte, daß etwas ungerecht war, fing er Streit an.«

»Er war aufbrausend«, sagte einer seiner Arbeitgeber. »Aber wenn er explodiert war, nahm er sich das hinterher übel. Er sagte Sachen, die er später bereute, und am Ende war ihm das Ganze viel unangenehmer als demjenigen, auf den er wütend gewesen war.«

Trotz seiner Unbeherrschtheit war Tim nach Ansicht der Leute, die ihn kannten, reifer als seine Altersgenossen. Er kam mit Erwachsenen besser zurecht als mit Gleichaltrigen, und eine von Tims Lehrerinnen bewahrt noch immer die Rechnung für die Blumen auf, die sie zu seiner Beerdigung gekauft hat. Sie weiß keine Erklärung dafür, aber sie kann sie auch nicht einfach wegwerfen.

Während ich an diesem Buch schrieb, befragte ein Reporter Tims Eltern nach dem Tag im Jahr 1991, als ich sie zum erstenmal besuchte. »Ich hatte das Gefühl, mein Sohn sei zu mir zurückgekehrt«, sagte Carl. Und June pflichtete ihm bei. »Auch wenn er tot ist, irgendwie ist er immer noch in der Nähe.«

»Glauben Sie«, fragte der Reporter, »daß Claire auf irgendeine Weise etwas von Tims Geist aufgenommen hat?«

June: »Ja, das glaube ich. Als sie uns das mit dem Essen erzählte, war das ein Schock. Meine Tochter rief: ›Ma, ich kann es einfach nicht glauben. Das sind doch genau die Sachen, die Timmy so gern mochte!‹«

Carl: »Sein Geist ist immer noch in den beiden Organen, die sie erhalten hat.«

Einige Monate nachdem ich Tims Familie kennengelernt hatte, rief mich ein Redakteur von der Phil-Donahue-Show an und fragte, ob ich nach New York kommen und über meine Erfahrungen nach der Transplantation sprechen würde. Da ich schon immer gern im Rampenlicht gestanden habe, sagte ich sogleich zu. Drei von Tims Schwestern sagten, daß sie gern mit mir hingehen würden. Als der Produzent darauf bestand, daß der Platz nur für zwei Familienangehörige reiche, blieben die Schwestern hart. »Entweder treten wir alle drei auf«, sagten sie, »oder die Talk-Show muß auf uns verzichten.« Der Regisseur gab nach und lud alle drei ein – Annie, Josie und Carla.

Außerdem waren noch weitere Gäste eingeladen, darunter Robbie und zwei Mitglieder unserer Forschungsgruppe aus New Haven. Um es spannend zu machen, lud der Redakteur auch einen Herztransplantationschirurgen ein, der gegenüber Erfahrungen, die sich nicht medizinisch erklären lassen, die geziemende Skepsis an den Tag legte.

Es stellte sich allerdings heraus, daß man sich den Chirurgen hätte sparen können. Die Zuhörer im Studio sorgten schon allein für so viel Skepsis und Feindseligkeit, wie sich ein Redakteur nur wünschen kann – wenn nicht noch mehr. Selbst der Gastgeber der Talk-Show war überrascht, wie schrill sich ihre Ablehnung äußerte.

Gleich zu Anfang schilderten Tims Schwestern meinen Besuch bei der Familie. Annie sagte, daß sie vor meiner Ankunft skeptisch gewesen sei, weil meine Geschichte sich nach Kintopp anhörte. Aber als ich ins Wohnzimmer kam, sagte sie, »da war es, als ob wir meinen Bruder wieder vor uns hätten, als wenn er lebendig vor uns stünde. Claire war ebenso warmherzig wie Tim. Es war so viel Gefühl da, daß wir völlig erschöpft waren.«

»Als wir Claire kennenlernten«, ergänzte Carla, »stellten wir sie erst auf die Probe und fragten sie alles mögliche. Es war, als ob sie Timmy kannte. Vieles, was sie sagte, war wahr. Wie konnte sie das alles wissen? Es stimmte einfach alles. Es hörte sich alles nach ihm an, so als ob sie ein Teil von ihm war.«

»Konnten Sie die Gegenwart Ihres Bruders spüren?« fragte Phil Donahue.

»Auf jeden Fall.«

Phil bat mich, den Einatmungstraum zu erzählen, der mir Tims Existenz als erstes bewußt gemacht hatte. Zu diesem Zeitpunkt hatte ich ihn schon einige Male erzählt, doch nie zuvor war mein Bericht mit schallendem Gelächter aufgenommen worden. »Gebt ihr doch eine Chance«, rief Phil ins Publikum.

»Später in der Sendung«, sagte er dann, »werden Sie noch

weitere Herzempfänger kennenlernen, die sich – um es gelinde auszudrücken – über die Gefühle wundern, die sie nach der Operation empfunden haben. Gefühle, die sie nie zuvor hatten und die in ihnen den Gedanken geweckt haben, ob der Herzmuskel, das Zentralorgan des Körpers, wenn er einem anderen Menschen eingepflanzt wird – also, ob es als Begleiterscheinung dieser Verpflanzung irgendwie zu Veränderungen der Persönlichkeit und der Interessen kommt. Wie läßt sich Claires Traum erklären? Robert Bosnak, Sie sind dafür genau der Richtige.«

Robbie: »Was mir am meisten auffiel, als ich anfing, mit Claire zu arbeiten, war ihr ungeheurer Betätigungsdrang und ihre unglaubliche Betriebsamkeit. Was ich nicht erklären konnte, war dieser enorme Elan, der dazu führte, daß sie ständig etwas unternehmen und anpacken mußte.«

Phil stellte den Zuschauern den Herzchirurgen vor. »Sein Team hat über zweihundert Herztransplantationen gemacht«, sagte Phil. »Nimmt er ihr diese Geschichte ab? Was meinen Sie? Nein! Jetzt geht es hart auf hart. Sagen Sie mir, was Sie davon halten, schließlich sind Sie der Experte.«

Der Chirurg war wenigstens nicht feindselig oder unhöflich. »Falls Claire die Liebenswürdigkeit und die wunderbare Großherzigkeit der Spenderfamilie geerbt hat, ist das prima. Aber ich glaube, sie hat nur das Herz geerbt und sonst gar nichts.«

Der letzte Satz wurde mit lautem Applaus begrüßt. Dann trat Annie gegen ihn an: »Wie können Sie das sagen? Wie wollen Sie wissen, was sie fühlt? Sie haben nie eine Herztransplantation gehabt!«

Damit hatte Annie, ohne es zu wissen, eine der häufigsten Beschwerden angesprochen, die in der Selbsthilfegruppe, an der ich teilgenommen habe, laut wurden – daß die Ärzte für gewöhnlich schnell bei der Hand sind, unsere Reaktionen und Gefühle als illusionär oder irreal abzutun, obwohl sie selbst nie in unserer Situation gewesen sind. Ja, die meisten Ärzte und Schwestern wollen sich nicht einmal anhören, was wir zu sagen haben.

An Annie gewendet sagte der Chirurg: »Die transplantierten Patienten sind schwerkrank. Claire war eine Invalidin, sie lag fast schon auf dem Sterbebett. Das ist das Ende der Fahnenstange. Sie war zu nichts mehr fähig. Und urplötzlich setzen wir einen Corvette-Motor und eine Superlunge in einen halbtoten Körper ein, und das Ding zieht ab und fährt wie der Teufel.«

Ein Fernsehzuschauer rief an und sagte, daß er vor seiner Herztransplantation einen Widerwillen gegen die italienische Küche hatte. Nach der Operation habe er als erstes nach Linguine verlangt, weil er Appetit auf stark gewürztes italienisches Essen hatte. Später habe er erfahren, daß sein Spender Italiener war.

Jemand fragte mich, was ich von Motorrädern hielt.

»Ich kann sie nicht leiden«, sagte ich und mußte an Kirk denken. »Doch ein Jahr nach der Transplantation hatte ich eine Affäre mit einem sehr viel jüngeren Mann, der Motorrad fuhr, und außerdem hatte er eine enorme Energie, die zu der Energie in meinem Inneren zu passen schien. Und er lebte sehr riskant.«

Eine Frau wollte wissen, ob die Leute, die mir nahestanden, das Gefühl hatten, daß sich meine Persönlichkeit verändert hätte.

»Meine Tochter sitzt gleich da vorn«, erwiderte ich. »Vielleicht kann sie die Frage beantworten.«

Amara hatte dies befürchtet. Im Gegensatz zu ihrer Mutter haßt sie es, im Mittelpunkt der Aufmerksamkeit zu stehen. Ich war ungeheuer dankbar, daß sie mich begleitet hatte und damit einverstanden war, im Publikum zu sitzen. Ich war furchtbar nervös da oben auf der Bühne, doch wenn ich zu Amara hinübersah, die mich aus der ersten Reihe anlächelte, hatte das jedesmal eine beruhigende Wirkung auf mich. Sie hatte mir den großen Gefallen getan, bei der Talk-Show dabeizusein – und wie zahlte ich ihr diese

Freundlichkeit heim? Indem ich sie in eine äußerst unangenehme Lage brachte. Herzlichen Dank, Mama!

Amara faßte sich so kurz wie möglich und erwiderte, daß
ich nach der Transplantation aktiver und unternehmungs-
lustiger geworden sei.

Eine Frau aus dem Publikum stand auf und haute in
dieselbe Kerbe wie der skeptische Chirurg: »Natürlich
hat sie mehr Energie. Sie hat doch ein neues Herz! Sie hat
eine neue Lebenschance bekommen. Da ist es doch nur natürlich.«

Dann sagte Robbie: »Möglicherweise ist eine letzte Spur
der alten Persönlichkeit im Herzen verblieben. Der Motor
einer Corvette – um bei dem Bild des Arztes zu bleiben – hat
einen anderen Charakter als der Motor eines Kleinwagens.«

Ein paar Minuten später fragte Josie: »Warum gibt es die
Vorschrift, daß der Empfänger nicht wissen darf, wer der
Spender ist? Man sollte wenigstens die Wahl haben. Warum
durfte Claire unseren Namen nicht wissen? Es war ganz
schön mutig von ihr, zu uns zu kommen.«

Der Chirurg sagte: »Es ist eine zu schwere Belastung für
beide Familien, sich mit diesen komplexen Gefühlen auseinanderzusetzen.« In anderen Worten: Tut mir leid, Kinder, Vater weiß es am besten.

Darauf erwiderte Josie: »Ich bin nicht der Meinung, daß
diese Entscheidung den Ärzten und Krankenhäusern überlassen werden sollte. Die Familien sollten darüber entscheiden!«

Kurz vor Ende der Show stand eine Frau auf und sagte:
»Die Schulmedizin hat eine sehr eingeschränkte Sicht.
Wenn etwas physisch nicht existiert, existiert es überhaupt
nicht. Wenn einer Person Teile entnommen und an jemand
anders weitergegeben werden, haben wir dafür noch keine
Worte in unserer Sprache. Aber das wird noch kommen.«

Der nächste Sprecher drückte sich drastischer aus: »Ich
glaube niemand von Ihnen ein einziges verdammtes Wort.
Ich denke, Sie brauchen alle ein neues Gehirn!«

Phil: »Ich fühle soviel warme, positive Energie!«

Am Ende der Talk-Show kam noch einmal der Chirurg zu Worte und sagte, das menschliche Herz sei »nichts als eine dumme Pumpe«. Ich hätte damit rechnen müssen. Auch wenn es eine Tatsache ist, daß sich die Ansichten zunehmend ändern, leben wir immer noch in einer Zeit, in der die wissenschaftliche Medizin des Westens als die einzige Wahrheit gilt, und niemand weiß das besser als ich. Ohne sie wäre ich nicht am Leben. Aber nur weil die medizinische Wissenschaft ein Phänomen nicht erklären kann, muß das nicht heißen, daß es nicht auftritt.

Etwas von der negativen Energie aus der Donahue-Show hallte noch jahrelang nach. Gail, die zu Hause vorm Fernseher zugesehen hatte, war mir böse, weil ich angeblich angedeutet hatte, daß es für Transplantationspatienten nicht nur einfach, sondern auch angebracht war, ihren Spender herauszufinden. Beim nächsten Mal, als wir miteinander sprachen, versetzte sie mir einen schweren Schock, als sie mir unterstellte, daß ich Tims Nachruf bereits gekannt hatte, bevor ich sie anrief und seinen Namen nannte. Das machte mich so wütend, daß ich den Hörer einfach auflegte. Lange Zeit hatten wir keinen Kontakt mehr, was für uns beide schlimm war. Ich habe Gail, die sowohl im übertragenen Sinne als auch ganz konkret mein Herz berührt hat, immer sehr geliebt, und ich weiß, daß Gail mich liebt. Wir haben schließlich unsere Freundschaft wiederaufgenommen, und Gail hat sich für ihre Worte entschuldigt. Aber es ist zwischen uns nicht mehr so wie früher.

Auch mit Tims Schwestern herrscht heute Funkstille. Zwei Jahre später, nach meinem dritten Besuch in Maine, schrieben sie mir, daß die Beziehung zwischen der Familie und mir zu schmerzlich geworden sei, und sie deuteten an, daß mir an ihnen nur gelegen sei, weil sie eine Informationsquelle über meinen Spender darstellten.

Dieser Brief erschütterte mich sehr. Sollte ich ihnen antworten? Oder lieber gar nichts tun? Ich dachte wochenlang darüber nach. Ich meditierte darüber und hielt Zwiesprache mit meinem Herzen, fast so, als fragte ich Tim, was ich tun solle. Eines Morgens konzentrierte ich mich innerlich auf das Abbild einer langstieligen Rose, die ich am Vortag in einem Geschäft auf einer Pralinenschachtel gesehen hatte. Warum gerade eine Rose? Vielleicht, weil mir in dem einen Traum der Junge auf dem Schiff, der Tim zu repräsentieren schien, ein Bild mit einer Rose gegeben hatte. Und weil June mir zum zweiten Weihnachtsfest nach unserem Kennenlernen eine selbstgehäkelte Decke geschickt hatte, die mit rosa und blauen Rosen verziert war. Ich kaufte die Pralinen und schickte sie den Eltern meines Herzens mit einer schlichten Karte, auf der ich schrieb, daß ich mit Liebe und Gebeten an sie dächte.

Ein paar Tage darauf war ich wieder einmal in Yale zu meiner jährlichen Untersuchung, zu der immer auch eine Herzkatheterisierung und eine Biopsie gehören. Das ist jedesmal mit Streß verbunden, denn es besteht immer die Möglichkeit, daß in meinem Herzen oder meiner Lunge irgendeine Form von Abstoßung vor sich geht, von der ich nichts weiß. Während ich dort war, rief mich Amara an und sagte, June habe angerufen, um sich bei mir für die Pralinen zu bedanken und mich wissen zu lassen, daß ich in ihrem Haus immer willkommen sei.

Ich war tief bewegt. Junes Botschaft war mir gerade in dieser Zeit, in der ich so verletzlich war, besonders willkommen. Ich fühlte, daß mein Herz mich geleitet hatte und daß es Tims Wille war, daß ich den Kontakt mit ihnen aufrechterhielt. Ich spreche immer noch mit June und Carl, doch zumindest vorläufig gehen Tims Schwestern und ich getrennte Wege. Meine Gegenwart erinnert sie an ein furchtbar schmerzliches Ereignis in ihrem Leben, und obwohl ich traurig darüber bin, daß wir derzeit nichts voneinander hören, so kann ich doch verstehen, wie ihnen zumute ist.

16

Das Leben geht weiter

Meine Verbindung mit Tim ist zwar nicht mehr so intensiv oder rätselhaft wie zu der Zeit, als ich seine Familie noch nicht kannte, doch drei Ereignisse, die danach geschahen, warfen noch mehr Licht auf das, was uns zusammenhält. Seltsamerweise fanden zwei davon im Ausland statt.

Doch ich muß wohl ein wenig weiter ausholen: Bald nachdem ich angefangen hatte, mit Robbie zu arbeiten, fragte er mich, ob ich nicht Lust auf ein choreographisches Experiment hätte, nämlich verschiedene Bilder aus meinen Träumen in Tanzbewegungen umzusetzen, anstatt sie mit Worten auszudeuten. Die Idee gefiel mir. Mit Hilfe eines weiteren Jungianers, der nicht nur Psychoanalytiker, sondern auch Tänzer war, gründete ich eine kleine Tanzgruppe, die sich die »Traumtänzer« nannte. 1991 übernahm ich die Organisation eines Festes unter dem Motto *Celebration of Life* (Feier des Lebens) für Organempfänger und Mitarbeiter des Yale-New Haven Hospitals. Dabei führte unsere Tanzgruppe ein Stück auf, dessen Handlung auf meinen Träumen nach der Transplantation basierte.

Etwa zu dieser Zeit begann Robbie mit der Organisation einer Reihe von internationalen Konferenzen über Träume, die inzwischen zu einer regelmäßigen Einrichtung geworden sind. Er bringt dort Analytiker, Therapeuten, Universitätslehrer, Künstler, Schriftsteller, Politiker und andere interessierte Leute aus der ganzen Welt zusammen. Da die Traumchoreographie ein vielversprechender neuer Ansatz zu sein schien, lud Robbie mich ein, während der ersten dieser Zusammenkünfte, die im Sommer 1991 vor den To-

ren Moskaus unter dem Motto »Träumen in Rußland« stattfand, einen Workshop zu leiten. Der Workshop, der nur eines von vielen Angeboten bei der Konferenz war, sollte
Tanz, Bewegung, Meditation, Musik und Traumarbeit umfassen. Da die Teilnehmer aus vielen verschiedenen Län-
dern kamen und die unterschiedlichsten Muttersprachen
hatten, stieß eine Methode, bei der Traumbilder und
-schauplätze durch Bewegung statt durch Worte erforscht
werden, auf erhebliches Interesse. Der Workshop verlief
sehr erfolgreich, und am letzten Konferenztag führten wir
einige unserer Stücke abends vor allen Teilnehmern auf.

Die gesamte Konferenz war höchst eindrucksvoll, nicht
nur weil sie das erste Meeting dieser Art war, sondern auch
weil die meisten Teilnehmer, die von außerhalb Rußlands
anreisten, zufällig am ersten Tag des historischen Putsch-
versuchs im August 1991 in Moskau eintrafen. Plötzlich
blickte die ganze Welt auf Rußland und beobachtete, wohin
es treiben würde – ob vorwärts in die Freiheit oder, dem
Willen der Drahtzieher des Putsches entsprechend, zurück
in seine totalitäre Vergangenheit. Obwohl der Putsch bald
scheiterte, erlebten wir alle während dieser Tage einige
bange Augenblicke. Ich fühlte mich besonders ausgeliefert,
da ich nur einen Cyclosporinvorrat für zwei Wochen mitgenommen hatte. Während wir, abgeschnitten vom Rest der
Welt, zusahen, machte das russische Volk etwas durch,
das – zumindest aus meiner Sicht – einer Herztransplantation auf politischem Gebiet gleichkam. Zu seiner und unserer großen Freude war es eine gelungene Operation mit nur
minimalen Abstoßungserscheinungen.

Von der Sekunde an, als wir in Rußland gelandet waren,
hatte ich das Gefühl, nach Hause zu kommen. Achtund-
siebzig Jahre zuvor waren meine Großeltern mit ihrer dreijährigen Tochter aus diesem unruhigen und gewalttätigen
Land geflohen. Sie hatten es in der Hoffnung auf politische
und religiöse Freiheit hinter sich gelassen, und ich empfand
es als Privileg, daß ich gerade in dem Moment nach Ruß-

land zurückkehrte, als die Freiheiten, nach denen meine Großeltern sich gesehnt hatten, Anerkennung und Zustimmung fanden.

Was für ein unglaublicher Unterschied bestand zwischen dieser Reise und meinem Besuch in Frankreich im Jahr davor! Ich hatte inzwischen Tims Familie kennengelernt, so daß die Herkunft meines Herzens für mich kein Rätsel mehr war. In Frankreich hatte ich nichts von meinem Herzen gewußt, außer daß es unergründlich und anscheinend hyperaktiv war. In Frankreich war es Tim gewesen, der ins Land seiner Vorfahren zurückkehrte – auch wenn mir dies erst später klar wurde. In Rußland dagegen war ich es, die mein Herz leitete. Ich mußte mit meinem Herzen Zwiesprache halten; ich meditierte, um es zu beruhigen und sein inneres Gleichgewicht wiederherzustellen. Der dramatische Unterschied zwischen den beiden Reisen schien die Weiterentwicklung meiner Beziehung zu Tim zu verkörpern: Anstatt mich mit dem jugendlichen Geist in meinem Inneren zu identifizieren, begann ich jetzt, mein neues Herz in meine eigene Persönlichkeit und Identität zu integrieren.

Als die Konferenz beendet war, nahm mich meine Gastfamilie mit, um mir Moskau zu zeigen. Wir besuchten auch eine wunderschöne, reich ausgeschmückte Kirche, die einen überwältigenden Eindruck auf mich machte. Im Inneren der prachtvollen Kathedrale pochte mein katholisches Herz laut in meiner Brust, und ich fühlte mich unwiderstehlich getrieben, meinem Spender die Ehre zu erweisen. So entzündete ich eine Kerze für Tim, sprach ein stilles Gebet und kaufte für seine Mutter einen Rosenkranz aus Bernstein. Während der gesamten Zeit, die ich in dieser Kirche verbrachte, hatte ich das Gefühl, daß mich die Liebe zu Tim und seiner Familie wie eine große Welle durchflutete. Und ich war dankbar, daß auch ihre Religion von Rußlands wachsender Freiheit profitierte.

Das Ehepaar, bei dem ich in Moskau wohnte, war Teil einer weitverzweigten Großfamilie – in gewisser Weise ähnelte sie Tims Familie und auch der, der ich einst angehörte. Obwohl Zena und Armen, meine Gastgeber, in einer winzigen, vollgestopften Wohnung lebten, hatten sie einen großen Kreis von Bekannten und Verwandten, mit dem sie eng verbunden waren. Und genau wie meine russischen Großeltern redeten sie auch völlig selbstverständlich über ihre Träume. Eigentlich erinnerte fast alles in ihrem Zuhause – die Spitzenvorhänge, die Wachstuchdecke auf dem Eßtisch, die schäbigen Möbel – an die Wohnung in der Bronx, in der meine Großeltern Anfang der fünfziger Jahre lebten.

Als es Zeit war, nach Amerika zurückzukehren, wollte ich nicht wieder fortgehen. Erst jetzt merkte ich, wie stark ich mich meinen Gastgebern nach nur einer Woche verbunden fühlte. Ich verspürte eine besondere menschliche Wärme in Moskau, ein Gefühl der Zusammengehörigkeit. Plötzlich kam mir mein bescheidenes Haus am Meer wie ein riesiger Luxus vor. Es war ein schmerzliches Gefühl, eine Gesellschaft verlassen zu müssen, in der die Menschen so wenig besaßen und so viel miteinander teilten, und an einen Ort zurückzukehren, wo die Leute so viel hatten und nur allzuoft kaum etwas davon abgaben.

Zwei Jahre danach erlebte ich bei einer ähnlichen Konferenz in Griechenland ein weiteres Beispiel meiner emotionalen Verbundenheit mit Tim. Kurz nach meiner Ankunft machte einer der Teilnehmer mich mit einem amerikanischen Ehepaar um die Fünfzig bekannt. Ihr Sohn war zwei Jahre zuvor gestorben, und sie hatten in eine Organspende eingewilligt. Sie schienen aber nicht darüber sprechen zu wollen, und ich bedrängte sie nicht.

Am nächsten Morgen tauchte der Vater bei meinem Workshop zur Traumchoreographie auf. Er setzte sich neben mich, und als der ihm zugeteilte Partner sich unvermittelt entfernte, um sich mit einem anderen Teilnehmer zusammenzutun, wandte er sich an mich. Als Leiterin des Workshops hatte ich keinen festen Partner, sondern konnte jederzeit einspringen, wenn jemand einen Partner brauchte, und so begannen wir miteinander zu arbeiten. Nach wenigen Minuten fing der Mann an, eine Reihe von stummen Gebärden auszuführen, bei denen es um das Geben und Nehmen von einem Herzen zum anderen ging. Da ich seine Geschichte kannte, wurde mir klar, daß er, als der Spender, die Organe seines Sohnes anbot. Ich übernahm die Rolle der Empfängerin und begann sie anzunehmen, so daß wir den Vorgang des Spendens und Empfangens der lebenserhaltenden Organe in einen symbolischen Ritus verwandelten. Offensichtlich kamen seine wie meine Bewegungen tief von innen heraus.

Als die Sitzung vorbei war, hatten die Teilnehmer des Workshops Gelegenheit, den anderen in der Gruppe ihre Szenen zu zeigen. Zu meiner Überraschung drängte sich mein so zurückhaltend wirkender Partner geradezu danach. Unsere Aufführung war beim zweitenmal sogar noch bewegender, und wir weiteten sie noch aus. Als wir am Ende waren, fielen wir uns schluchzend in die Arme. Obwohl die anderen nicht wußten, daß wir eine tatsächliche Begebenheit ausagiert hatten, waren sie davon gefesselt.

Am nächsten Tag erzählte mir ein enger Bekannter dieses Mannes, dies sei das erste Mal gewesen, daß der Vater seine Trauer um den Sohn zeigen konnte. Aber ich fragte mich, ob er wußte, daß dieses Ritual für mich ebenso wichtig gewesen war. Obwohl der Vater meines eigenen Herzens Tausende von Meilen entfernt war, hatte ich das Gefühl, daß ich die Handlungen nicht allein für mich ausgeführt hatte, sondern auch für Carl, so als könne dies ihm auf irgendeine Weise helfen, seine Beziehung zu seinem verstorbenen Sohn wieder in Ordnung zu bringen.

Und vielleicht tat es das auch irgendwie. Die zerbrochene Verbindung zwischen Carl und Tim hatte mich seit meinem ersten Besuch in Maine beschäftigt. Ein paar Tage darauf war Vatertag, und als ich zufällig in ein Papiergeschäft ging, kaufte ich eine schöne Grußkarte für Carl. Aber ich schickte sie nie ab – nicht nur weil ich dies für anmaßend hielt, sondern auch weil ich das Gefühl hatte, daß Tim seinem Vater keine Karte geschickt hätte – wenigstens nicht beim derzeitigen Stand ihrer Beziehung.

Als ich einige Monate nach meiner Griechenlandreise wieder nach Maine kam, um Tims Eltern zu besuchen, fiel mir auf, daß Carl anders als bisher auf mich reagierte. Er lächelte mich an und ging mehr aus sich heraus, und ich hatte das Gefühl, daß wir allmählich Freunde wurden. Er schenkte mir eine Blume aus seinem Garten, und ich fühlte ein Ziehen im Herzen, als er dabei sagte: »Du gehörst jetzt zur Familie.«

Als wir später an diesem Tag an Tims Grab standen, sagte Carl: »Weißt du, June, irgendwas geht da oben vor. Erinnert Claire dich nicht auch an meine Schwester, vor allem um die Augen herum?«

June lachte. Aber mir war klar, daß Carl die Verbundenheit zwischen uns spürte. Irgendwie war seit meinem letzten Besuch der Bruch zwischen Vater und Sohn verheilt, und es war zu einer Versöhnung gekommen.

Jedesmal wenn der Jahrestag meiner Transplantation heranrückt, habe ich Träume, die eine besondere Bedeutung zu haben scheinen. Am ersten »Geburtstag« in meinem neuen Leben träumte ich, daß meine Mutter zu mir kam und ein großes goldenes Amulett auf meine Brust legte. Im zweiten Jahr träumte ich von einem schrecklichen Geräusch, bei dem ich an eine chirurgische Säge, die gerade in die Knochen einschneidet, denken mußte. Am dritten Jahrestag sah ich mich weißgekleidet im Weltraum dahintreiben, wobei ich zuckte, als ob mein Herz gerade mit einem Elektroschock zum Leben erweckt worden sei – so wie es bei der Transplantation geschehen war.

Am vierten Jahrestag im Jahr 1992 träumte ich, daß ich die Maschinen von zweiundzwanzig Motorrädern aufheulen ließ, mit denen ich durch die Stadt fahren sollte, zum Gedenken an irgend etwas, das mir nicht einfiel. Die Motorräder bezogen sich wohl eindeutig auf Tim, überlegte ich, aber warum waren es gleich zweiundzwanzig Stück? Dann ging mir ein Licht auf: Die Transplantation lag jetzt vier Jahre zurück, und das bedeutete, daß Tim, hätte er noch gelebt, nun zweiundzwanzig Jahre alt gewesen wäre.

Mir erschien dieser Traum eine Aufforderung zu sein, Tims große Leidenschaft noch einmal auszuleben – das Motorradfahren! Ich rief einen Bekannten von mir an, der Tänzer ist und ein Motorrad besitzt, und am letzten Samstag abend im Mai gingen wir zusammen zum Tanzen. Ich trug ein Abendkleid, hohe Absätze und einen Motorradhelm, und als die Sonne über dem Charles River unterging, fuhr er mich mit Höchstgeschwindigkeit von einem Tanzvergnügen zum nächsten. Das irre Tempo ließ mein Herz höher schlagen, ansonsten muß ich zugeben, daß mein restliches Selbst etwas Angst dabei hatte.

Im Laufe des Abends machte mir die Sache immer weniger Spaß. Irgendeine Veränderung ging vor, und obwohl ich es damals nicht erkannte, glaube ich heute, daß die Ritualisierung des Motorradtraums mir erlaubte, Tims Geist sanft loszulassen. Ich hatte endlich zu meiner neuen Identität gefunden, zu einer Art drittem Wesen, das weder die alte Claire noch der neue Tim war, sondern so etwas wie eine Kombination von beiden.

Ich glaube, es war kein Zufall, daß ich bald nach diesem Abend wieder in der Lage war, eine dauerhafte Beziehung mit einem neuen Mann einzugehen. Es war fast so, als sei Tim zur Seite gerückt, so daß in meinem Herzen wieder Platz für einen anderen war.

Nach der Transplantation entwickelte ich ein Interesse für Gesellschaftstanz, das bis heute anhält. Mich begeistert daran einfach alles, von den Ballkleidern bis zu den komplizierten Schrittfolgen, und es macht mir viel Spaß, daß meine Tanzkollegen wirklich aus den unterschiedlichsten Kreisen stammen. Bei ihnen handelt es sich im besten Sinne des Wortes um Amateure: Sie lieben das Tanzen, und sie tun es aus purem Vergnügen.

Beim Tanzen habe ich auch meinen neuen Partner Jerry kennengelernt. Obwohl wir nach Herkunft und Lebensauffassung sehr unterschiedlich sind, sind wir nun schon seit einigen Jahren zusammen, im Leben wie beim Paartanz. Wir nehmen oft an Turnieren teil und treten sowohl bei den klassischen Tänzen als auch bei lateinamerikanischen Tänzen an. Dank Jerry und unserem gemeinsamen Tanzen bin ich wieder in meinem Körper heimisch geworden und stehe mit beiden Beinen fest auf der Erde.

Ob es auch eine Verbindung zwischen Jerry und Tim gibt? Ich hätte es nicht gedacht, aber das Leben ist voller Überraschungen. Als ich Jerry kennenlernte, war er noch mit einer anderen Frau namens Cindy liiert. Später, als wir schon ein Paar waren, fiel ihm bei meiner Geburtstagsfeier plötzlich auf, daß der 29. Juli auch Cindys Geburtstag war. Später an diesem Abend bekam Jerry zufällig mit, wie ich jemandem erzählte, daß mein Spender aus Milford in Maine kam.

»Milford?« sagte Jerry. »Hast du eben Milford gesagt?«

»Ja, warum?«

»Cindy stammt aus Milford. Wir sind früher oft dorthin gefahren, um ihre Familie zu besuchen. Ich habe an einer Kirche in Milford einige Veranstaltungen für Jugendliche gemacht.«

Wenn dieses Buch ein Roman wäre, hätten Jerry und Tim sich gekannt. In Wirklichkeit sagte Tims Name ihm nichts. Aber vielleicht reicht es auch schon, daß Jerry mit zwei Frauen eine Beziehung hatte, die am selben Tag geboren sind. Und daß eine dieser Frauen aus demselben Städtchen stammte wie der Junge, dessen Herz und Lunge die andere Frau am Leben erhalten.

17

Was andere erlebt haben

Jahrelang haben Robbie und ich uns gefragt, ob es noch andere Herztransplantierte gibt, die in irgendeiner Form etwas Ähnliches wie ich erlebt haben. Wenn wir unsere Forschungsgruppe in New Haven als Maßstab nehmen, könnte die Antwort positiv ausfallen. Andererseits war die Gruppe viel zu klein für eine wissenschaftliche Stichprobe und außerdem nicht nach dem Zufallsprinzip zusammengestellt, so daß sich die Ergebnisse nicht verallgemeinern lassen.

Die Frage hört sich einfach an, aber das ist sie nicht. Zum einen wissen die meisten Organempfänger wenig oder gar nichts über ihren Spender, auch wenn sich die Verfahrensgrundsätze der Krankenhäuser allmählich zu ändern beginnen. Zum anderen sind diejenigen, die tatsächlich rätselhafte oder provozierende Träume haben oder überraschende oder unerklärliche Veränderungen in ihrem Leben beobachten, sehr zurückhaltend und reden selten darüber. Denn wer möchte schon als Spinner gelten? Ärzte und Schwestern, die mit Transplantationspatienten zu tun haben, sind im allgemeinen gegenüber solchen Aussagen skeptisch oder tun sie schulterzuckend, wenn nicht gar verächtlich ab. Für sie handelt es sich dabei um Nebenwirkungen der starken Medikamente, die wir einnehmen müssen. Organempfänger, die aufgrund einer für sie rätselhaften Wesensveränderung Fragen stellen, werden häufig auf dieselbe Weise abgewimmelt wie ich: »Machen Sie sich deswegen mal keine Gedanken. Setzen Sie sich lieber auf Ihr Fahrrad.«

Ein weiteres Hindernis, das sich der Erforschung dieser Frage in den Weg stellt, ist die Verleugnung, ein Abwehrmechanismus, der unter Herztransplantierten sehr verbreitet zu sein scheint. Anfang der achtziger Jahre befragte Dr. François Mai, ein kanadischer Psychiater, zwanzig Herzempfänger innerhalb der ersten drei Monate nach der Transplantation. »Das auffälligste Ergebnis«, berichtete er, »war, daß bei achtzehn von zwanzig Patienten (90 %) eine Verleugnung vorlag.« Als Beispiel zitierte er Äußerungen wie »Ich habe keine Gefühle dazu, daß ich ein neues Herz habe« und »Ich denke nie an den Organspender«.

Dr. Mai, das muß betont werden, bezog sich auf elementare Gefühle und auf die Neugier in bezug auf die Transplantation oder den Spender und keineswegs auf ungewöhnliche oder mysteriöse Vorkommnisse. Er vermutete, daß eine derartige Verleugnung möglicherweise, zumindest im Frühstadium der Genesung, eine wichtige Schutz- und Anpassungsfunktion haben könne. »Es ist nicht überraschend«, folgerte er, »daß ängstliche, konflikthafte und ambivalente Gefühle vorhanden und nur dürftig verschleiert waren. Man kann die Verleugnung als Mittel betrachten, um mit diesen Gefühlen fertigzuwerden oder sie vielleicht auf einen späteren Zeitpunkt zu verschieben, bis man besser mit ihnen umgehen kann.«[*]

In einer anderen Studie berichtete ein Herzchirurg von einem seiner Patienten, von Beruf Gebrauchtwagenhändler, der keinerlei Anzeichen von Besorgnis wegen seiner kürzlichen Herztransplantation aufzuweisen schien. Eine Woche nach der Operation zeigte der Chirurg dem Patienten sein altes Herz, das in einem Glas mit Formaldehyd aufbewahrt wurde.

»Ist es nicht ein eigenartiges Gefühl, sein eigenes Herz anzusehen?« fragte der Chirurg. »Fühlen Sie sich ihm nicht irgendwie emotional verbunden?«

---

* Dr. François M. Mai, »Graft and Donor Denial in Heart Transplant Recipients«, *American Journal of Psychiatry*, Bd. 143, Nr. 9 (September 1986), S. 1159–1161, S. 1161.

Anscheinend nicht. »Ich habe im Laufe meines Lebens schon viele Autos besessen«, erwiderte der Patient. »Aber eine gefühlsmäßige Verbindung habe ich noch zu keinem einzigen gehabt.«*

Dies mag natürlich ein extremes Beispiel für Verleugnung sein. Aber wenn es normal ist, daß Herzempfänger selbst geringe Anzeichen von Neugier auf die Person ihres Spenders verdrängen, dann werden sie wohl erst recht alle eventuell auftretenden Gedanken oder Gefühle vermeiden, die sich darauf beziehen, daß sie womöglich einige Wesenszüge des Spenders übernehmen könnten. Für viele Leute ist der Gedanke, daß sie ein zweites Wesen in sich beherbergen könnten, so bedrohlich und grotesk, daß eine Verdrängung oder Ableugnung sicher die verbreitetste Reaktion wäre. Gleichzeitig ist die Wahrscheinlichkeit, daß solche Gefühle verdrängt oder verleugnet werden, sicher kein Beweis dafür, daß die Organempfänger sie tatsächlich empfunden haben.

Es gibt auch ein bewußtes Verleugnen. Ein oder zwei Jahre nach der Transplantation sehen viele Organempfänger lieber nach vorn als zurück. Die erste Zeit nach einer Transplantation ist oft mit Schmerzen und Komplikationen verbunden, und selbst wenn es während dieses Zeitraums Vorkommnisse gab, die sich nicht eindeutig erklären ließen, entscheiden sich die Empfänger häufig dafür, sich lieber auf ihr neues Leben zu konzentrieren.

Es gibt noch eine weitere, ganz andere Sorge, die zur Skepsis beiträgt. Ich bin sowohl bei Organempfängern wie bei Transplantationsmedizinern auf die reale und verständliche Befürchtung gestoßen, daß jede öffentliche Diskussion dieser kontroversen und potentiell beunruhigenden

---

* Zitiert nach Pietro Castelnuovo-Tedesco, »Cardiac Surgeons Look at Transplantation«, *Seminars in Psychiatry*, Bd. 3, Nr. 1 (Februar 1971), S. 5–16, S. 7. Mir gefällt an der Geschichte besonders, daß hier einmal das Klischee auf den Kopf gestellt ist: Der Chirurg wundert sich, daß der Patient gefühlsmäßig nicht beteiligt ist.

Dinge sich noch verschärfend auf ein bereits vorhandenes, schwerwiegendes Problem auswirkt, nämlich auf den seit Beginn der Organverpflanzung und bis heute bestehenden Mangel an Organspendern, der jedes Jahr zu Tausenden von vermeidbaren Todesfällen führt. Ich glaube zwar nicht, daß ein Öffentlichmachen dieser Themen potentielle Organspender abschrecken würde, doch selbstverständlich verstehe ich diese Besorgnis. Deshalb möchte ich noch einmal ganz deutlich sagen: Organe spenden heißt tatsächlich Leben schenken, und nichts von dem, was ich auf diesen Seiten berichtet oder worüber ich spekuliert habe, soll diese bedeutende Tatsache beeinträchtigen oder verwässern.

Trotz der vielen Gründe, die das Dokumentieren ungewöhnlicher Vorkommnisse bei Organempfängern erschweren, hat zumindest ein Forscher eine ganze Reihe davon gesammelt. Dr. Paul Pearsall, Neuropsychologe an der Wayne State University School of Medicine, Bestsellerautor und Vortragsreisender, bei dem 1987 eine Knochenmarkverpflanzung durchgeführt wurde, arbeitet zur Zeit an einem Buch mit dem Arbeitstitel: *Cellular Memories: The New Psychology of the Heart* (Das Gedächtnis der Zellen. Eine neue Psychologie des Herzens). Als ich zu Anfang des Jahres 1997 mit Dr. Pearsall sprach, hatte er bereits mehr als siebzig persönliche Zeugnisse von Organempfängern gesammelt, deren Erfahrungen sich durch die moderne westliche Schulmedizin nicht einfach erklären lassen.

Dr. Pearsalls Interesse an diesem Thema wurde durch seine eigene Transplantation geweckt. Ein Mitpatient, dem auch Knochenmark transplantiert wurde, beharrte nämlich darauf, daß er die Anwesenheit seines Spenders fühlen könne. Dr. Pearsall fragte ihn, wie er sich seinen Spender vorstellte.

»Als Künstler«, erwiderte dieser. »Vielleicht Maler oder Musiker.«

Später erfuhr der Patient, daß das Hobby dieses Spenders die Ölmalerei war.

Kürzlich wurde Dr. Pearsall nach einem Vortrag über außergewöhnliche Erfahrungen, die ihm von Transplantierten mitgeteilt worden waren, durch einen orthopädischen Chirurgen aus dem Publikum herausgefordert. Manche Organempfänger, so der Chirurg, hätten es vielleicht nötig, solche Geschichten zu erzählen, die, wie er hinzufügte, grundsätzlich erfunden seien, auch wenn der Patient ehrlich überzeugt wäre, daß alles sich tatsächlich so abgespielt habe.

»Dafür, daß diese Patienten es ›nötig haben‹, Geschichten zu erfinden«, konterte Dr. Pearsall, »scheinen sie aber höchst ungern darüber zu sprechen. Sie finden diese Erfahrungen ebenso befremdlich und unglaubwürdig wie alle anderen Leute. Da ich selbst Transplantationspatient bin, bin ich vielleicht etwas offener dafür, mir die Geschichte anzuhören, statt demjenigen, der sie mir mitteilt, von vornherein keinen Glauben zu schenken. Als Arzt neige ich sowieso schon dazu, zuviel zu reden und zuwenig zuzuhören.«

Bei unserem Gespräch bezeichnete Dr. Pearsall mich und die anderen Organempfänger, die er interviewt hatte, als »weiße Raben« – eine Formulierung, die, wie er sagte, auf den Psychologen William James zurückgeht. Dieser schrieb einmal, wenn man das Gesetz, daß alle Raben schwarz sind, widerlegen wolle, brauche man nur einen einzigen weißen Raben zu präsentieren. Dr. Pearsall glaubt, daß die Existenz dieser »weißen Raben« völlig neue Erklärungen erforderlich macht, die, wie ich hoffe, in seinem Buch dargelegt werden.

Auch Robert Bosnak und ich haben festgestellt, daß die meisten Organempfänger nicht gerade begeistert davon waren, als sie über die ungewöhnlichen Erfahrungen, die sie gemacht hatten, sprechen sollten. In den meisten Fällen baten unsere Gesprächspartner uns, nicht ihre wahren Namen zu nennen, woran wir uns auch gehalten haben. Doch eines Tages, denke ich, wird es soweit sein, daß Fälle wie der meine systematisch untersucht werden. So lange müssen wir uns mit subjektiven Aussagen zufriedengeben, die keine Beweiskraft haben.

In Florida erzählte uns eine Transplantationsschwester von einer Herztransplantierten, die vor ihrer Operation an extremer Wasserscheu gelitten hatte – ihre Angst vor Wasser war so groß, daß sie nicht einmal unter die Dusche ging. Bald nach der Transplantation hatte diese Frau den dringenden Wunsch, schwimmen oder segeln zu gehen. Ein Chirurg am selben Krankenhaus teilte der ungläubigen Familie mit (ohne dazu berechtigt zu sein), daß der Organspender ein begeisterter Segler gewesen war, der bei einem Bootsunglück umgekommen war.

Dieselbe Krankenschwester berichtete uns von einem Mann um die Fünfzig, dessen neues Herz von einem jungen Mann stammte, der mit dem Motorrad verunglückt war. Als der Organempfänger, ein strenggläubiger Christ, nach der Operation aufwachte, begann er sogleich unflätig zu fluchen, was überhaupt nicht zu ihm paßte. Da der Organspender im selben Krankenhaus gestorben war, in dem auch die Transplantation durchgeführt wurde, ergab es sich, daß die Mutter des Spenders den Organempfänger kennenlernte. Sie bestätigte, daß der Mann genauso wie ihr Sohn redete und sogar einige seiner persönlichen Angewohnheiten an den Tag legte.

Wenn unsere informelle Untersuchung irgendein Maßstab ist, dann stehen an erster Stelle bei den uns mitgeteilten Veränderungen die neuen Geschmacksvorlieben beim Essen. Besonders häufig scheint dies bei Leuten aufzutreten, die eine neue Niere bekommen haben. Zum Beispiel erhielt ein Mann aus Michigan, der keinen Kaffee mochte, eine Niere seiner Schwester, einer passionierten Kaffeetrinkerin; schon bald trank auch er Kaffee. Eine Frau, die ihrem Ehemann eine Niere spendete, gab an, daß er jetzt ganz wild auf ihre früheren Leibgerichte sei. Ihr schmeckten sie zwar auch noch, aber seitdem ihr die eine Niere entfernt worden sei, habe sie nicht mehr denselben Appetit darauf wie früher. Wir haben eine ganze Reihe solcher Geschichten gehört, sowohl von Nieren- als auch von Herzempfängern: Ein Steakliebhaber wurde Vegetarier; ein Milchtrinker entwickelte eine Abscheu gegen Milch; ein Mann, der gern Weinkenner gewesen wäre, wenn dieser ihm nur geschmeckt hätte, war nach der Transplantation endlich fähig, Wein wirklich zu genießen. Die Zahl und der gleichbleibende Inhalt solcher Berichte scheint darauf hinzudeuten, daß Eßvorlieben möglicherweise nicht nur im Kopf oder in den Geschmacksknospen verankert sind, sondern tiefergehende biologische Wurzeln haben können.

Der erstaunlichste Fall, der uns bekannt geworden ist, ist der des Mannes, der tatsächlich mit seinem alten Herz um die Wette lief. Das hört sich unmöglich an, doch es ist tatsächlich passiert, und zwar folgendermaßen: Herr A., ein Engländer, litt an Mukoviszidose; er brauchte unbedingt eine neue Lunge, sein Herz dagegen war noch kräftig. Er bekam eine Herz-Lungen-Transplantation, woraufhin sein altes, aber gesundes Herz entnommen und in den Körper von Herrn B. verpflanzt wurde, dessen eigenes Herz am Versagen war. (Ein solches Verfahren, das nicht gerade häufig ist, wird als »Domino-Transplantation« bezeichnet.)

Bei den in England stattfindenden jährlichen »Transplant Games«, einem Sportfest für Transplantierte, hatte Herr A. 1994 das einzigartige und in der Geschichte der Menschheit sicher noch nie dagewesene Erlebnis, bei einem Wettlauf gegen sein altes Herz anzutreten, das nun in der Brust von Herrn B. beheimatet war – und es besiegte seinen früheren Besitzer! Nach dem Wettkampf setzten sich die beiden Männer zusammen und unterhielten sich. Herr B. erzählte Herrn A. von seinen neuen Eßvorlieben, und Herr A. bestätigte, daß dies auch seine Lieblingsgerichte waren. (Ob sie es zu diesem Zeitpunkt immer noch waren, obwohl er

sein ursprüngliches Herz nicht mehr hatte, ist nicht über-
liefert.)*

In New Mexico erhielt ein Jugendlicher das Herz und die
Lunge eines Mädchens, das von Mitgliedern einer asiati-
schen Gang gejagt und ermordet worden war. Obwohl der
Mord noch nicht in den Nachrichten gemeldet worden war,
als der Organempfänger aus der Narkose erwachte, beschrieb dieser eine Vision, die er gehabt hatte, und zwar
von einem blonden Mädchen, das von kleinen, schmächti-
gen Männern eine Straße entlanggejagt wurde, die es töten
wollten. Später sprach die Mutter des Mädchens über diesen Vorfall in einer Talk-Show. Außerdem schrieb eine der
Krankenschwestern des Organempfängers darüber in dem
buddhistischen Magazin *Tricycle* und knüpfte daran die
Überlegung, ob dieser Vorfall geeignet sei, die Theorie über
das »Zellgedächtnis« zu untermauern.

Harriet, eine Ärztin im Staat Michigan, war eine Patientin von Paul Pearsall. Vor vielen Jahren waren sie und ihr
Mann in einer regnerischen Nacht von einer Party nach
Hause gefahren. Sie hatten sich gestritten, und jetzt verlief
die Fahrt schweigend. Das einzige Geräusch, das im Auto
zu hören war, war das unablässige Klicken der Scheibenwischer. Plötzlich tauchte ein anderes Auto wie aus dem
Nichts auf und stieß frontal mit ihnen zusammen. Harriet
wurde beim Aufprall ohnmächtig, während ihr Mann dabei
ums Leben kam.

Ihr Mann hatte einen Organspenderausweis unterschrie-
ben, und als Harriet im Krankenhaus wieder zu sich kam,
willigte sie mit schwacher Stimme ein, daß sein Herz verpflanzt wurde. Viele Jahre danach kam sie zu Dr. Pearsall,
um ihn um Hilfe zu bitten. Sie hatte bereits auf jede erdenkliche Weise – sogar mit Hilfe von Geistersehern und Me-
dien – versucht, Kontakt mit ihrem verstorbenen Mann auf-

* Die Geschichte der beiden Wettläufer erschien in Daniel Jeffreys Artikel
»Have These Transplant Patients Inherited the Donor's Characters?« in der
Londoner *Daily Mail* vom 4. Juni 1996.

zunehmen, doch vergebens. Nun bat sie Dr. Pearsall, ob sie eventuell den jungen Mann, der das Herz ihres Ehemanns erhalten hatte, kennenlernen könnte. »Ich möchte sein Herz noch einmal spüren«, erklärte sie ihm. »Ich weiß, es hört sich verrückt an, aber ich kann nichts dagegen tun.«

Nach vielen Telefonaten und Gesprächen gelang es Pearsall, eine Zusammenkunft zwischen Harriet und dem Mann zu arrangieren, der das Herz ihres Mannes bekommen hatte. Als Pearsall und Harriet auf das Eintreffen des jungen Mannes warteten, sagte Harriet plötzlich: »Er ist da. Ich kann ihn fühlen.« Der Organempfänger, der in Begleitung seiner Mutter kommen wollte, wurde aber erst eine halbe Stunde später erwartet. Doch kurz darauf betrat er den Raum.

»Darf ich Sie umarmen?« fragte Harriet ihn. Dann standen sie eine Zeitlang Brust an Brust und weinten. Später fragte Harriet, ob sie sein Herz fühlen dürfe. Der junge Mann nickte und legte ihre Hand auf seine nackte Brust. »Ich liebe dich, Schatz«, sagte sie. Dann zog sie die Hand langsam zurück. Der junge Mann zog sein Hemd wieder an und nickte noch einmal, als wolle er andeuten, er wisse, an wen sich diese Worte richteten.

»Ich habe ihn gespürt«, sagte Harriet leise. »Beinahe hätte ich ihn auch hören können. Nicht seine Stimme, sondern ihn selbst. Ich konnte seinen Wesenskern spüren, seine Energie. Nun ist alles in Ordnung.«

Der junge Mann mußte auf einmal kichern. »Entschuldigung«, sagte er, »ich fühle mich auf einmal so fröhlich und unbeschwert. Zum erstenmal ist mir wirklich leicht ums Herz.«

Daraufhin meldete sich seine Mutter zu Wort, die bisher nicht viel gesagt hatte. »Ja, das war die einzige Sache, für die die Ärzte keine Erklärung hatten. Mein Sohn hat immer gesagt, das neue Herz sei zu schwer für seine Brust. Die Ärzte haben ihm versichert, daß er sich das nur einbildet, aber er sprach immer wieder davon, daß es zu schwer sei.«

»Jetzt nicht mehr«, sagte der Sohn. »Es fühlt sich an wie befreit, als wäre gerade alles Schwere ausgeräumt worden.«

Harriet und er unterhielten sich noch weiter miteinander und kamen dabei auch auf mehrere Veränderungen im Leben des Empfängers zu sprechen, für die sich anscheinend bei Harriets Ehemann Entsprechungen fanden. Beim Fortgehen drehte sich der junge Mann noch einmal zu Harriet um und sagte: »Wissen Sie, eins verstehe ich immer noch nicht. Seit der Transplantation macht mich das Klicken der Scheibenwischer an meinem Wagen immer so unruhig. Aber was es damit auf sich hat, wissen Sie wohl auch nicht?«

18

Auf der Suche nach Erklärungen

Ich kann Ihnen Ihre Gefühle nicht verdenken«, sagte vor kurzem ein Arzt zu mir. »Wenn ich in meiner Brust das Herz und die Lunge eines anderen Menschen hätte, würde ich mir wohl auch alle möglichen Gedanken über meinen Organspender machen. Schließlich sprechen Dichter und Künstler seit Jahrhunderten vom Herz als Sitz des Geistes und der Empfindungen. Doch so schön diese Vorstellung auch ist, klinisch gesehen ist nichts daran. Das Herz ist nur eine Pumpe.«

Dies ist natürlich die Auffassung der modernen westlichen Medizin. Ich sage extra »modern«, weil das Herz bis zum 17. Jahrhundert keineswegs als Pumpe angesehen wurde. In der Antike galt es als Zentrum der Weisheit und des Gefühls. In einigen alten Kulturen pflegten die siegreichen Krieger die Herzen ihrer geschlagenen Feinde zu essen, um deren Kraft in sich aufzunehmen. Im Alten Testament, in dem das Wort *lev* (Herz) mehr als tausendmal vorkommt, wird das Herz als Zentrum des Wissens wie auch von Moral und sittlicher Haltung angesehen. Aristoteles glaubte, das Herz sei der Sitz des Denkens und Empfindens. Im Mittelalter war es üblich, die Herzen von Königen und berühmten Geistlichen auf einem anderen Friedhof zu bestatten als ihre Körper.

Im Jahr 1648 verkündete der englische Arzt William Harvey eine der bedeutendsten Entdeckungen in der Medizingeschichte der Welt, daß nämlich das Herz dank einer kontinuierlichen Folge von Kontraktionen das Blut durch den Körper pumpt und wieder zu seinem Ursprung zurückbringt.

Selbstverständlich ist dies heute unumstritten. Aber es ist nicht das gleiche, ob man eine inzwischen selbstverständliche Tatsache anerkennt – nämlich daß das Herz tatsächlich eine Pumpe ist – oder ob man betont, daß es *nur* eine Pumpe ist. Wie wir gleich sehen werden, gibt es nämlich auch Wissenschaftler, nach deren Überzeugung es noch erheblich mehr als das sein könnte.

Damit bin ich an einem Punkt angelangt, wo ich mich offen gestanden auf schwankendem Boden befinde. So kompetent und detailliert ich mich über meine persönlichen Erlebnisse äußern kann, so verfüge ich doch über keinerlei spezielle Kenntnisse oder irgendein Fachwissen zu deren Erklärung. Auch wenn ich anscheinend einige Wesenszüge und Persönlichkeitsmerkmale von Tim übernommen habe, kann ich nicht behaupten, ich wüßte, auf welche Weise dies geschehen ist.

Da ich aber zu neugierig bin, um es dabei zu belassen, habe ich mich an einige aufgeschlossene Wissenschaftler, Autoren und sonstige Experten gewandt und sie nach einer Erklärung für das, was ich erlebt habe, gefragt. Von denen, die mir geantwortet haben, verwendeten mehrere den Begriff »Zellgedächtnis«, wobei sie allerdings unterschiedlicher Auffassung zu sein schienen, was genau darunter zu verstehen ist und ob es sich um ein Faktum oder eine theoretische Möglichkeit handelt. Übrigens wurde der Begriff ursprünglich im Hinblick auf das Immunsystem verwendet; so bewahrt unser Körper zum Beispiel noch Jahrzehnte nach einer Impfung gegen Kinderlähmung eine »Erinnerung« an das spezifische Antigen.

Deepak Chopra gehört zu den Leuten, die anscheinend ein vertieftes Verständnis des Zellgedächtnisses für sich in Anspruch nehmen. In einem seiner bekannteren Bücher berichtet er, daß es Transplantierte gibt, die nach Erhalt einer neuen Niere, Leber oder eines neuen Herzens anfangen, an den Erinnerungen ihres Spenders teilzuhaben. Er drückt es folgendermaßen aus: »Vorstellungen, die dem anderen eigen waren, werden allmählich freigesetzt, sobald seine Gewebe dem Empfänger eingepflanzt worden sind.« Chopra beschreibt auch meinen Fall, wobei er folgende Interpretation dafür anbietet:

> Anstatt eine übernatürliche Erklärung für solche Ereignisse zu suchen, sollte man sie als Bestätigung dafür ansehen, daß unsere Körper aus Erfahrungen bestehen, die in körperlichen Ausdruck umgewandelt wurden. Weil die Erfahrung etwas ist, das wir verkörpern (!), sind unsere Zellen voll von unseren Erfahrungen. Infolgedessen erhalten wir mit den Zellen eines anderen Menschen gleichzeitig auch seine Erinnerungen.*

Während viele Wissenschaftler die Vorstellung eines Zellgedächtnisses nicht akzeptieren, glauben heute immer mehr von ihnen, daß jede Zelle unseres Körpers ihr eigenes »Bewußtsein«, ihren eigenen »Kopf« hat. Manche gehen noch weiter und postulieren, daß beim Übertragen von Gewebe von einem Körper zum anderen die Zellen des ersten Körpers Erinnerungen in den zweiten Körper mit hinübernehmen.

Aber welche Arten von Erinnerungen können in menschlichen Organen existieren? Früher habe ich, wie die meisten Leute, angenommen, daß unsere gesamte Intelligenz im Gehirn konzentriert sei. Damals hatte ich aber noch nicht von der Arbeit der Biochemikerin Candace Pert gehört. Sie entdeckte, daß zumindest ein Merkmal unseres Geistes über unseren gesamten Körper verteilt ist. Pert fand nämlich heraus, daß das Gehirn und der Körper durch kurze Aminosäureketten miteinander kommunizieren, die als Neuropeptide und Rezeptoren bekannt sind. Menschliche Gefühle, so Pert, werden durch die Anlagerung von Neuro-

* Deepak Chopra, *Ageless Body, Timeless Mind*, New York 1993, Deutsch: *Die Körperzeit. Mit Ayurveda jung werden, ein Leben lang,* Bergisch Gladbach 1994, S. 36.

peptiden an Rezeptoren ausgelöst, die eine elektrische Veränderung in den Neuronen stimuliert.

Die Existenz von Peptiden im Gehirn war zwar bereits bekannt, doch Pert und ihre Kolleginnen fanden sie überall im Körper vor, auch im Herzen. Es gibt sogar Neuropeptide im Magen, und das könnte, denke ich, dem Ausdruck »aus dem Bauch heraus« eine völlig neue Bedeutung verleihen.

Inzwischen hat man Dutzende solcher Peptide identifiziert, wobei jedes von ihnen seinen spezifischen Rezeptor hat. Die Rezeptoren, die auf der Oberfläche der Zelle lokalisiert sind, werden oft mit Schlössern verglichen, wobei die Neuropeptide als Schlüssel fungieren. Solange der Schlüssel nicht zum Schloß paßt, geschieht überhaupt nichts.

Als Pert mit ihrer Forschung begann, ging auch sie davon aus, daß Denken und Fühlen ihren Sitz im Gehirn hätten. Inzwischen sagt sie, daß sie keine strenge Unterscheidung zwischen Körper und Geist mehr machen könne.

Ich bat Bruce Lipton, einen ehemaligen Forscher auf dem Gebiet der Zell- und Entwicklungsbiologie an der Stanford University, zu erklären, in welcher Weise Perts Ideen möglicherweise auf Empfänger von Transplantaten zutreffen könnten.

Ein transplantiertes Herz enthält den einzigartigen Satz von Eigenrezeptoren des Spenders, die sich natürlich von denen des Empfängers unterscheiden. Als Folge davon besitzt der Empfänger nun Zellen, die auf zwei unterschiedliche »Identitäten« reagieren. Nicht jeder Empfänger spürt, daß eine Reihe von Zellen in seinem Körper nun auf ein zweites Signal reagieren. Aber wenn überhaupt jemand diese Veränderung empfindet, dann vielleicht eine Tänzerin, deren Körperwahrnehmung besonders ausgeprägt ist. Ich nehme an, daß mit der zunehmenden Zahl von Transplantationen auch immer mehr Fälle von Menschen bekannt werden, die über derartige Erfahrungen berichten.

Sie können sich die Sache auch folgendermaßen vorstellen. Wenn Sie ein Kofferradio eingeschaltet haben und die Batterien plötzlich leer sind, können Sie nichts mehr hören. Ist der Sender deshalb verstummt? Natürlich nicht. Sie können neue Batterien einsetzen oder sich ein anderes Radio besorgen und wieder denselben Sender hören. Unsere biologischen Körper sind etwa wie »Zell-Radios«, und jede unserer Zellen ist durch unsere molekularen Antennen auf denselben Sender eingestellt. Unsere jeweilige Identität ist der Sender, und selbst wenn wir sterben, spielen unsere Zellen, sofern sie noch auf unseren Sender eingestellt sind, weiter sein Programm – selbst wenn sich diese Zellen inzwischen im Körper eines anderen Menschen befinden.

Bruce Lipton empfahl mir, Kontakt zu Cleve Backster aufzunehmen, was ich auch tat. Backster, ein Pionier auf dem Gebiet der Entwicklung und Anwendung von Lügendetektoren, wurde zuerst in den sechziger Jahren einer weiteren Öffentlichkeit bekannt, als seine Experimente darauf hindeuteten, daß Pflanzen mit anderen Lebensformen auf zellulärer Ebene kommunizieren und sogar so etwas wie eine botanische Entsprechung bestimmter menschlicher Gefühle erleben können.

Inzwischen führt Backster Experimente mit menschlichen Zellen durch, die ihn zu der Annahme gebracht haben, daß die Leukozyten (weiße Blutkörperchen) miteinander kommunizieren können, *selbst dann, wenn einige von ihnen vom Körper getrennt sind.* Backster hat eine Serie von Experimenten durchgeführt, bei denen Freiwilligen Zellen aus dem Mund entnommen wurden. Diese Zellen wurden dann zentrifugiert – d.h. mit einer Hochgeschwindigkeitsschleuder abgetrennt – und in ein Teströhrchen gegeben und an eine Art von Elektroenzephalograph angeschlossen, der normalerweise zum Überwachen von Gehirnströmen verwendet wird. Backster stellte fest, daß, wenn der Spender be-stimmten emotionalen Reizen wie z.B. Furcht, Aufregung oder Zorn ausgesetzt wird, in den abgetrennten Zellen in der Regel eine eindeutige Reaktion stattfindet, und zwar selbst dann, wenn sie sich mehrere Kilometer entfernt befinden.

Ich fragte Backster, ob diese Befunde irgendeine Bedeu-tung für Transplantatempfänger hätten.

»Ich habe nur mit solchen Zellen gearbeitet«, antwortete er, »die vom Zahnfleisch und vom Gaumen stammen. Wenn sich das Ergebnis auf Herzzellen übertragen ließe, dann könnte möglicherweise noch irgendeine Form der Kommu-nikation zu den Zellen des Spenders bestehen – wenn man von der Tatsache absieht, daß der Spender bereits tot ist. Es ist mir gelungen zu zeigen, daß abgetrennte Zellen mit den Zellen lebender Spender kommunizieren können. Ob sie auch mit den Zellen verstorbener Spender kommunizieren können? Ich weiß es nicht. Hier würde man in die Meta-physik geraten, und das ist ein Thema für sich.«

Julie Motz, über deren Arbeit in der NBC-Sendung *Date-line* und im *New York Times Magazine* berichtet wurde, ist eine »Energieheilerin«, die am Columbia-Presbyterian Me-dical Center in New York an Operationen am offenen Her-zen und an Herztransplantationen teilgenommen hat. An-fänglich arbeitete sie mit den Patienten vor und nach der Operation, indem sie diese geistig und körperlich auf den Eingriff vorbereitete und ihnen hinterher Beistand leistete. Schließlich wollte sie herausfinden, ob sie auch im Opera-tionssaal selbst etwas bewirken konnte.

Als Heilerin besteht ein Großteil meiner Arbeit darin, herauszufinden, welche emotionale Befindlichkeit je-weils im Zusammenhang mit bestimmten körper-lichen Zuständen auftritt, und meinen Klienten dabei zu helfen, diese wahrzunehmen. Es war mir schon lange bewußt, daß der Körper anscheinend an ver-schiedenen Stellen Erinnerungen speichert und daß diese durch Energie und Berührung freigesetzt werden können. Durch die Arbeit von Bonnie Bainbridge Cohen aus Massachusetts erfuhr ich, daß jede Zelle des Körpers sich wie ein Gehirn verhält und bewußt angesprochen werden kann.

Manchmal enthalten unsere Gewebe die Energie von Gefühlen, die nicht bewußt verarbeitet worden sind. Wenn ich zum Beispiel Herztransplantationspatienten auffordere, sich in das Innere ihres Körpers hineinzubegeben und »ihr Blut zu sein«, dann befällt mich oft ein Gefühl der Traurigkeit, das mir mein eigenes Blut vermittelt, weil es, wie ich meine, eine Schwingung aus ihrem Blut aufnimmt und mitschwingt. Wenn ich dieselben Patienten später auffordere, ihr Blut ihrem alten Herzen danken zu lassen für alles, was es für sie getan hat, und sich dann liebevoll von ihm zu verabschieden, klingt die Traurigkeit nach und nach wieder ab.

Ich glaube, Claire, daß die Zellen der Ihnen eingepflanzten Organe ein Gedächtnis hatten, ausgestattet mit Vorstellungsvermögen und Emotionen. Diese Erinnerungen teilten sich den anderen Zellen Ihres Körpers mit, Ihr Nervensystem einbegriffen, und dieses empfing dann diese Botschaften und übermittelte sie Ihrem Gehirn. Dieses hatte dann die Funktion eines Tuners oder Empfängers und verwandelte sie in eine bewußte Erinnerung.

Ebenso wie Julie Motz benutzt auch der Neuropsychologe Paul Pearsall, der zur Zeit an einem Buch über Herzempfänger schreibt, den Begriff der in unserem Körper existierenden »Energie«:

Jeder, der ein neues Herz erhält, bekommt zugleich ein ganzes Bündel von feinstofflicher Energie. Die alten Kulturen hatten schon immer Kenntnis von dieser

Energie und sahen sie als Urkraft aller Schöpfung an. Die indigenen Völker der Welt kennen mehr als hundert verschiedene Bezeichnungen für diese Kraft und haben im Gegensatz zu uns immer an deren Macht geglaubt. Bei den Chinesen heißt sie Chi, bei den Japanern Ki, auf Hawaii Mana. Mana ist der Geist des Lebens an sich und der Ort, an dem die Erinnerungen aufbewahrt werden. Auch wenn unsere moderne Welt noch so materialistisch geworden ist, gibt es immer noch etwas, das an unseren Herzen zerrt und uns zu der Energie zurückzieht, die uns Leben schenkt, uns in Liebe vereint und unseren Körper verläßt, wenn wir sterben. Physiker nennen diese Energie »die fünfte Kraft«. Es ist dieselbe Energie, die immer wieder die »kontrollierten« Experimente der Wissenschaftler durcheinanderbringt und die für die »spontanen Remissionen« in sogenannten aussichtslosen Fällen verantwortlich ist.

Ich habe eigentlich keinen Zweifel mehr an der Existenz eines Zellgedächtnisses. Interessanter, zumindest aus meiner Sicht, ist vielmehr die Frage: Warum haben manche Menschen solche Erlebnisse und andere nicht? Unter den Dutzenden von Organempfängern, die ich interviewt habe, sind diejenigen, die diese Veränderungen wahrnehmen, ungewöhnlich körperbewußt. Häufig sind sie Künstler, Maler oder Dichter – also Kreative, die in sich hineinschauen und auf sich selbst achtgeben.

Allen, die überlegen, ob die ungewöhnlichen Erfahrungen mancher Transplantatempfänger möglicherweise die Folge der starken Medikamente zur Immununterdrückung sind, die sie einzunehmen haben, bietet Pearsall eine faszinierende Antwort:

Ich bezweifle keinen Moment, daß die tödlichen Substanzen, mit denen wir diese Leute vollpumpen, starke psychogene Wirkungen haben können. Aber vielleicht läßt sich diese Psychopharmakologie auch anders verstehen. Warum sind sich diese Geschichten durchweg so ähnlich? Warum besitzen Organempfänger die Erinnerungen eines Spenders, der ihnen völlig unbekannt ist und den wir nur manchmal identifizieren können? Vielleicht wirken diese Drogen wie LSD oder andere halluzinogene Stoffe und steigern die Wahrnehmung derart, daß uns zu Einblicken verholfen wird, wo wir nie zuvor gesucht haben. Ist es nicht möglich, daß unsere immunsuppressiven Medikamente bei den Patienten auf irgendeine Weise die Schwelle zum Zellgedächtnis senken, das wir alle haben?

Paul Pearsall verwies mich an »The HeartMath Institute« in Boulder Creek, Kalifornien, an dem sowohl die Energie des Herzens als auch die Verbindung und die eventuell vorhandene Kommunikation zwischen Herz und Gehirn wissenschaftlich untersucht wird. Rollin McCraty ist der Forschungsleiter des Instituts. »Sie stehen mit Ihren Erlebnissen nicht allein da«, sagte er zu mir:

Unser Institut wird von vielen Ärzten besucht, und im Laufe der Jahre sind mir bereits ähnliche Geschichten wie die Ihre zu Ohren gekommen. Ein Herzchirurg erzählte mir, ihm sei dieses Phänomen, zu dem Wesensveränderungen und neue Geschmacksvorlieben gehören, bekannt, und im allgemeinen verschwinde es einige Monate nach der Transplantation. Da es nicht im Interesse der Chirurgen liegt, daß es publik wird, übergehen sie es mit Stillschweigen.

Aus neueren Untersuchungen wissen wir, daß das Herz ein weit intelligenteres Organ ist, als wir dachten. Es scheint so, als habe das Herz sein eigenes, un-

271

abhängiges Nervensystem: Dr. Andrew Armour, Autor eines Buches über Neurokardiologie, bezeichnet es als »das kleine Gehirn im Herzen«.

Möglicherweise könnte eine kürzlich in Boston gemachte Entdeckung einen weiteren Fingerzeig liefern. Dr. Ming-He Huang, ein Forscher an der Harvard Medical School, entdeckte 1995 einen neuen Zelltypus im Herzen. Diese »intrinsic cardiac adrenergic«(ICA)-Zellen scheinen Katecholamine – eine Gruppenbezeichnung für verschiedene Chemikalien wie Dopamin, von denen man früher annahm, es gebe sie ausschließlich im Gehirn – zu synthetisieren und freizusetzen. ICA-Zellen haben magnetische Eigenschaften, was darauf hindeutet, daß das Herz auf magnetische Felder reagieren und mit ihnen interagieren kann. Eine magnetische Zelle ähnlicher Art läßt sich im Gehirn feststellen. Es kann gut sein, daß es zwischen Herz und Gehirn eine elektromagnetische Verbindung gibt, und die Entdeckung dieser neuen Zellen scheint diese Möglichkeit zu untermauern.

Dr. Gary E. Schwartz ist Professor für Psychologie, Neurologie und Psychiatrie sowie Leiter des »Human Energy Systems Laboratory« an der University of Arizona. Gemeinsam mit seiner Kollegin Dr. Linda G. Russek hat er für die Frage, wie alles in der Natur, inklusive der Zell- und Molekülsysteme, Energie und Informationen speichert, eine mathematische Erklärung vorgelegt. Diese Theorie, die sie als »Systemische Erinnerungshypothese« bezeichnen, ist zu komplex, um sie hier in geraffter Form darzustellen – selbst wenn ich das könnte. Jedenfalls liefert sie eine neue Erklärung für verschiedene Phänomene wie zum Beispiel die Erinnerung von Organtransplantaten (Zellgedächtnis), die Homöopathie (in Wasser gespeicherte Erinnerung) und die Psychometrie (in Objekten gespeicherte Erinnerung). Ich zitiere:

Systemische Erinnerung meint, daß alle Transplantationspatienten die im Spendergewebe gespeicherten
Informationen und Energien registrieren – mit Sicherheit unbewußt, und manchmal bewußt. Nach unserer
Auffassung gehört zum Problem der Organabstoßung
nicht nur die Abstoßung des Zellmaterials, sondern
auch die Abstoßung von Wissen und Energie, die in
den Zellen und Molekülen gespeichert sind.

Sie haben eine große Menge von Erbmaterial erhalten, nämlich das Herz und die Lunge, die substantiel-
les Wissen und Energie speichern können. Außerdem
sind Sie Tänzerin und kennen Ihren Körper. Und
schließlich sind Sie sehr feinfühlig und für Spirituelles
aufgeschlossen. Durch all dies waren Sie prädesti-
niert, mit dieser ganzen Information und Energie mit-
zuschwingen, nicht nur unbewußt, sondern auch bewußt. Es kann gut sein, daß Sie die neuen Organe
besser annehmen und in Ihren Körper integrieren
konnten, weil Sie das Wissen und die Energie Ihres
Spenders angenommen haben. Das könnte eine Erklärung dafür sein, warum Sie in all den Jahren so wenig Abstoßungsprobleme gehabt haben und warum es
Ihnen heute so gut geht.

Wir haben außerdem Forschungsarbeiten veröffentlicht, in denen nachgewiesen wird, daß Herz und
Gehirn miteinander sowohl energetisch als auch phy-
siologisch kommunizieren. Insbesondere kann das
Elektrokardiogramm des Herzens in unseren Gehirnströmen registriert werden. Menschen, die jemanden
lieben, können sogar das EKG eines fremden Herzens
in ihren Gehirnwellen registrieren. Diese Forschungs-
ergebnisse liefern eine biophysische Erklärung für die
Tatsache, daß eine Organempfängerin Energie und
Wissen, die aus ihrem neuen Herzen und ihrer neuen
Lunge stammen, registrieren könnte.

Etwas auswendig lernen nennt man im Englischen

to learn by heart, mit dem Herzen lernen. Ist das einfach nur eine verrutschte Metapher, oder könnte
diese Redewendung eine tiefere Bedeutung haben?
Wenn alle Zellen Wissen und Energie speichern und
wenn das Herz auf Grund seiner zentralen Lage und
seiner Verbindungen an diesem Prozeß besonders
rege beteiligt ist, dann könnten die Erinnerungen –
besonders implizite Erinnerungen – buchstäblich
nicht nur mit dem Gehirn, sondern auch mit dem
Herzen zu tun haben. Und wenn ein Herz verpflanzt
wird, müßten einige Teile der Lebensgeschichte des
Spenders potentiell dem Empfänger zugänglich sein.

An diesem Punkt der Diskussion verlassen wir die Welt der
materiellen Realität, um noch einige ganz andere Ausle-
gungsmöglichkeiten meiner Erlebnisse zu betrachten.
　Für James Van Praagh, ein spirituelles Medium aus Los
Angeles, sind meine Erfahrungen durch einen Geist verursacht worden, der noch nicht zu seinem nächsten Wohnort
weitergewandert war.

Spenderorgane stammen oft von jungen Menschen,
die bei Auto- oder Motorradunfällen umkamen und
einen sehr schnellen Tod hatten. Da deren Geister oft
der Meinung sind, ihre Zeit auf der Erde sei noch
nicht um, kann es vorkommen, daß sie sich an eine
andere Person anschließen. Vielleicht gab es irgendwelche Dinge, die Ihr Spender im Diesseits noch nicht
zum Abschluß gebracht hatte und die sein Geist noch
erleben wollte. Wenn so etwas geschieht, pendelt der
Geist zwischen den beiden Welten hin und her, so wie
in dem Film *Ghost*. Manchmal führt dies zu Besessenheit und manchmal, so wie in Ihrem Fall, zu Einflüste-
rungen. Falls es tatsächlich so gewesen ist, gehe ich
davon aus, daß Tims Gestalt weiterwandert, sobald
ihm klar wird, daß er keinen zwingenden Grund mehr

hat, weitere Erfahrungen in der materiellen Welt zu machen. Vielleicht ist dies bereits geschehen.

Träume sind häufig eine Kommunikation mit Geistern. Für Geister ist es am einfachsten, mit uns zu kommunizieren, wenn wir uns nicht in unserem vernunftgeprägten Alltagsbewußtsein befinden. Als Sie die von Ihnen geschilderten Träume hatten, war Tims Geist in Ihnen wirksam.

Der englische Wissenschaftler Rupert Sheldrake hat eine Reihe von faszinierenden Büchern geschrieben, darunter *Sieben Experimente, die die Welt verändern könnten* sowie *Das Gedächtnis der Natur*, das die Vorstellung der »morphogenetischen Resonanz« erforscht – der Übertragung von Formen und Verhaltensweisen durch Wiederholung in der Zeit. Sheldrake hinterfragt die anerkannte Vorstellung, daß Erinnerungen im Kopf gespeichert werden. Nach seiner These ähnelt unser Bewußtsein eher einem Fernsehapparat als einem Videorecorder; ein Fernseher kann eine ausgestrahlte Sendung empfangen, aber er speichert sie nicht.

In dem Brief, in dem er seinen Kommentar zu meinen Erlebnissen abgibt, schreibt Sheldrake, daß ihn meine Geschichte an Fälle von Seelenwanderung und an Berichte über frühere Existenzen erinnert. Dann schlägt er zwei andere Möglichkeiten vor:

Ich weiß nicht, was ich aus den Träumen und Erinnerungen machen soll, die Claire Sylvia als Beweis für eine Gedächtnisübertragung erlebte. Selbst wenn sie Dinge über den jungen Mann wußte, die sie normalerweise nicht hätte wissen können, besteht immer noch die Möglichkeit, daß sie dieses Wissen auf telepathischem Weg durch am Krankenhaus tätige Menschen erfahren hat. Dies würde allerdings noch nicht erklären, warum sie plötzlich Lust auf Bier und Chicken-Nuggets hatte.

Selbst wenn es tatsächlich eine Übertragung von Erinnerungen mittels Herz und Lunge gibt, würde ich dies nicht dem Zellgedächtnis zuschreiben. Es mag zwar sehr eindrucksvoll klingen, doch gibt es dafür in der heutigen Naturwissenschaft keinerlei Grundlage, und es ist nichts darüber bekannt, auf welche Weise Zellen psychologische Erinnerungen speichern könnten. Die derzeitigen materialistischen Theorien der Wissenschaft würden das Gehirn und nicht Herz oder Lunge als Sitz dieser Erinnerungen betrachten.

Meine eigene Hypothese, die auch die Grenzen der konventionellen Naturwissenschaft überschreitet, würde vielleicht einen Transfer von Erinnerungen einräumen, ohne daß diese dazu direkt in den Zellen eingebettet sein müßten. Diese Erklärung, die ich in meinem Buch *Das Gedächtnis der Natur* detailliert ausführe, zieht einen Erinnerungstransfer zwischen Individuen und zwischen Generationen in Betracht. Aus dieser Perspektive würden das Herz und die Lunge des jungen Mannes mit seinen morphogenetischen Feldern verbunden sein. Diese könnten dann von Claire Sylvia erlebt werden. Aber dieser Erinnerungstransfer brauchte nicht auf materiellen Spuren innerhalb der Zellen zu beruhen.

Von Sheldrakes Erwähnung der Seelenwanderung und Wiedergeburt ist der Weg zu den Werken von Brian Weiss nicht weit, dem Autor von *Die zahlreichen Leben der Seele* und *Only Love Is Real*. Deshalb war ich überrascht, daß die Grundlage von Dr. Weiss' Interpretation meiner Erlebnisse nicht sein Interesse an früheren Leben war, sondern die Praxis der Psychometrie. Unter Psychometrie (auch Dinglesen genannt) versteht man die Fähigkeit mancher Menschen, durch das bloße Betasten eines Gegenstands, der einem anderen gehört, mentale Bilder dieser fremden Person aufzufangen.

Wenn schon das Berühren einer fremden Uhr ausreicht, um bildliche Eindrücke zu empfangen, wie muß es dann erst sein, wenn jemand Organe erhält, die jahrelang von der Energie eines anderen Menschen durchdrungen waren. Deshalb wundert es mich nicht, daß Sie sich in die Gefühle, Vorlieben und Neigungen dieses jungen Mannes einklinken können. Ich sehe Ihre Erlebnisse als ein übersinnliches Phänomen an, das eher mit Energie als etwa mit Besessenheit zu tun hat. Es gibt bei den Menschen unterschiedliche Stufen der psychischen Wahrnehmung, und manche Organempfänger könnten durchaus auf die Energie ihres Spenders sensitiv reagieren.

Möglicherweise ist es auch kein Zufall, daß ausgerechnet Sie ebendiese Chance erhielten. Vielleicht gab es – in der Gegenwart oder in der Vergangenheit – noch eine andere Verbindung zwischen Ihnen und Tim, die erst noch aufgedeckt werden muß.

Larry Dossey ist Arzt für innere Medizin und hat unter anderem folgende Werke geschrieben: *Recovering the Soul* und *Heilende Worte – die Kraft der Gebete und die Macht der Medizin*. Er ist außerdem leitender Redakteur der Zeitschrift *Alternative Therapies in Health and Medicine*. Er bietet mehrere Erklärungsmöglichkeiten an:

Die Möglichkeit, daß ein lebender Mensch Wesenszüge, Verhaltensweisen und sogar Erinnerungen eines Verstorbenen annehmen kann, ist eine uralte Vorstellung. Sie bildet den Hintergrund für die Idee der Wiedergeburt, den Glauben, daß es eine Kontinuität zwischen Lebenden und Toten gibt.

Können Spenderorgane solch eine Kontinuität herbeiführen? Und wenn ja, auf welche Weise? Der Biologe Lyall Watson schlägt in seinem Buch *The Nature of Things: The Secret Life of Inanimate Objects* vor, daß materielle Gegenstände, mit denen wir in engem Kontakt sind, auf irgendeine Weise unsere »emotionalen Fingerabdrücke« annehmen und unsere Gedanken und Gefühle speichern können. Unter den richtigen Bedingungen können sie dann später sozusagen zum Leben erwachen und in erstaunlich lebensnaher Weise handeln. Watson hat eine überwältigende Menge von Beispielen gesammelt, die einen solchen Effekt nahelegen, zum Beispiel Autos, die von allein anspringen und davonfahren, und Dinge wie Ringe, Schmuck und Puppen, die sich wie etwas Lebendiges verhalten.

Wenn unbelebte Objekte unsere Gefühle und Gedanken speichern können, warum sollten es unsere Körperteile dann nicht auch können? Allerdings ist nicht klar, auf welche Weise dies geschehen könnte.

Für sehr viel wahrscheinlicher halte ich es, daß das Bewußtsein des Spenders fundamental mit dem Bewußtsein des Empfängers vereint ist und daß Sie dadurch in der Lage waren, Ihren Spender betreffende Informationen zu erlangen. Der Erhalt des Spenderherzens hat also nicht wirklich einen mechanischen Transfer von Erfahrungen zwischen zwei Personen verursacht, sondern eine bereits bestehende geistige Verbindung auf irgendeine Weise noch verstärkt.

Befragungen zeigen, daß die meisten Menschen zumindest gelegentlich Phänomene wie Telepathie, Hellsehen und sechsten Sinn erleben. Und viele von uns haben Erlebnisse, die darauf hindeuten, daß unsere Geister tatsächlich vereint sind. Am beweiskräftigsten dafür sind Untersuchungen von Fernheilung und Gebet. In einem 1988 durchgeführten Experiment untersuchte Dr. Randolph Byrd die Wirkungen von Fürbitten an etwa 400 Herzpatienten auf der Herzstation im San Francisco General Hospital. Für die eine Hälfte der Patienten wurde gebetet, während die andere leer ausging. Es handelte sich dabei um eine Doppelblindstudie, d.h. keiner von den an dem Versuch Beteiligten wußte, für wen Gebete gesprochen wurden und für wen nicht. Als die Studie beendet war, ging es den Patienten, die Fürbitte erhalten hatten, im Durchschnitt besser als den übrigen.

Wir gelangen allmählich zu einer Vorstellung vom Bewußtsein, die ich als »*nonlocal mind*« (ortsungebundener Geist) bezeichne – dasselbe, was unsere Vorfahren Weltgeist oder den Einen Geist nannten. Bei dieser Sicht ist der Geist nicht zeitlich oder örtlich begrenzt; er kann nicht lokalisiert oder auf individuelle Gehirne und Körper beschränkt werden, nicht einmal auf die Gegenwart. Auf irgendeiner Dimension des Bewußtseins sind wir alle zu einem einzigen geschlossenen Ganzen miteinander vereint. Doch den meisten Menschen ist die Vorstellung lieber, daß wir vereinzelte Individuen sind, die körperlich wie geistig von allen übrigen isoliert sind.

Während der gesamten Geschichte haben die Menschen jedoch Möglichkeiten entdeckt, wie sie ihre mentalen Verbindungen zu anderen realisieren konnten. Manchmal dienen materielle Gegenstände diesem Zweck, so wie der Ring, der zwei Liebenden hilft, ihr Einssein zu realisieren. Beide verstehen, daß der Ring nicht ihre wirklichen Erinnerungen und Gedanken enthält, sondern ein Symbol ist, das im Bewußtsein der betroffenen Menschen Assoziationen hervorruft. Könnte ein Teil des Körpers, zum Beispiel ein gespendetes Herz oder eine Niere, auf eine ähnliche Weise eine symbolische Funktion ausüben?

Nehmen wir einmal das Handlesen. Die Person, der aus der Hand gelesen wird, »spendet« ihre Hand kurzfristig der Handleserin, der »Empfängerin«, welche die Handfläche dazu benutzt, eine geistige Verbindung zu dem auskunftheischenden Individuum herzustellen. Manche Handleser geben zu, daß die Handfläche nur ein Mittel ist, das es dem Handleser ermöglicht, in jenen Bereich des Bewußtseins einzudringen, wo es eine Zugangsmöglichkeit zu Informationen über den anderen gibt. Ich frage mich: Könnte das Herz, das Sie erhalten haben, wie eine Handfläche gewirkt und Ihnen ermöglicht haben, Ihre Aufmerksamkeit auf eine Ihnen normalerweise verschlossene Dimension zu konzentrieren und so Informationen über Ihren Spender zu erhalten?

Ich frage mich weiter: Haben andere Organempfänger ähnliche Erlebnisse? So hielt man Nahtod-Erlebnisse auch so lange für sehr selten, bis es akzeptabel wurde, darüber zu reden. Als man dann Menschen befragte, die in modernen Krankenhäusern wiederbelebt worden waren, stellte sich heraus, daß solche Erfahrungen in Wirklichkeit ziemlich verbreitet waren. Vielleicht sind auch Posttransplantationserfahrungen wie die Ihrigen weiter verbreitet, als wir denken.

Ich finde es aufregend und befriedigend, daß Wissenschaftler und andere Denker so viele Ideen und Erklärungen haben für das, was mir passiert ist. Mich faszinieren die Forschungsarbeiten von Candace Pert, die die alten und oft künstlichen Trennwände zwischen Körper und Geist niederzureißen scheinen. Ich staune über Cleve Backsters Experimente, die zu zeigen scheinen, daß unsere Zellen irgendwie untereinander verbunden bleiben, auch wenn sie voneinander getrennt werden. Brian Weiss' Vergleich mit der Psychometrie kommt mir wie eine reale Möglichkeit vor, und Paul Pearsalls Spekulationen über die möglichen Wirkungen der Immunsuppressiva finde ich faszinierend.

Eines ist sicher – die in diesem Kapitel aufgeführten Interpretationsangebote stammen nicht aus der Schulmedizin oder der orthodoxen Wissenschaft. Viele der hier zitierten Experten wirken abseits des Mainstreams der allgemein anerkannten Überzeugungen, und einige ihrer Kommentare und Mutmaßungen mögen den Lesern und Leserinnen weithergeholt oder sogar absurd vorkommen. Wahrscheinlich, weil manche tatsächlich absurd sind.

Aber welche? Als Harvey verkündete, das Herz sei eine Pumpe, dachten viele seiner Kollegen, *das* sei absurd. Wenn wir intelligente, kreative Menschen zu Spekulationen über rätselhafte Ereignisse auffordern, die ohne Beispiel in der Geschichte der Menschheit sind, dann muß der daraus erfolgende Meinungsaustausch zwangsläufig ein weites Spektrum von Möglichkeiten umfassen. Wir stehen schließlich erst am Anfang der Diskussion.

Ein Schlußwort

Meine Reise geht weiter, auch wenn beim Erzählen unweigerlich eine etwas andere Geschichte daraus wird als die, die ich lebe. Beim Lesen wird sie sich wahrscheinlich noch einmal etwas verändern, ähnlich wie eine Tänzerin ihre eigene Erfahrung und ihre eigenen Gefühle in die Choreographie eines anderen einbringt.

Manchmal frage ich mich, ob mein gesamtes früheres Leben eine einzige Vorbereitung auf die Transplantation und deren Folgen war. Die Familie, in der ich aufwuchs, meine Aufsässigkeit, mein Tanzen, meine Krankheiten, mein Interesse an der alternativen Medizin, meine Beschäftigung mit Träumen – all das trug dazu bei, daß ich zu dem Zeitpunkt, als sich Tims Geist mit meinem verband, bereits vorbereitet und offen dafür war, seine mich stärkende Energie zu empfangen. Ich habe schon immer an die Kraft des Geistes und der Gefühle geglaubt und an Formen der Realität, die nicht unbedingt sichtbar und greifbar sind.

Obwohl Tims Leben ein jähes Ende fand, sollte außer seinen Organen offenbar auch sein Geist weiterleben. Ich glaube fest daran – und seine Mutter tut das auch –, daß Tim mich dazu gebracht hat, seine Angehörigen zu suchen, um wieder mit ihnen in Kontakt zu sein, und vielleicht auch, um das, was zu seinen Lebzeiten ungelöst geblieben war, zu lösen oder zu vollenden. Ich spüre dies sehr stark in meinem Herzen.

Einstein sagte einmal, entweder sei nichts ein Wunder oder aber alles. Für mich trifft letzteres zu. Selbst heute kommen mir all die kleinen Dinge des Lebens, die wir normalerweise für selbstverständlich halten, noch immer wie Wunder vor. Jedesmal wenn ich Gott danke, daß ich lebe, wäscht mein Gebet die Probleme, den Streß und die unwichtigen Alltagssorgen von mir ab und setzt mich wieder ein ins Hier und Jetzt, dieses Wunder. Ich hole tief Luft in meine neue Lunge und denke an die Zeit zurück, als selbst das Atmen schwierig war.

Wenn ich heute in den Spiegel schaue, sehe ich nichts Altes, Müdes, Verhärmtes. Ich sehe zwar die grauen Haare, aber das stimmt mich nicht traurig, sondern fröhlich. Schließlich habe ich jahrelang gedacht, ich würde nie so lange leben, daß ich es noch mit normalen Alterserscheinungen zu tun bekäme.

Je mehr die Zeit vergeht, desto mehr bilden mein Herz und meine Lunge einen festen Teil meines Körpers. Heute kommt es manchmal vor, daß ich mich frage: Habe ich das alles wirklich erlebt? Ich fühle mich jetzt so normal.

Vor etwa zwei Jahren mußte ich mich wegen einer Sache, die nichts mit Herz oder Lunge zu tun hatte, operieren lassen. Vor dem Eingriff nahm eine Schwester meine Krankengeschichte auf.

»Irgendwelche Operationen?«

»Ja, als Kind wurden mir die Mandeln herausgenommen. Und vor ein paar Jahren wurde die Milz entfernt.«

»Okay. Sonst noch etwas?«

»Nein, weiter fällt mir nichts ein«, sagte ich. »Ach ja, 1988 hatte ich eine Herz-Lungen-Transplantation.«

»Wie bitte?!« Der Stift flog ihr aus der Hand, und sie ließ den Kopf auf den Schreibtisch fallen. Bestimmt hat sie mich für verrückt gehalten, aber ich hatte die Transplantation tatsächlich für einen Augenblick total vergessen.

Doch ich bin mir immer noch bewußt, wie anders mein Leben jetzt ist. Wenn ich heute Musik höre, erfüllt mich das mit Vorfreude auf das nächste Mal, wenn ich zum Tanzen gehe, weil ich jetzt sicher bin, daß es wirklich ein nächstes Mal geben wird. Als ich noch krank war, war Musik eine schmerzliche Mahnung an meine eingeschränkten Möglichkeiten. Heute ist sie ein Anlaß für Hoffnung und Dankbarkeit.

Ich empfinde es als Privileg, daß ich am Leben bin.

Liebe Leserin und lieber Leser,

auch wenn ich erwarte, daß Geschichten wie die meine in Zukunft häufiger vorkommen, läßt sich dies nicht mit Sicherheit sagen. Aber über eine Tatsache gibt es keinen Zweifel: Es besteht ein bedenklicher Mangel an Organspendern in unserer Gesellschaft, und dieser Mangel führt zu vielen unnötigen Sterbefällen.

Ich hatte das unglaubliche Glück, daß meine Transplantation so schnell stattfand. Bei den meisten, die darauf angewiesen sind, beträgt die Wartezeit Monate, ja sogar Jahre. Und während dieser Zeit sterben einige dieser Menschen.

Jedes Jahr im April findet die National Organ and Tissue Donor Awareness Week (*Nationale Gedenkwoche für Organ- und Gewebespender) statt. Eines Tages wird es vielleicht auch eine Briefmarke zum Thema* Gift of Life (*Lebensspende) geben, um den Bekanntheitsgrad der Organ- und Gewebespende zu steigern.**

In der Zwischenzeit kann jeder von uns einiges dazu beitragen, das Leiden der Betroffenen zu verringern. Der Aufkleber auf meiner Stoßstange lautet: »Hinterlasse deine Organe nicht dem Himmel. Der Himmel weiß, daß sie hier unten gebraucht werden.«

Bitte, bitte, denken Sie darüber nach, ob Sie sich nicht einen Organspenderausweis besorgen wollen. Und bitte informieren Sie Ihre Familienangehörigen über Ihre Wünsche. Sie können es mir glauben – es gibt kein größeres Geschenk.

---

* Mehr Informationen über die »Lebensspende«-Briefmarke erhalten Sie bei Gary M. Rouse, TRIO, Box 8786, Benton Harbor MI 49023.

In Deutschland wenden Sie sich zum Thema Organspende bitte an den Arbeitskreis Organspende, Postfach 1562, 63235 Neu-Isenburg (Tel.: 0 61 02/3 59-0).

Anmerkung

Robert Bosnak und ich arbeiten weiterhin an einer Untersuchung über ungewöhnliche Erfahrungen von Organempfängern. Wir würden uns freuen, wenn Menschen, die ihre Geschichte erzählen möchten, Kontakt mit uns aufnehmen. Wenn Sie uns schreiben wollen, wenden Sie sich bitte an folgende Adresse: Center for Psychology and Social Change, Box 398080, Cambridge MA 02139. Oder rufen Sie die folgende amerikanische Telefonnummer an: (617) 3 54 24 99. (Das Zentrum ist an das Cambridge Hospital angeschlossen.)

BARBARA ULLRICH

Erfahrungen

ICH HABE MICH NIE AUFGEGEBEN

Gerade mal 43 Jahre alt ist Barbara Ullrich, als sie
mit einer Gehirnblutung ins Krankenhaus
eingeliefert wird. Sie übersteht die Krise und dank
ihrer unerschöpflichen Energie schafft sie es, trotz
ihrer starken Behinderung dem Leben wieder
Sinn zu geben ...

Völlig unerwartet wirft Barbara ein Schicksalsschlag total
aus der Bahn. Gerade 43 Jahre alt, wird sie mit einer
Gehirnblutung ins Krankenhaus eingeliefert. Obwohl ihr
Zustand anfangs sehr kritisch ist, überlebt sie. Aber nichts
wird wieder so sein wie früher, denn nun ist sie schwach
und körperlich behindert.
Doch ihr Zustand bessert sich zusehends, und bald ist alles
fast so wie es vor der Erkrankung war – bis es drei Jahre
später zu einer erneuten Gehirnblutung kommt. Die einzige
Möglichkeit, sie jetzt noch zu retten, ist eine komplizierte
Operation. Der Eingriff gelingt, doch Barbara wird für immer
stark behindert bleiben. Zunächst verzweifelt sie fast, fühlt
sich ausgeschlossen vom »normalen« Leben, glaubt, ihrer
Familie nur eine Last zu sein. Trotzdem gibt sie sich nicht
auf, und es gelingt ihr, mit unermüdlicher Disziplin nach
mehreren Operationen und mit Hilfe alternativer Heil-
methoden wieder zu der optimistischen und tatkräftigen
Frau zu werden, die sie einst war.

ISBN 3-404-61437-2

Am Fluß
Roman

Das unaufgeklärte katholische Irland und eine traditionsverhaftete Gesellschaft bilden den Hintergrund für eine bewegende Geschichte über ein uraltes Thema: Inzest. Als das irische Mädchen Mary von ihrem Vater schwanger wird, bewahrt eine Nachbarin sie vor dem Selbstmord und ermutigt Mary zu einer Abtreibung in London. Aber der Plan wird in letzter Minute entdeckt und Mary gezwungen, nach Irland zurückzukehren. Ihre Geschichte löst eine erbitterte Diskussion um Glauben, Recht und Abtreibung aus. Edna O'Briens Buch ist nur oberflächlich gesehen eine Mißbrauchsgeschichte mit deutlichen Reminiszenzen an einen prominenten Fall aus der jüngsten irischen Vergangenheit. O'Brien zieht den Leser von der ersten Zeile an mit einer unbestechlich präzisen Sprache und starken Bildern in eine Geschichte hinein, in der es trotz aller Gewalt auch um das Heiligste geht: um die Liebe.

"Edna O'Briens mit Abstand aufregendstes und eindrucksvollstes Buch." The Observer

352 Seiten, gebunden

HOFFMANN
UND CAMPE